中国工会十七大工会章程修正案学习读本

李玉赋　主编

中国工人出版社

目　　录

第一部分　有关文件

第二部分 学习问答

总 则

第一章 会 员

第二章　组织制度

第三章　全国组织

第四章　地方组织

第五章　基层组织

第六章　工会干部

第七章　工会经费和资产

第八章　会　徽

第三部分　专题解读

第一部分　有关文件

中国工会章程

（中国工会第十七次全国代表大会部分修改，2018 年 10 月 26 日通过）

总　则

中国工会是中国共产党领导的职工自愿结合的工人阶级群众组织，是党联系职工群众的桥梁和纽带，是国家政权的重要社会支柱，是会员和职工利益的代表。

中国工会以宪法为根本活动准则，按照《中华人民共和国工会法》和本章程独立自主地开展工作，依法行使权利和履行义务。

工人阶级是我国的领导阶级，是先进生产力和生产关系的代表，是中国共产党最坚实最可靠的阶级基础，是改革开放和社会主义现代化建设的主力军，是维护社会安定的强大而集中的社会力量。中国工会高举中国特色社会主义伟大旗帜，以马克思列宁主义、毛泽东思想、邓小平理论、“三个代表”重要思想、科学发展观、习近平新时代中国特色社会主义思想为指导，贯彻执行党的以经济建设为中心，坚持四项基本原则，坚持改革开放的基本路线，保持和增强政治性、先进性、群众性，坚定不移地走中国特色社会主义工会发展道路，推动党的全心全意依靠工人阶级的根本指导方针的贯彻落实，全面履行工会的社会职能，在维护全国人民总体利益的同时，更好地表达和维护职工的具体利益，团结和动员全国职工自力更生、艰苦创业，坚持和发展中国特色社会主义，为全面建成小康社会、把我国建设成为富强民主文明和谐美丽的社会主义现代化强国、实现中华民族伟大复兴的中国梦而奋斗。

中国工会坚持自觉接受中国共产党的领导，承担团结引导职工群众听党话、跟党走的政治责任，巩固和扩大党执政的阶级基础和群众基础。

中国工会的基本职责是维护职工合法权益、竭诚服务职工群众。

中国工会按照中国特色社会主义事业“五位一体”总体布局和“四个全面”战略布局，贯彻创新、协调、绿色、开放、共享的发展理念，把握为实现中华民族伟大复兴的中国梦而奋斗的工人运动时代主题，弘扬劳模精神、劳动精神、工匠精神，动员和组织职工积极参加建设和改革，努力促进经济、政治、文化、社会和生态文明建设；代表和组织职工参与国家和社会事务管理，参与企业、事业单位和机关的民主管理；教育职工践行社会主义核心价值观，不断提高思想道德素质、科学文化素质和技术技能素质，推进产业工人队伍建设改革，建设有理想、有道德、有文化、有纪律的职工队伍，不断发展工人阶级先进性。

中国工会以忠诚党的事业、竭诚服务职工为己任，坚持组织起来、切实维权的工作方针，坚持以职工为本、主动依法科学维权的维权观，促进完善社会主义劳动法律，维护职工的经济、政治、文化和社会权利，参与协调劳动关系和社会利益关系，推动构建和谐劳动关系，促进经济高质量发展和社会的长期稳定，维护工人阶级和工会组织的团结统一，为构建社会主义和谐社会作贡献。

中国工会维护工人阶级领导的、以工农联盟为基础的人民民主专政的社会主义国家政权，协助人民政府开展工作，依法发挥民主参与和社会监督作用。

中国工会在企业、事业单位中，按照促进企事业发展、维护职工权益的原则，支持行政依法行使管理权力，组织职工参加民主管理和民主监督，与行政方面建立协商制度，保障职工的合法权益，调动职工的积极性，促进企业、事业的发展。

中国工会实行产业和地方相结合的组织领导原则，坚持民主集中制。

中国工会坚持以改革创新精神加强自身建设，构建联系广泛、服务职工的工作体系，增强团结教育、维护权益、服务职工的功能，坚持群众化、民主化，保持同会员群众的密切联系，依靠会员群众开展工会工作。各级工会领导机关坚持把工作重点放到基层，着力扩大覆盖面、增强代表性，着力强化服务意识、提高维权能力，着力加强队伍建设、提升保障水平，坚持服务职工群众的工作生命线，全心全意为基层、为职工服务，构建智慧工会，增强基层工会的吸引力凝聚力战斗力，把工会组织建设得更加充满活力、更加坚强有力，成为深受职工群众信赖的学习型、服务型、创新型“职工之家”。

工会兴办的企业、事业，坚持公益性、服务性，坚持为改革开放和发展社会生产力服务，为职工群众服务，为推进工运事业服务。

中国工会努力巩固和发展工农联盟，坚持最广泛的爱国统一战线，加强包括香港特别行政区同胞、澳门特别行政区同胞、台湾同胞和海外侨胞在内的全国各族人民的大团结，促进祖国的统一、繁荣和富强。

中国工会在国际事务中坚持独立自主、互相尊重、求同存异、加强合作、增进友谊的方针，在独立、平等、互相尊重、互不干涉内部事务的原则基础上，广泛建立和发展同国际和各国工会组织的友好关系，积极参与“一带一路”建设，增进我国工人阶级同各国工人阶级的友谊，同全世界工人和工会一起，在推动构建人类命运共同体中发挥作用，为世界的和平、发展、合作、工人权益和社会进步而共同努力。

中国工会落实新时代党的建设总要求，以党的政治建设为统领，全面加强党的建设，增强政治意识、大局意识、核心意识、看齐意识，坚定道路自信、理论自信、制度自信、文化自信，坚决维护习近平总书记党中央的核心、全党的核心地位，坚决维护党中央权威和集中统一领导，在思想上政治上行动上同以习近平同志为核心的党中央保持高度一致。

第一章　会　员

第一条　凡在中国境内的企业、事业单位、机关和其他社会组织中，以工资收入为主要生活来源或者与用人单位建立劳动关系的体力劳动者和脑力劳动者，不分民族、种族、性别、职业、宗教信仰、教育程度，承认工会章程，都可以加入工会为会员。

第二条　职工加入工会，由本人自愿申请，经工会基层委员会批准并发给会员证。

第三条　会员享有以下权利：

（一）选举权、被选举权和表决权。

（二）对工会工作进行监督，提出意见和建议，要求撤换或者罢免不称职的工会工作人员。

（三）对国家和社会生活问题及本单位工作提出批评与建

议，要求工会组织向有关方面如实反映。

（四）在合法权益受到侵犯时，要求工会给予保护。

（五）工会提供的文化、教育、体育、旅游、疗休养、互助保障、生活救助、法律服务、就业服务等优惠待遇；工会给予的各种奖励。

（六）在工会会议和工会媒体上，参加关于工会工作和职工关心问题的讨论。

第四条　会员履行下列义务：

（一）认真学习贯彻习近平新时代中国特色社会主义思想，学习政治、经济、文化、法律、科学、技术和工会基本知识等。

（二）积极参加民主管理，努力完成生产和工作任务，立足本职岗位建功立业。

（三）遵守宪法和法律，践行社会主义核心价值观，弘扬中华民族传统美德，恪守社会公德、职业道德、家庭美德、个人品德，遵守劳动纪律。

（四）正确处理国家、集体、个人三者利益关系，向危害国家、社会利益的行为作斗争。

（五）维护中国工人阶级和工会组织的团结统一，发扬阶级友爱，搞好互助互济。

（六）遵守工会章程，执行工会决议，参加工会活动，按月交纳会费。

第五条　会员组织关系随劳动（工作）关系变动，凭会员证明接转。

第六条　会员有退会自由。会员退会由本人向工会小组提出，由工会基层委员会宣布其退会并收回会员证。

会员没有正当理由连续六个月不交纳会费、不参加工会组织生活，经教育拒不改正，应当视为自动退会。

第七条 对不执行工会决议、违反工会章程的会员，给予批评教育。对严重违法犯罪并受到刑事处分的会员，开除会籍。开除会员会籍，须经工会小组讨论，提出意见，由工会基层委员会决定，报上一级工会备案。

第八条 会员离休、退休和失业，可保留会籍。保留会籍期间免交会费。

工会组织要关心离休、退休和失业会员的生活，积极向有关方面反映他们的愿望和要求。

第二章 组织制度

第九条 中国工会实行民主集中制，主要内容是：

（一）个人服从组织，少数服从多数，下级组织服从上级组织。

（二）工会的各级领导机关，除它们派出的代表机关外，都由民主选举产生。

（三）工会的最高领导机关，是工会的全国代表大会和它所产生的中华全国总工会执行委员会。工会的地方各级领导机关，是工会的地方各级代表大会和它所产生的总工会委员会。

（四）工会各级委员会，向同级会员大会或者会员代表大会负责并报告工作，接受会员监督。会员大会和会员代表大会有权撤换或者罢免其所选举的代表和工会委员会组成人员。

（五）工会各级委员会，实行集体领导和分工负责相结合的制度。凡属重大问题由委员会民主讨论，作出决定，委员会成员根据集体的决定和分工，履行自己的职责。

（六）工会各级领导机关，加强对下级组织的领导和服务，经常向下级组织通报情况，听取下级组织和会员的意见，研究和解决他们提出的问题。下级组织应及时向上级组织请示报告工作。

第十条　工会各级代表大会的代表和委员会的产生，要充分体现选举人的意志。候选人名单，要反复酝酿，充分讨论。选举采用无记名投票方式，可以直接采用候选人数多于应选人数的差额选举办法进行正式选举，也可以先采用差额选举办法进行预选，产生候选人名单，然后进行正式选举。任何组织和个人，不得以任何方式强迫选举人选举或不选举某个人。

第十一条　中国工会实行产业和地方相结合的组织领导原则。同一企业、事业单位、机关和其他社会组织中的会员，组织在一个工会基层组织中；同一行业或者性质相近的几个行业，根据需要建立全国的或者地方的产业工会组织。除少数行政管理体制实行垂直管理的产业，其产业工会实行产业工会和地方工会双重领导，以产业工会领导为主外，其他产业工会均实行以地方工会领导为主，同时接受上级产业工会领导的体制。各产业工会的领导体制，由中华全国总工会确定。

省、自治区、直辖市，设区的市和自治州，县（旗）、自治县、不设区的市建立地方总工会。地方总工会是当地地方工会组织和产业工会地方组织的领导机关。全国建立统一的中华全国总工会。中华全国总工会是各级地方总工会和各产业工会全国组织的领导机关。

中华全国总工会执行委员会委员和产业工会全国委员会委员实行替补制，各级地方总工会委员会委员和地方产业工会委员会委员，也可以实行替补制。

第十二条　县和县以上各级地方总工会委员会，根据工作需要可以派出代表机关。

县和县以上各级工会委员会，在两次代表大会之间，认为有必要时，可以召集代表会议，讨论和决定需要及时解决的重大问题。代表会议代表的名额和产生办法，由召集代表会议的总工会决定。

全国产业工会、各级地方产业工会、乡镇工会和城市街道工会的委员会，可以按照联合制、代表制原则，由下一级工会组织民主选举的主要负责人和适当比例的有关方面代表组成。

上级工会可以派员帮助和指导用人单位的职工组建工会。

第十三条 各级工会代表大会选举产生同级经费审查委员会。中华全国总工会经费审查委员会设常务委员会，省、自治区、直辖市总工会经费审查委员会和独立管理经费的全国产业工会经费审查委员会，应当设常务委员会。经费审查委员会负责审查同级工会组织及其直属企业、事业单位的经费收支和资产管理情况，监督财经法纪的贯彻执行和工会经费的使用，并接受上级工会经费审查委员会的指导和监督。工会经费审查委员会向同级会员大会或会员代表大会负责并报告工作；在大会闭会期间，向同级工会委员会负责并报告工作。

上级经费审查委员会应当对下一级工会及其直属企业、事业单位的经费收支和资产管理情况进行审查。

中华全国总工会经费审查委员会委员实行替补制，各级地方总工会经费审查委员会委员和独立管理经费的产业工会经费审查委员会委员，也可以实行替补制。

第十四条 各级工会建立女职工委员会，表达和维护女职工的合法权益。女职工委员会由同级工会委员会提名，在充分协商的基础上组成或者选举产生，女职工委员会与工会委员会同时建立，在同级工会委员会领导下开展工作。企业工会女职工委员会是县或者县以上妇联的团体会员，通过县以上地方工会接受妇联的业务指导。

第十五条　县和县以上各级工会组织应当建立法律服务机构，为保护职工和工会组织的合法权益提供服务。

各级工会组织应当组织和代表职工开展劳动法律监督。

第十六条　成立或者撤销工会组织，必须经会员大会或者会员代表大会通过，并报上一级工会批准。工会基层组织所在的企业终止，或者所在的事业单位、机关和其他社会组织被撤销，该工会组织相应撤销，并报上级工会备案。其他组织和个人不得随意撤销工会组织，也不得把工会组织的机构撤销、合并或者归属其他工作部门。

第三章　全国组织

第十七条　中国工会全国代表大会，每五年举行一次，由中华全国总工会执行委员会召集。在特殊情况下，由中华全国总工会执行委员会主席团提议，经执行委员会全体会议通过，可以提前或者延期举行。代表名额和代表选举办法由中华全国总工会决定。

第十八条　中国工会全国代表大会的职权是：

（一）审议和批准中华全国总工会执行委员会的工作报告。

（二）审议和批准中华全国总工会执行委员会的经费收支情况报告和经费审查委员会的工作报告。

（三）修改中国工会章程。

（四）选举中华全国总工会执行委员会和经费审查委员会。

第十九条　中华全国总工会执行委员会，在全国代表大会闭会期间，负责贯彻执行全国代表大会的决议，领导全国工会工作。

执行委员会全体会议选举主席一人、副主席若干人、主席团委员若干人，组成主席团。

执行委员会全体会议由主席团召集，每年至少举行一次。

第二十条 中华全国总工会执行委员会全体会议闭会期间，由主席团行使执行委员会的职权。主席团全体会议，由主席召集。

主席团闭会期间，由主席、副主席组成的主席会议行使主席团职权。主席会议由中华全国总工会主席召集并主持。

主席团下设书记处，由主席团在主席团成员中推选第一书记一人，书记若干人组成。书记处在主席团领导下，主持中华全国总工会的日常工作。

第二十一条 产业工会全国组织的设置，由中华全国总工会根据需要确定。

产业工会全国委员会的建立，经中华全国总工会批准，可以按照联合制、代表制原则组成，也可以由产业工会全国代表大会选举产生。全国委员会每届任期五年。任期届满，应当如期召开会议，进行换届选举。在特殊情况下，经中华全国总工会批准，可以提前或者延期举行。

产业工会全国代表大会和按照联合制、代表制原则组成的产业工会全国委员会全体会议的职权是：审议和批准产业工会全国委员会的工作报告；选举产业工会全国委员会或者产业工会全国委员会常务委员会。独立管理经费的产业工会，选举经费审查委员会，并向产业工会全国代表大会或者委员会全体会议报告工作。产业工会全国委员会常务委员会由主席一人、副主席若干人、常务委员若干人组成。

第四章　地方组织

第二十二条　省、自治区、直辖市，设区的市和自治州，县（旗）、自治县、不设区的市的工会代表大会，由同级总工会委员会召集，每五年举行一次。在特殊情况下，由同级总工会委员会提议，经上一级工会批准，可以提前或者延期举行。工会的地方各级代表大会的职权是：

（一）审议和批准同级总工会委员会的工作报告。

（二）审议和批准同级总工会委员会的经费收支情况报告和经费审查委员会的工作报告。

（三）选举同级总工会委员会和经费审查委员会。

各级地方总工会委员会，在代表大会闭会期间，执行上级工会的决定和同级工会代表大会的决议，领导本地区的工会工作，定期向上级总工会委员会报告工作。

根据工作需要，省、自治区总工会可在地区设派出代表机关。直辖市和设区的市总工会在区一级建立总工会。

县和城市的区可在乡镇和街道建立乡镇工会和街道工会组织，具备条件的，建立总工会。

第二十三条　各级地方总工会委员会选举主席一人、副主席若干人、常务委员若干人，组成常务委员会。工会委员会、常务委员会和主席、副主席以及经费审查委员会的选举结果，报上一级总工会批准。

各级地方总工会委员会全体会议，每年至少举行一次，由常务委员会召集。各级地方总工会常务委员会，在委员会全体会议闭会期间，行使委员会的职权。

第二十四条　各级地方产业工会组织的设置，由同级地方总工会根据本地区的实际情况确定。

第五章　基层组织

第二十五条　企业、事业单位、机关和其他社会组织等基层单位，应当依法建立工会组织。社区和行政村可以建立工会组织。从实际出发，建立区域性、行业性工会联合会，推进新经济组织、新社会组织工会组织建设。

有会员二十五人以上的，应当成立工会基层委员会；不足二十五人的，可以单独建立工会基层委员会，也可以由两个以上单位的会员联合建立工会基层委员会，也可以选举组织员或者工会主席一人，主持基层工会工作。工会基层委员会有女会员十人以上的建立女职工委员会，不足十人的设女职工委员。

职工二百人以上企业、事业单位的工会设专职工会主席。工会专职工作人员的人数由工会与企业、事业单位协商确定。

基层工会具备法人条件，依法取得社团法人资格，工会主席为法定代表人。

第二十六条　工会基层组织的会员大会或者会员代表大会，每年至少召开一次。经基层工会委员会或者三分之一以上的工会会员提议，可以临时召开会员大会或者会员代表大会。工会会员在一百人以下的基层工会应当召开会员大会。

工会会员大会或者会员代表大会的职权是：

（一）审议和批准工会基层委员会的工作报告。

（二）审议和批准工会基层委员会的经费收支情况报告和经费审查委员会的工作报告。

（三）选举工会基层委员会和经费审查委员会。

（四）撤换或者罢免其所选举的代表或者工会委员会组成人员。

（五）讨论决定工会工作的重大问题。

工会基层委员会和经费审查委员会每届任期三年至五年，具体任期由会员大会或者会员代表大会决定。任期届满，应当如期召开会议，进行换届选举。在特殊情况下，经上一级工会批准，可以提前或者延期举行。

会员代表大会的代表实行常任制，任期与本单位工会委员会相同。

第二十七条　工会基层委员会的委员，应当在会员或者会员代表充分酝酿协商的基础上选举产生；主席、副主席，可以由会员大会或者会员代表大会直接选举产生，也可以由工会基层委员会选举产生。大型企业、事业单位的工会委员会，根据工作需要，经上级工会委员会批准，可以设立常务委员会。工会基层委员会、常务委员会和主席、副主席以及经费审查委员会的选举结果，报上一级工会批准。

第二十八条　工会基层委员会的基本任务是：

（一）执行会员大会或者会员代表大会的决议和上级工会的决定，主持基层工会的日常工作。

（二）代表和组织职工依照法律规定，通过职工代表大会、厂务公开和其他形式，参加本单位民主管理和民主监督，在公司制企业落实职工董事、职工监事制度。企业、事业单位工会委员会是职工代表大会工作机构，负责职工代表大会的日常工作，检查、督促职工代表大会决议的执行。

（三）参与协调劳动关系和调解劳动争议，与企业、事业单位行政方面建立协商制度，协商解决涉及职工切身利益问题。帮助和指导职工与企业、事业单位行政方面签订和履行劳动合同，代表职工与企业、事业单位行政方面签订集体合同或者其他专项协议，并监督执行。

（四）组织职工开展劳动和技能竞赛、合理化建议、技能培训、技术革新和技术协作等活动，培育工匠人才，总结推广先进经验。做好劳动模范和先进生产（工作）者的评选、表彰、培养和管理服务工作。

（五）加强对职工的政治引领和思想教育，开展法治宣传教育，重视人文关怀和心理疏导，鼓励支持职工学习文化科学技术和管理知识，开展健康的文化体育活动。推进企业文化职工文化建设，办好工会文化、教育、体育事业。

（六）监督有关法律、法规的贯彻执行。协助和督促行政方面做好工资、安全生产、职业病防治和社会保险等方面的工作，推动落实职工福利待遇。办好职工集体福利事业，改善职工生活，对困难职工开展帮扶。依法参与生产安全事故和职业病危害事故的调查处理。

（七）维护女职工的特殊利益，同歧视、虐待、摧残、迫害女职工的现象作斗争。

（八）搞好工会组织建设，健全民主制度和民主生活。建立和发展工会积极分子队伍。做好会员的发展、接收、教育和会籍管理工作。加强职工之家建设。

（九）收好、管好、用好工会经费，管理好工会资产和工会的企业、事业。

第二十九条　教育、科研、文化、卫生、体育等事业单位和机关工会，从脑力劳动者比较集中的特点出发开展工作，积极了解和关心职工的思想、工作和生活，推动党的知识分子政策的贯彻落实。组织职工搞好本单位的民主管理和民主监督，为发挥职工的聪明才智，创造良好的条件。

第三十条　工会基层委员会根据工作需要，可以在分厂、车间（科室）建立分厂、车间（科室）工会委员会。分厂、车间（科室）工会委员会由分厂、车间（科室）会员大会或者会员代表大会选举产生，任期和工会基层委员会相同。

工会基层委员会和分厂、车间（科室）委员会，可以根据需要设若干专门委员会或者专门小组。

按照生产（行政）班组建立工会小组，民主选举工会小组长，积极开展工会小组活动。

第六章　工会干部

第三十一条　各级工会组织按照革命化、年轻化、知识化、专业化的要求，努力建设一支坚持党的基本路线，熟悉本职业务，热爱工会工作，受到职工信赖的干部队伍。

第三十二条　工会干部要努力做到：

（一）认真学习马克思列宁主义、毛泽东思想、邓小平理论、“三个代表”重要思想、科学发展观、习近平新时代中国特色社会主义思想，学习政治、经济、历史、文化、科技、法律和工会业务等知识，提高政治能力，增强群众工作本领。

（二）执行党的基本路线和各项方针政策，遵守国家法律、法规，在改革开放和社会主义现代化建设中勇于开拓创新。

（三）信念坚定，忠于职守，勤奋工作，敢于担当，廉洁奉公，顾全大局，维护团结。

（四）坚持实事求是，认真调查研究，如实反映职工的意见、愿望和要求。

（五）坚持原则，不谋私利，热心为职工说话办事，依法维护职工的合法权益。

（六）作风民主，联系群众，增强群众意识和群众感情，自觉接受职工群众的批评和监督。

第三十三条　各级工会组织根据有关规定管理工会干部，重视发现培养和选拔优秀年轻干部、女干部、少数民族干部，成为培养干部的重要基地。

基层工会主席、副主席任期未满不得随意调动其工作。因工作需要调动时，应事先征得本级工会委员会和上一级工会同意。

第三十四条　各级工会组织建立与健全干部培训制度。办好工会干部院校和各种培训班。

第三十五条　各级工会组织关心工会干部的思想、学习和生活，督促落实相应的待遇，支持他们的工作，坚决同打击报复工会干部的行为作斗争。

县和县以上工会设立工会干部权益保障金，保障工会干部依法履行职责。

县和县以上工会可以为基层工会选派、聘用工作人员。

第七章　工会经费和资产

第三十六条　工会经费的来源：

（一）会员交纳的会费。

（二）企业、事业单位、机关和其他社会组织按全部职工工资总额的百分之二向工会拨缴的经费或者建会筹备金。

（三）工会所属的企业、事业单位上缴的收入。

（四）人民政府和企业、事业单位、机关和其他社会组织的补助。

（五）其他收入。

第三十七条　工会经费主要用于为职工服务和开展工会活

动。各级工会组织应坚持正确使用方向，加强预算管理，优化支出结构，开展监督检查。

第三十八条　县和县以上各级工会应当与税务、财政等有关部门合作，依照规定做好工会经费收缴和应当由财政负担的工会经费拨缴工作。

未成立工会的企业、事业单位、机关和其他社会组织，按工资总额的百分之二向上级工会拨缴工会建会筹备金。

具备社团法人资格的工会应当依法设立独立经费账户。

第三十九条　工会资产是社会团体资产，中华全国总工会对各级工会的资产拥有终极所有权。各级工会依法依规加强对工会资产的监督、管理，保护工会资产不受损害，促进工会资产保值增值。根据经费独立原则，建立预算、决算、资产监管和经费审查监督制度。实行“统一领导、分级管理”的财务体制、“统一所有、分级监管、单位使用”的资产监管体制和“统一领导、分级管理、分级负责、下审一级”的经费审查监督体制。工会经费、资产的管理和使用办法以及工会经费审查监督制度，由中华全国总工会制定。

第四十条　各级工会委员会按照规定编制和审批预算、决算，定期向会员大会或者会员代表大会和上一级工会委员会报告经费收支和资产管理情况，接受上级和同级工会经费审查委员会审查监督。

第四十一条　工会经费、资产和国家及企业、事业单位等拨给工会的不动产和拨付资金形成的资产受法律保护，任何单位和个人不得侵占、挪用和任意调拨；不经批准，不得改变工会所属企业、事业单位的隶属关系和产权关系。

工会组织合并，其经费资产归合并后的工会所有；工会组织撤销或者解散，其经费资产由上级工会处置。

第八章　会　徽

第四十二条　中国工会会徽，选用汉字“中”、“工”两字，经艺术造型呈圆形重叠组成，并在两字外加一圆线，象征中国工会和中国工人阶级的团结统一。会徽的制作标准，由中华全国总工会规定。

第四十三条　中国工会会徽，可在工会办公地点、活动场所、会议会场悬挂，可作为纪念品、办公用品上的工会标志，也可以作为徽章佩戴。

第九章　附　则

第四十四条　本章程解释权属于中华全国总工会。

中国工会章程（修正案）

（2018 年 10 月 26 日　中国工会
第十七次全国代表大会通过）

（注：文中有下划线的黑体字为增加内容；框内的字为删除内容）

总　则

中国工会是中国共产党领导的职工自愿结合的工人阶级群众组织，是党联系职工群众的桥梁和纽带，是国家政权的重要社会支柱，是会员和职工利益的代表。

中国工会以宪法为根本活动准则，按照《中华人民共和国工会法》和本章程独立自主地开展工作，依法行使权利和履行义务。

工人阶级是我国的领导阶级，是先进生产力和生产关系的代表，**是中国共产党最坚实最可靠的阶级基础，**是改革开放和社会主义现代化建设的主力军，是维护社会安定的强大而集中的社会力量。中国工会高举中国特色社会主义伟大旗帜，以马克思列宁主义、毛泽东思想、邓小平理论、“三个代表”重要思想、科学发展观**、习近平新时代中国特色社会主义思想**为指导，贯彻执行党的以经济建设为中心，坚持四项基本原则，坚持改革开放的基本路线，**保持和增强政治性、先进性、群众性，**坚定不移地走中国特色社会主义工会发展道路，推动党的全心全意依靠工人阶级的根本指导方针的贯彻落实，全面履行工会的社会职能，在维护全国人民总体利益的同时，更好地表达和维护职工的具体利益，团结和动员全国职工自力更生、艰苦创业，坚持和发展中国特色社会主义，为全面建成小康社会、把我国建设成为富强民主文明和谐**美丽**的社会主义现代化国家**强国**、实现中华民族伟大复兴的中国梦而奋斗。

中国工会坚持自觉接受中国共产党的领导，承担团结引导职工群众听党话、跟党走的政治责任，巩固和扩大党执政的阶级基础和群众基础。

中国工会的基本职责是维护职工合法权益**、竭诚服务职工群众**。

中国工会**按照中国特色社会主义事业“五位一体”总体布局和“四个全面”战略布局，贯彻创新、协调、绿色、开放、共享的发展理念，把握为实现中华民族伟大复兴的中国梦而奋斗的工人运动时代主题，弘扬劳模精神、劳动精神、工匠精神，**动员和组织职工积极参加建设和改革，努力促进经济、政治、文化、社会和生态文明建设；代表和组织职工参与国家和社会事务管理，参与企业、事业单位和机关的民主管理；教育职工**践行社会主义核心价值观，**不断提高思想道德素质和**、**科学文化素质**和技术技能素质，推进产业工人队伍建设改革**，建设有理想、有道德、有文化、有纪律的职工队伍，不断发展工人阶级先进性。

中国工会**以忠诚党的事业、竭诚服务职工为己任，**坚持组织起来、切实维权的工作方针，坚持以职工为本，**、**主动依法科学维权的维权观，促进完善社会主义劳动法律，维护职工的经济、政治、文化和社会权利，参与协调劳动关系和社会利益关系，努力**推动**构建和谐劳动关系，促进经济**高质量**发展和社会的长期稳定，**维护工人阶级和工会组织的团结统一，**为构建社会主义和谐社会作贡献。

中国工会维护工人阶级领导的、以工农联盟为基础的人民民主专政的社会主义国家政权，协助人民政府开展工作，依法发挥民主参与和社会监督作用。

中国工会在企业、事业单位中，按照促进企事业发展、维护职工权益的原则，支持行政依法行使管理权力，组织职工参加民主管理和民主监督，与行政方面建立协商制度，保障职工的合法权益，调动职工的积极性，促进企业、事业的发展。

中国工会实行产业和地方相结合的组织领导原则，坚持民主集中制。

中国工会坚持以改革创新精神加强自身建设，**构建联系广泛、服务职工的工作体系，增强团结教育、维护权益、服务职工的功能，**坚持群众化、民主化，保持同会员群众的密切联系，依靠会员群众开展工会工作。各级工会领导机关坚持把工作重点放到基层，**着力扩大覆盖面、增强代表性，着力强化服务意识、提高维权能力，着力加强队伍建设、提升保障水平，坚持服务职工群众的工作生命线，**全心全意为基层、为职工服务，**构建智慧工会，**增强基层工会的活力**吸引力凝聚力战斗力**，把工会**组织**建设**得更加充满活力、更加坚强有力，**成为深受职工群众信赖的学习型、服务型、创新型“职工之家”。

工会兴办的企业、事业，**坚持公益性、服务性，**坚持为改革开放和发展社会生产力服务，为职工群众服务，为推进工运事业服务。

中国工会努力巩固和发展工农联盟，坚持**最广泛的**爱国统一战线，加强包括香港特别行政区同胞、澳门特别行政区同胞、台湾同胞和海外侨胞在内的全国各族人民的大团结，促进祖国的统一、繁荣和富强。

中国工会在国际事务中坚持独立自主、互相尊重、求同存异、加强合作、增进友谊的方针，在独立、平等、互相尊重、互不干涉内部事务的原则基础上，广泛建立和发展同国际和各国工会组织的友好关系，推动形成公正合理、民主和谐的国际工运新秩序，**积极参与“一带一路”建设，增进我国工人阶级同各国工人阶级的友谊**，同全世界工人和工会一起，**在推动构建人类命运共同体中发挥作用，**为世界的和平、发展、**合作**、工人权益和社会进步而共同努力。

中国工会落实新时代党的建设总要求，以党的政治建设为统领，全面加强党的建设，增强政治意识、大局意识、核心意识、看齐意识，坚定道路自信、理论自信、制度自信、文化自信，坚决维护习近平总书记党中央的核心、全党的核心地位，坚决维护党中央权威和集中统一领导，在思想上政治上行动上同以习近平同志为核心的党中央保持高度一致。

第一章　会　员

第一条　凡在中国境内的企业、事业单位、机关和其他社会组织中，以工资收入为主要生活来源或者与用人单位建立劳动关系的体力劳动者和脑力劳动者，不分民族、种族、性别、职业、宗教信仰、教育程度，承认工会章程，都可以加入工会为会员。

第二条　职工加入工会，由本人自愿申请，经工会基层委员会批准并发给会员证。

第三条　会员享有以下权利：

（一）选举权、被选举权和表决权。

（二）对工会工作进行监督，提出意见和建议，要求撤换或者罢免不称职的工会工作人员。

（三）对国家和社会生活问题及本单位工作提出批评与建议，要求工会组织向有关方面如实反映。

（四）在合法权益受到侵犯时，要求工会给予保护。

（五）工会提供的文化、教育、体育、旅游、疗休养事业、**互助保障、**生活救助、法律服务、就业服务等优惠待遇；工会给予的各种奖励。

（六）在工会会议和工会媒体上，参加关于工会工作和职工关心问题的讨论。

第四条　会员履行下列义务：

（一）**认真学习贯彻习近平新时代中国特色社会主义思想，**学习政治、经济、文化、法律、科学、技术和工会基本知识等。

（二）积极参加民主管理，努力完成生产和工作任务**，立足本职岗位建功立业**。

（三）遵守宪法和法律，践行社会主义核心价值观，**弘扬中华民族传统美德，**维护**恪守**社会公德和、职业道德**、家庭美德、个人品德**，遵守劳动纪律。

（四）正确处理国家、集体、个人三者利益关系，向危害国家、社会利益的行为作斗争。

（五）维护中国工人阶级和工会组织的团结统一，发扬阶级友爱，搞好互助互济。

（六）遵守工会章程，执行工会决议，参加工会活动，按月交纳会费。

第五条　会员组织关系随劳动（工作）关系变动，凭会员证明接转。

第六条　会员有退会自由。会员退会由本人向工会小组提出，由工会基层委员会宣布其退会并收回会员证。

会员没有正当理由连续六个月不交纳会费、不参加工会组织生活，经教育拒不改正，应当视为自动退会。

第七条 对不执行工会决议、违反工会章程的会员，给予批评教育。对严重违法犯罪并受到刑事处分的会员，开除会籍。开除会员会籍，须经工会小组讨论，提出意见，由工会基层委员会决定，报上一级工会备案。

第八条 会员离休、退休和失业，可保留会籍。保留会籍期间免交会费。

工会组织要关心离休、退休和失业会员的生活，积极向有关方面反映他们的愿望和要求。

第二章 组织制度

第九条 中国工会实行民主集中制，主要内容是：

（一）个人服从组织，少数服从多数，下级组织服从上级组织。

（二）工会的各级领导机关，除它们派出的代表机关外，都由民主选举产生。

（三）工会的最高领导机关，是工会的全国代表大会和它所产生的中华全国总工会执行委员会。工会的地方各级领导机关，是工会的地方各级代表大会和它所产生的总工会委员会。

（四）工会各级委员会，向同级会员大会或者会员代表大会负责并报告工作，接受会员监督。会员大会和会员代表大会有权撤换或者罢免其所选举的代表和工会委员会组成人员。

（五）工会各级委员会，实行集体领导和分工负责相结合的制度。凡属重大问题由委员会民主讨论，作出决定，委员会成员根据集体的决定和分工，履行自己的职责。

（六）工会各级领导机关，**加强对下级组织的领导和服务，**经常向下级组织通报情况，听取下级组织和会员的意见，研究和解决他们提出的问题。下级组织**应及时**向上级组织请示报告工作。

第十条　工会各级代表大会的代表和委员会的产生，要充分体现选举人的意志。候选人名单，要反复酝酿，充分讨论。选举采用无记名投票方式，可以直接采用候选人数多于应选人数的差额选举办法进行正式选举，也可以先采用差额选举办法进行预选，产生候选人名单，然后进行正式选举。任何组织和个人，不得以任何方式强迫选举人选举或不选举某个人。

第十一条　中国工会实行产业和地方相结合的组织领导原则。同一企业、事业单位、机关和其他社会组织中的会员，组织在一个工会基层组织中；同一行业或者性质相近的几个行业，根据需要建立全国的或者地方的产业工会组织。除少数行政管理体制实行垂直管理的产业，其产业工会实行产业工会和地方工会双重领导，以产业工会领导为主外，其他产业工会均实行以地方工会领导为主，同时接受上级产业工会领导的体制。各产业工会的领导体制，由中华全国总工会确定。

省、自治区、直辖市，设区的市和自治州，县（旗）、自治县、不设区的市建立地方总工会。地方总工会是当地地方工会组织和产业工会地方组织的领导机关。全国建立统一的中华全国总工会。中华全国总工会是各级地方总工会和各产业工会全国组织的领导机关。

中华全国总工会执行委员会委员和产业工会全国委员会委员实行替补制，各级地方总工会委员会委员和地方产业工会委员会委员，也可以实行替补制。

第十二条 县和县以上各级地方总工会委员会，根据工作需要可以派出代表机关。

县和县以上各级工会委员会，在两次代表大会之间，认为有必要时，可以召集代表会议，讨论和决定需要及时解决的重大问题。代表会议代表的名额和产生办法，由召集代表会议的总工会决定。

全国产业工会、各级地方产业工会、乡镇工会和城市街道工会的委员会，可以按照联合制、代表制原则，由下一级工会组织民主选举的主要负责人和适当比例的有关方面代表组成。

上级工会可以派员帮助和指导用人单位的职工组建工会。

第十三条 各级工会代表大会选举产生同级经费审查委员会。中华全国总工会经费审查委员会设常务委员会，省、自治区、直辖市总工会经费审查委员会和独立管理经费的全国产业工会经费审查委员会，应当设常务委员会。经费审查委员会负责审查同级工会组织及其直属企业、事业单位的经费收支和资产管理情况，监督财经法纪的贯彻执行和工会经费的使用，并接受上级工会经费审查委员会的指导**和监督**。工会经费审查委员会向同级会员大会或会员代表大会负责并报告工作；在大会闭会期间，向同级工会委员会负责并报告工作。

上级经费审查委员会应当对下一级工会及其直属企业、事业单位的经费收支和资产管理情况进行审查。

中华全国总工会经费审查委员会委员实行替补制，各级地方总工会经费审查委员会委员和独立管理经费的产业工会经费审查委员会委员，也可以实行替补制。

第十四条 各级工会建立女职工委员会，表达和维护女职工的合法权益。女职工委员会由同级工会委员会提名，在充分协商的基础上组成或者选举产生，女职工委员会与工会委员会同时建立，在同级工会委员会领导下开展工作。企业工会女职工委员会是县或者县以上妇联的团体会员，通过县以上地方工会接受妇联的业务指导。

第十五条　县和县以上各级工会组织应当建立法律服务机构，为保护职工和工会组织的合法权益提供服务。

各级工会组织应当组织和代表职工开展劳动法律监督。

第十六条　成立或者撤销工会组织，必须经会员大会或者会员代表大会通过，并报上一级工会批准。工会基层组织所在的企业终止，或者所在的事业单位、机关和其他社会组织被撤销，该工会组织相应撤销，并报上级工会备案。其他组织和个人不得随意撤销工会组织，也不得把工会组织的机构撤销、合并或者归属其他工作部门。

第三章　全国组织

第十七条　中国工会全国代表大会，每五年举行一次，由中华全国总工会执行委员会召集。在特殊情况下，由中华全国总工会执行委员会主席团提议，经执行委员会全体会议通过，可以提前或者延期举行。代表名额和代表选举办法由中华全国总工会决定。

第十八条　中国工会全国代表大会的职权是：

（一）审议和批准中华全国总工会执行委员会的工作报告。

（二）审议和批准中华全国总工会执行委员会的经费收支情况报告和经费审查委员会的工作报告。

（三）修改中国工会章程。

（四）选举中华全国总工会执行委员会和经费审查委员会。

第十九条　中华全国总工会执行委员会，在全国代表大会闭会期间，负责贯彻执行全国代表大会的决议，领导全国工会工作。

执行委员会全体会议选举主席一人、副主席若干人、主席团委员若干人，组成主席团。

执行委员会全体会议由主席团召集，每年至少举行一次。

第二十条 中华全国总工会执行委员会全体会议闭会期间，由主席团行使执行委员会的职权。主席团全体会议，由主席召集。

主席团闭会期间，由主席、副主席组成的主席会议行使主席团职权。主席会议由中华全国总工会主席召集并主持。

主席团下设书记处，由主席团在主席团成员中推选第一书记一人，书记若干人组成。书记处在主席团领导下，主持中华全国总工会的日常工作。

第二十一条 产业工会全国组织的设置，由中华全国总工会根据需要确定。

产业工会全国委员会的建立，经中华全国总工会批准，可以按照联合制、代表制原则组成，也可以由产业工会全国代表大会选举产生。全国委员会每届任期五年。任期届满，应当如期召开会议，进行换届选举。在特殊情况下，经中华全国总工会批准，可以提前或者延期举行。

产业工会全国代表大会和按照联合制、代表制原则组成的产业工会全国委员会全体会议的职权是：审议和批准产业工会全国委员会的工作报告；选举产业工会全国委员会或者产业工会全国委员会常务委员会。独立管理经费的产业工会，选举经费审查委员会，并向产业工会全国代表大会或者委员会全体会议报告工作。产业工会全国委员会常务委员会由主席一人、副主席若干人、常务委员若干人组成。

第四章　地方组织

第二十二条　省、自治区、直辖市，设区的市和自治州，县（旗）、自治县、不设区的市的工会代表大会，由同级总工会委员会召集，每五年举行一次。在特殊情况下，由同级总工会委员会提议，经上一级工会批准，可以提前或者延期举行。工会的地方各级代表大会的职权是：

（一）审议和批准同级总工会委员会的工作报告。

（二）审议和批准同级总工会委员会的经费收支情况报告和经费审查委员会的工作报告。

（三）选举同级总工会委员会和经费审查委员会。

各级地方总工会委员会，在代表大会闭会期间，执行上级工会的决定和同级工会代表大会的决议，领导本地区的工会工作，定期向上级总工会委员会报告工作。

根据工作需要，省、自治区总工会可在地区设派出代表机关。直辖市和设区的市总工会可在区**一级**建立区一级工会组织或者设派出代表机关**总工会**。

县和城市的区可在乡镇和街道建立乡镇工会和街道工会组织，具备条件的，建立总工会。

第二十三条　各级地方总工会委员会选举主席一人、副主席若干人、常务委员若干人，组成常务委员会。工会委员会、常务委员会和主席、副主席以及经费审查委员会的选举结果，报上一级总工会批准。

各级地方总工会委员会全体会议，每年至少举行一次，由常务委员会召集。各级地方总工会常务委员会，在委员会全体会议闭会期间，行使委员会的职权。

第二十四条 各级地方产业工会组织的设置，由同级地方总工会根据本地区的实际情况确定。

第五章 基层组织

第二十五条 企业、事业单位、机关和其他社会组织等基层单位，应当依法建立工会组织。社区和行政村可以建立工会组织。**从实际出发，建立区域性、行业性工会联合会，推进新经济组织、新社会组织工会组织建设。**

有会员二十五人以上的，应当成立工会基层委员会；不足二十五人的，可以单独建立工会基层委员会，也可以由两个以上单位的会员联合建立工会基层委员会，也可以选举组织员或者工会主席一人，主持基层工会工作。工会基层委员会有女会员十人以上的建立女职工委员会，不足十人的设女职工委员。

职工二百人以上企业、事业单位的工会设专职工会主席。工会专职工作人员的人数由工会与企业、事业单位协商确定。

基层工会具备法人条件，依法取得社团法人资格，工会主席为法定代表人。

第二十六条 工会基层组织的会员大会或者会员代表大会，每年至少召开一次。经基层工会委员会或者三分之一以上的工会会员提议，可以临时召开会员大会或者会员代表大会。工会会员在一百人以下的基层工会应当召开会员大会。

工会会员大会或者会员代表大会的职权是：

（一）审议和批准工会基层委员会的工作报告。

（二）审议和批准工会基层委员会的经费收支情况报告和经费审查委员会的工作报告。

（三）选举工会基层委员会和经费审查委员会。

（四）撤换或者罢免其所选举的代表或者工会委员会组成人员。

（五）讨论决定工会工作的重大问题。

工会基层委员会和经费审查委员会每届任期三年至五年，具体任期由会员大会或者会员代表大会决定。任期届满，应当如期召开会议，进行换届选举。在特殊情况下，经上一级工会批准，可以提前或者延期举行。

会员代表大会的代表实行常任制，任期与本单位工会委员会相同。

第二十七条　工会基层委员会的委员，应当在会员或者会员代表充分酝酿协商的基础上选举产生；主席、副主席，可以由会员大会或者会员代表大会直接选举产生，也可以由工会基层委员会选举产生。大型企业、事业单位的工会委员会，根据工作需要，经上级工会委员会批准，可以设立常务委员会。工会基层委员会、常务委员会和主席、副主席以及经费审查委员会的选举结果，报上一级工会批准。

第二十八条　工会基层委员会的基本任务是：

（一）执行会员大会或者会员代表大会的决议和上级工会的决定，主持基层工会的日常工作。

（二）代表和组织职工依照法律规定，通过职工代表大会、厂务公开和其他形式，参加本单位民主管理和民主监督**，在公司制企业落实职工董事、职工监事制度**。企业、事业单位工会委员会是职工代表大会工作机构，负责职工代表大会的日常工作，检查、督促职工代表大会决议的执行。

（三）参与协调劳动关系和调解劳动争议，与企业、事业单位行政方面建立协商制度，协商解决涉及职工切身利益问题。

帮助和指导职工与企业、事业单位行政方面签订和履行劳动合同，代表职工与企业、事业单位行政方面签订集体合同或者其他专项协议，并监督执行。

（四）组织职工开展劳动**和技能**竞赛、合理化建议、**技能培训、**技术革新和技术协作等活动，**培育工匠人才，**总结推广先进经验。做好**劳动模范和**先进生产（工作）者和劳动模范的评选、表彰、培养和管理服务工作。

（五）**加强**对职工**的政治引领和**进行思想政治教育，**开展法治宣传教育，重视人文关怀和心理疏导，**鼓励支持职工学习文化科学技术和管理知识，开展健康的文化体育活动。推进企业文化职工文化建设，办好工会文化、教育、体育事业。

（六）监督有关法律、法规的贯彻执行。协助和督促行政方面做好工资、劳动安全卫生**生产、职业病防治**和社会保险等方面的工作，**推动落实职工福利待遇。**办好职工集体福利事业，改善职工生活，对困难职工开展帮扶。依法参与劳动**生产**安全卫生事故**和职业病危害事故**的调查处理。

（七）维护女职工的特殊利益，同歧视、虐待、摧残、迫害女职工的现象作斗争。

（八）搞好工会组织建设，健全民主制度和民主生活。建立和发展工会积极分子队伍。做好会员的发展、接收、教育和会籍管理工作。加强职工之家建设。

（九）收好、管好、用好工会经费，管理好工会资产和工会的企业、事业。

第二十九条　教育、科研、文化、卫生、体育等事业单位和机关工会，从脑力劳动者比较集中的特点出发开展工作，积极了解和关心职工的思想、工作和生活，推动党的知识分子政策的贯彻落实。组织职工搞好本单位的民主管理和民主监督，为发挥职工的聪明才智，创造良好的条件。

第三十条　工会基层委员会根据工作需要，可以在分厂、车间（科室）建立分厂、车间（科室）工会委员会。分厂、车间（科室）工会委员会由分厂、车间（科室）会员大会或者会员代表大会选举产生，任期和工会基层委员会相同。

工会基层委员会和分厂、车间（科室）委员会，可以根据需要设若干专门委员会或者专门小组。

按照生产（行政）班组建立工会小组，民主选举工会小组长，积极开展工会小组活动。

第六章　工会干部

第三十一条　各级工会组织按照革命化、年轻化、知识化、专业化的要求，努力建设一支坚持党的基本路线，熟悉本职业务，热爱工会工作，受到职工信赖的干部队伍。

第三十二条　工会干部要努力做到：

（一）认真学习马克思列宁主义、毛泽东思想、邓小平理论、“三个代表”重要思想和、科学发展观**、习近平新时代中国特色社会主义思想**，学习**政治、**经济、**历史、文化、科技、**法律和工会业务**等**知识**，提高政治能力，增强群众工作本领**。

（二）执行党的基本路线和各项方针政策，遵守国家法律、法规，在改革开放和社会主义现代化建设中勇于开拓创新。

（三）**信念坚定，**忠于职守，勤奋工作，**敢于担当，**廉洁奉公，顾全大局，维护团结。

（四）坚持实事求是，认真调查研究，如实反映职工的意见、愿望和要求。

（五）坚持原则，不谋私利，热心为职工说话办事，依法维护职工的合法权益。

（六）作风民主，联系群众，**增强群众意识和群众感情，**自觉接受职工群众的批评和监督。

第三十三条　各级工会组织根据有关规定管理工会干部，重视**发现**培养和选拔**优秀**青年**年轻**干部、妇女干部、少数民族干部，成为培养干部的重要基地。

基层工会主席、副主席任期未满不得随意调动其工作。因工作需要调动时，应事先征得本级工会委员会和上一级工会同意。

第三十四条　各级工会组织建立与健全干部培训制度。办好工会干部院校和各种培训班。

第三十五条　各级工会组织关心工会干部的思想、学习和生活，督促落实相应的待遇，支持他们的工作，坚决同打击报复工会干部的行为作斗争。

县和县以上工会设立工会干部权益保障金，保障工会干部依法履行职责。

县和县以上工会可以为基层工会选派、聘用工作人员。

第七章　工会经费和资产

第三十六条　工会经费的来源：

（一）会员缴**交**纳的会费。

（二）企业、事业单位、机关和其他社会组织按全部职工工资总额的百分之二向工会拨缴的经费或者建会筹备金。

（三）工会所属的企业、事业单位上缴的收入。

（四）人民政府和企业、事业单位、机关和其他社会组织的补助。

（五）其他收入。

第三十七条　工会经费主要用于为职工服务和开展工会活动。各级工会组织应坚持正确使用方向，加强预算管理，优化支出结构，开展监督检查。

第三十七**三十八条**　县和县以上各级工会应当与税务、财政等有关部门合作，依照规定做好工会经费收缴和应当由财政负担的工会经费拨缴工作。

未成立工会的企业、事业单位、机关和其他社会组织，按工资总额的百分之二向上级工会拨缴工会建会筹备金。

具备社团法人资格的工会可以**应当依法**设立独立经费账户。

第三十八**三十九条**　工会资产是社会团体资产，中华全国总工会对各级工会的资产拥有终极所有权。各级工会应当**依法依规**加强对工会资产的监督、管理，保护工会资产不受损害，促进工会资产保值增值。根据经费独立原则，建立预算、决算、资产监管和经费审查监督制度。实行“统一领导、分级管理”的财务体制、“统一所有、分级监管、单位使用”的资产监管体制和“统一领导、分级管理、分级负责**、下审一级**”的经费审查监督体制。工会经费、资产的管理和使用办法以及工会经费审查监督制度，由中华全国总工会制定。

第三十九**四十条**　各级工会委员会按照规定编制和审批预算、决算，定期向会员大会或者会员代表大会和上一级工会委员会报告经费收支和资产管理情况，接受上级和同级工会经费审查委员会审查监督。

第四十四十一条 工会经费、资产和国家及企业、事业单位等拨给工会的不动产和拨付资金形成的资产受法律保护，任何单位和个人不得侵占、挪用和任意调拨；不经批准，不得改变工会所属企业、事业单位的隶属关系和产权关系。

工会组织合并，其经费资产归合并后的工会所有；工会组织撤销或者解散，其经费资产由上级工会处置。

第八章　会　徽

第四十一四十二条 中国工会会徽，选用汉字“中”、“工”两字，经艺术造型呈圆形重叠组成，并在两字外加一圆线，象征中国工会和中国工人阶级的团结统一。会徽的制作标准，由中华全国总工会规定。

第四十二四十三条 中国工会会徽，可在工会办公地点、活动场所、会议会场悬挂，可作为纪念品、办公用品上的工会标志，也可以作为徽章佩戴。

第九章　附　则

第四十三四十四条 本章程解释权属于中华全国总工会。

中国工会第十七次全国代表大会关于《中国工会章程（修正案）》的决议

（2018年10月26日　中国工会第十七次全国代表大会通过）

中国工会第十七次全国代表大会审议并一致通过中华全国总工会第十六届执行委员会提出的《中国工会章程（修正案）》，决定这一修正案自通过之日起生效。

大会认为，中国工会十六大以来，在习近平新时代中国特色社会主义思想指引下，各级工会深入学习贯彻习近平总书记关于工人阶级和工会工作的重要论述，坚持走中国特色社会主义工会发展道路，把握为实现中华民族伟大复兴的中国梦而奋斗的工人运动时代主题，忠诚党的事业、竭诚服务职工，保持和增强工会组织和工会工作的政治性先进性群众性，工会工作和工会改革取得了重要成就。进入新时代，站在新的历史起点上，根据党的十九大通过的《中国共产党章程（修正案）》精神，依据十三届全国人大一次会议通过的《中华人民共和国宪法修正案》，按照《中华人民共和国工会法》的有关规定，对现行的《中国工会章程》进行适当修改，有利于更好地发挥工会章程的规范和指导作用，开创新时代工会工作新局面。

大会认为，《中国工会章程（修正案）》深入贯彻落实习近平新时代中国特色社会主义思想和党的十九大精神，贯彻落实习近平总书记关于工人阶级和工会工作的重要论述，贯彻落实中央党的群团工作会议精神，充分体现党的十九大确立的重大理论观点、重大战略思想和实践成果，充分体现中国工会十六大以来在以习近平同志为核心的党中央坚强领导下，工会工作和工会改革取得的理论创新、实践创新和制度创新成果。

大会认为，在工会章程中把习近平新时代中国特色社会主义思想确立为中国工会的指导思想，为推进新时代党的工运事业和工会工作提供了根本遵循。鲜明强调中国工会坚持自觉接受中国共产党的领导，增加工人阶级是中国共产党最坚实最可靠的阶级基础这一内容，明确中国工会承担团结引导职工群众听党话、跟党走的政治责任，中国工会的基本职责增写竭诚服务职工群众的内容，能够更好地把党的领导和党的意志贯彻落实到工会工作的各方面和全过程，始终坚持工会工作正确政治方向。强调中国工会落实新时代党的建设总要求，以党的政治建设为统领，对全面加强工会系统党的建设提出明确要求，为开创新时代工会工作新局面提供坚强的政治保证。

大会认为，增写我国工人运动时代主题，弘扬劳模精神、劳动精神、工匠精神，推进产业工人队伍建设改革，立足本职岗位建功立业，有利于团结动员广大职工以主人翁姿态建功新时代，为决胜全面建成小康社会、实现中华民族伟大复兴的中国梦凝聚磅礴力量。明确中国工会坚持服务职工群众的工作生命线，增加构建联系广泛、服务职工的工作体系，增强团结教育、维护权益、服务职工的功能，能够更好地维护职工合法权益，提高服务工作质量，保持和增强工会组织和工会工作的政治性先进性群众性。总结借鉴近年来工会工作和工会改革的新鲜经验，对会员的权利和义务、基层工会建设、工会干部队伍、工会经费、资产管理、经费审查监督等部分条文作出适当修改十分必要，对于深化工会改革创新，把工会组织建设得更加充满活力、更加坚强有力具有重要意义。

大会要求，各级工会组织和广大工会会员增强政治意识、大局意识、核心意识、看齐意识，坚定道路自信、理论自信、制度自信、文化自信，坚决维护习近平总书记党中央的核心、全党的核心地位，坚决维护党中央权威和集中统一领导，在思想上政治上行动上同以习近平同志为核心的党中央保持高度一致，高举习近平新时代中国特色社会主义思想伟大旗帜，更加自觉地学习章程、遵守章程、贯彻章程、维护章程，加强自身建设、履行使命担当，凝心聚力、开拓进取，为决胜全面建成小康社会、夺取新时代中国特色社会主义伟大胜利、实现中华民族伟大复兴的中国梦而努力奋斗！

关于《中国工会章程（修正案）》的说明

（2018年10月22日）

邓　凯

各位代表，同志们：

为迎接中国工会十七大召开，修改好《中国工会章程》，2018年4月，全国总工会启动了中国工会十七大章程修改工作。在党中央坚强领导下，全总党组、书记处高度重视，加强对《中国工会章程》修改工作的组织领导。经过深入调查研究、广泛征求意见、专题研究论证、反复修改完善，形成了《中国工会章程（修正案）》。现将有关修改情况说明如下。

一、修改《中国工会章程》的必要性和重要性

党的十九大把习近平新时代中国特色社会主义思想确立为我们党必须长期坚持的指导思想并写进党章，十三届全国人大一次会议通过的宪法修正案将这一思想载入宪法，实现了党和国家指导思想的与时俱进。党的十九大确定了决胜全面建成小康社会、开启全面建设社会主义现代化国家新征程的目标，对新时代推进中国特色社会主义伟大事业和党的建设新的伟大工程作出了全面部署，为工会围绕中心、服务大局，开创新时代工会工作新局面指明了前进方向。党的十八大以来，以习近平同志为核心的党中央高度重视工人阶级和工会工作，多次发表重要讲话、作出重要指示，形成了习近平总书记关于工人阶级

和工会工作的重要论述，为工会工作创新发展提供了根本遵循。

现行的《中国工会章程》是经党中央批准，并经中国工会第十六次全国代表大会通过的。五年来的实践证明，《中国工会章程》作为中国工会组织的规章性文件和处理中国工会内部事务的基本准则，在推进工会工作创新发展中发挥了重要作用。站在新的历史起点上，积极适应新时代新任务，适应职工群众需求的新变化新要求，有必要对现行的《中国工会章程》进行适当修改。

做好《中国工会章程》修改工作，是深入贯彻落实习近平新时代中国特色社会主义思想和党的十九大精神，贯彻落实习近平总书记关于工人阶级和工会工作重要论述的重大举措；是始终坚持党对工会工作的领导，保持工会工作的正确政治方向，坚定不移走中国特色社会主义工会发展道路的内在要求；是保持和增强工会组织和工会工作的政治性、先进性、群众性，把工会组织建设得更加充满活力、更加坚强有力，团结引导职工群众听党话、跟党走的现实需要，对于工会组织牢牢把握我国工人运动时代主题，团结动员广大职工为决胜全面建成小康社会、夺取新时代中国特色社会主义伟大胜利、实现中华民族伟大复兴的中国梦作贡献具有重要意义。

二、修改《中国工会章程》的总体要求和基本原则

在章程修改过程中，始终坚持以马克思列宁主义、毛泽东思想、邓小平理论、“三个代表”重要思想、科学发展观、习近平新时代中国特色社会主义思想为指导，深入学习贯彻党的十九大和十九届二中、三中全会精神，贯彻落实习近平总书记关于工人阶级和工会工作的重要论述，贯彻落实中央党的群团工作会议精神，充分体现党的十九大确立的重大理论观点、

重大战略思想和实践成果，充分体现党的十八大以来党中央对工人阶级和工会工作的重要要求，充分体现中国工会十六大以来在以习近平同志为核心的党中央坚强领导下，工会工作和工会改革取得的理论创新、实践创新和制度创新成果，努力为加强工会组织建设、深入创新发展，开创新时代工会工作新局面提供科学有力的遵循和指导。具体把握了以下原则：

一是突出政治性。根据党的十九大通过的《中国共产党章程（修正案）》精神，以习近平新时代中国特色社会主义思想为指导，贯彻落实习近平总书记关于工人阶级和工会工作的重要论述，坚持党对工会工作的领导，确保正确政治方向。

二是体现权威性。依据十三届全国人大一次会议通过的《中华人民共和国宪法修正案》，按照《中华人民共和国工会法》的有关规定要求，保持工会章程作为中国工会规章性文件和处理内部事务基本准则的严肃性和权威性。

三是注重群众性。深入调研论证，广泛征求意见，充分发扬民主，集中全会智慧，尊重基层首创精神，反映基层工会和职工群众创造的新鲜经验。

四是把握规律性。着眼新时代赋予工会组织和工会工作的新任务新要求，坚持问题导向，坚持改革创新，力求把工会工作的规律性特点和前瞻性要求体现到工会章程中。

五是保持稳定性。本着可改可不改的不改，需要改的准确改好，不作大的修改的原则，对在工会工作实践中已经成熟的工作、制度等内容作适当增加，保持工会章程的连续性和稳定性。

三、《中国工会章程》修改的简要过程和主要工作

党中央高度重视《中国工会章程》修改工作。中共中央政治局常委、中央书记处书记王沪宁多次作出重要指示，对如何

筹备好工会十七大特别是修改好工会章程提出明确要求。2018年9月7日，中央书记处办公会议听取全总党组关于工会十七大筹备工作情况的汇报，与会中央领导同志对《中国工会章程（修正案）》给予肯定，并提出修改意见。王沪宁同志作了总结讲话，对工会章程修改作出具体指示，提出明确要求。

在全国人大常委会副委员长、中华全国总工会主席王东明的高度重视和领导下，在全总党组书记、副主席、书记处第一书记李玉赋的直接带领下，全总党组、书记处把修改工会章程作为重要的政治任务来抓，确保各项工作有序推进。2018年4月，经全总书记处会议研究，全总成立了《中国工会章程》修改小组，并下发《关于认真做好〈中国工会章程〉修改工作的通知》。在章程修改过程中，全总书记处多次召开会议，研究审议《中国工会章程（修正案）》，对修改工作和修改内容提出了明确要求。全总党组、书记处各位领导同志都认真提出了修改意见。

全总《中国工会章程》修改小组在认真做好各项准备工作的基础上，分4个组分赴14个省（区、市），深入22个城市开展专题调研，召开42场座谈会，听取近1000余名各层各类工会干部和一线职工群众的意见建议。各省级工会高度重视，组织专门力量，采取召开座谈会等形式，广泛征求意见建议，并向全总报送了调研报告、修改稿及说明。经过认真汇总梳理，各地各单位共提出意见建议683条。

在调研论证、听取意见的基础上，全总《中国工会章程》修改小组起草了《中国工会章程（修正案）（征求意见稿）》，先后召开一系列不同层次、不同类别工会干部、一线职工和专家学者参加的座谈会、研讨会、论证会，广泛征求各方面意见建议，并以电文形式征求各省（区、市）总工会，各全国产业工会，中央和国家机关工会联合会筹备组，全总各部门、各直属单位的意见建议，还专门征求了中央组织部、中央编办、共青团中央、全国妇联等有关单位的意见建议，章程修改小组进行修改后，形成了报请中央书记处的《中国工会章程（修正案）（送审稿）》。

全总党组、书记处认真贯彻落实9月7日中央书记处办公会议精神，特别是王沪宁同志的重要讲话精神，对工会章程作了进一步修改。9月19日至20日，全总召开十六届十七次主席会议、十八次主席团会议、九次执委会议，传达学习中央书记处重要指示精神，组织与会同志对《中国工会章程（修正案）》进行了认真讨论，根据提出的意见建议，王东明、李玉赋同志带领全总《中国工会章程》修改小组，对工会章程作了进一步修改完善。会议审议并原则通过了《中国工会章程（修正案）》，决定提交中国工会第十七次全国代表大会审议。

四、对《中国工会章程》修改的主要内容

（一）总则部分修改的主要内容。

一是根据党的十九大精神和党章、宪法修改精神，把“习近平新时代中国特色社会主义思想”写入工会章程，作为中国工会必须长期坚持的指导思想；增写中国工会“保持和增强政治性、先进性、群众性”“按照中国特色社会主义事业‘五位一体’总体布局和‘四个全面’战略布局”“贯彻创新、协调、绿色、开放、共享的发展理念”等表述。

二是根据习近平新时代中国特色社会主义思想，习近平总书记关于工人阶级和工会工作的重要论述，充实工人阶级“是中国共产党最坚实最可靠的阶级基础”，鲜明强调中国工会“坚持自觉接受中国共产党的领导”和“承担团结引导职工群众听党话、跟党走”的政治责任，中国工会的基本职责增写

“竭诚服务职工群众”的内容，明确中国工会落实新时代党的建设总要求的具体内容，提出中国工会“把握为实现中华民族伟大复兴的中国梦而奋斗的工人运动时代主题”“弘扬劳模精神、劳动精神、工匠精神”等内容。

三是根据中央党的群团工作会议精神，充分体现群团改革特别是工会系统改革取得的理论创新、实践创新和制度创新成果，增写中国工会“推进产业工人队伍建设改革”“构建联系广泛、服务职工的工作体系，增强团结教育、维护权益、服务职工的功能”“坚持服务职工群众的工作生命线”“构建工会网上平台”，以及工会兴办的企业、事业“坚持公益性、服务性”等表述。

（二）第一章会员修改的主要内容。

一是为充分体现工会服务职工职责，在第三条会员权利中增加“互助保障”的内容。

二是为更好体现新时代对会员提出的新要求，在第四条会员义务中增加“认真学习贯彻习近平新时代中国特色社会主义思想”“立足本职岗位建功立业”“弘扬中华民族传统美德”等内容。

（三）第二章组织制度修改的主要内容。

一是为加强上级工会对下级工会的领导和服务，第九条增加工会各级领导机关“加强对下级组织的领导和服务”的表述，同时，对下级组织增加了“应及时”向上级组织请示报告工作。

二是为规范工会审查监督工作，根据工作需要，在第十三条增加经费审查委员会“监督”的职责。

（四）第四章地方组织修改的主要内容。

鉴于全国市辖区已普遍建立了总工会实际情况，第二十二条第三款“直辖市和设区的市总工会可在区建立区一级工会组织或者设派出代表机关”修改为“直辖市和设区的市总工会在区一级建立总工会”。

（五）第五章基层组织修改的主要内容。

为进一步增强基层工会的吸引力凝聚力战斗力，在第二十八条工会基层委员会的基本任务中充实完善“在公司制企业落实职工董事、职工监事制度”“技能培训”“培育工匠人才”，“加强对职工的政治引领和思想教育，开展法治宣传教育，重视人文关怀和心理疏导”“推动落实职工福利待遇”“职业病防治”等内容。

（六）第六章工会干部修改的主要内容。

为提高工会干部适应新时代发展需要的能力素质，第三十二条增加学习“习近平新时代中国特色社会主义思想”和“政治、历史、文化、科技等”知识，强调“提高政治能力，增强群众工作本领”，做到“信念坚定”“敢于担当”“增强群众意识和群众感情”等内容。

（七）第七章工会经费和资产修改的主要内容。

一是为严格规范各级工会经费使用管理，在第三十六条后专门增加一条，具体内容是“工会经费主要用于为职工服务和开展工会活动。各级工会组织应坚持正确使用方向，加强预算管理，优化支出结构，开展监督检查。”

二是为切实保障基层工会独立使用管理工会经费的权利，原第三十七条“具备社团法人资格的工会可以设立独立经费账户”中“可以”修改为“应当依法”。

三是为严格工会资产监督管理，保证工会资产完整安全，把原第三十八条“各级工会应当加强对工会资产的监督、管理”修改为“各级工会依法依规加强对工会资产的监督、管理”。

四是为进一步健全完善工会经费审查监督体制，加大工会经费审查力度，在原第三十八条“统一领导、分级管理、分级负责”的经费审查监督体制中，增加“下审一级”的规定。

中国工会第十七次全国代表大会秘书处负责人就工会十七大通过的《中国工会章程（修正案）》答记者问

问：请您谈谈中国工会十七大修改工会章程的重要意义？

答：《中国工会章程》是中国工会组织的规章性文件和处理中国工会内部事务的基本准则。中国工会十六大以来，各级工会把学习宣传贯彻习近平新时代中国特色社会主义思想和党的十八大、十九大精神作为首要政治任务，认真学习贯彻习近平总书记关于工人阶级和工会工作的重要论述，坚持走中国特色社会主义工会发展道路，把握为实现中华民族伟大复兴的中国梦而奋斗的工人运动时代主题，忠诚党的事业、竭诚服务职工，各项工作取得了显著成效。进入新时代，站在新的历史起点上，积极适应新时代新任务，适应职工群众需求的新变化新要求，对现行的《中国工会章程》进行适当修改，有利于更好地发挥工会章程的规范和指导作用，开创新时代工会工作新局面。

做好《中国工会章程》修改工作，是深入贯彻落实习近平新时代中国特色社会主义思想和党的十九大精神，贯彻落实习近平总书记关于工人阶级和工会工作重要论述的重大举措；是始终坚持党对工会工作的领导，保持工会工作的正确政治方向，坚定不移走中国特色社会主义工会发展道路的内在要求；是保持和增强工会组织和工会工作的政治性、先进性、群众性，把工会组织建设得更加充满活力、更加坚强有力，团结引导职工群众听党话、跟党走的现实需要，对于工会组织牢牢把握我国工人运动时代主题，团结动员广大职工为决胜全面建成小康社会、夺取新时代中国特色社会主义伟大胜利、实现中华民族伟大复兴的中国梦作贡献具有重要意义。

问：这次章程修改工作把握的总体要求和原则是什么？

答：此次工会章程修改把握以下总体要求：坚持以马克思列宁主义、毛泽东思想、邓小平理论、“三个代表”重要思想、科学发展观、习近平新时代中国特色社会主义思想为指导，深入学习贯彻党的十九大和十九届二中、三中全会精神，贯彻落实习近平总书记关于工人阶级和工会工作的重要论述，贯彻落实中央党的群团工作会议精神，充分体现党的十九大确立的重大理论观点、重大战略思想和实践成果，充分体现党的十八大以来党中央对工人阶级和工会工作的重要要求，充分体现中国工会十六大以来在以习近平同志为核心的党中央坚强领导下，工会工作和工会改革取得的理论创新、实践创新和制度创新成果，努力为加强工会组织建设、深入创新发展，开创新时代工会工作新局面提供科学有力的遵循和指导。

具体把握了以下原则：一是突出政治性。根据党的十九大通过的《中国共产党章程（修正案）》精神，以习近平新时代中国特色社会主义思想为指导，贯彻落实习近平总书记关于工人阶级和工会工作的重要论述，坚持党对工会工作的领导，确保正确政治方向。二是体现权威性。依据十三届全国人大一次会议通过的《中华人民共和国宪法修正案》，按照《中华人民共和国工会法》的有关规定，保持工会章程作为中国工会规章性文件和处理内部事务基本准则的严肃性和权威性。三是注重群众性。深入调研论证，广泛征求意见，充分发扬民主，集中全会智慧，尊重基层首创精神，反映基层工会和职工群众创造的新鲜经验。四是把握规律性。着眼新时代赋予工会组织和工会工作的新任务新要求，坚持问题导向，坚持改革创新，力求把工会工作的规律性特点和前瞻性要求体现到工会章程中。五是保持稳定性。本着可改可不改的不改，需要改的准确改好，不作大的修改的原则，对在工会工作实践中已经成熟的工作、制度等内容作适当增加，保持工会章程的连续性和稳定性。

问：请您谈谈这次章程修改工作有什么特点？

答：坚持党的领导、充分发扬民主，集中全会智慧、突出改革创新，是这次章程修改工作的鲜明特点。

坚持党的领导是做好章程修改工作的首要政治要求。在章程修改过程中，认真学习贯彻习近平新时代中国特色社会主义思想和党的十九大精神，学习贯彻习近平总书记关于工人阶级和工会工作的重要论述，贯彻落实中央党的群团工作会议精神，按照党章、宪法修改的精神对工会章程进行适当修改，坚持政治方向，把握正确原则，确保将党的意志和主张贯彻落实到章程修改工作中。

党中央高度重视《中国工会章程》修改工作。中共中央政治局常委、中央书记处书记王沪宁主持召开中央书记处办公会议，专题听取工作汇报，对如何筹备好中国工会十七大特别是修改好工会章程提出明确要求。在全国人大常委会副委员长、中华全国总工会主席王东明的高度重视和领导下，在全总党组书记、副主席、书记处第一书记李玉赋的直接带领下，全总党组、书记处认真贯彻落实中央书记处的重要指示精神，专门成立《中国工会章程》修改小组，并多次召开专题会议进行研究部署，对修改工作和修改内容提出了明确要求，保证了章程修改工作的正确方向。

章程修改工作启动后，全总《中国工会章程》修改小组分赴各省（区、市）开展专题调研，召开各层各类工会干部和一线职工群众参加的座谈会，广泛深入征求意见建议。各省级工会高度重视，组织专门力量，研究征集修改意见。同时，专门征求中央组织部、中央编办、共青团中央、全国妇联等有关单位的意见建议。根据各方面反馈的意见和建议，对章程修正案进行了认真修改完善。经全总十六届十八次主席团会、九次执委会审议同意，形成了提交中国工会第十七次全国代表大会审议的章程修正案。中国工会十七大期间，全体代表对章程修正案进行认真讨论和审议，提出一些修改意见。全总《中国工会章程》修改小组综合这些意见，进行了修改完善。10 月 26 日，大会全体会议一致通过《中国工会章程（修正案)》。

问：章程修正案把习近平新时代中国特色社会主义思想确立为中国工会指导思想的重大意义?

答：党的十九大把习近平新时代中国特色社会主义思想确立为党的指导思想，实现了党的指导思想的又一次与时俱进。在这次章程修改征求意见过程中，各级工会组织和广大会员一致建议，将习近平新时代中国特色社会主义思想写入工会章程，作为中国工会必须长期坚持的指导思想。章程修正案采纳了这项建议，将习近平新时代中国特色社会主义思想与马克思列宁主义、毛泽东思想、邓小平理论、“三个代表”重要思想、科学发展观一道，确立为中国工会的指导思想。作这样的修改，是中国工会坚持以习近平新时代中国特色社会主义思想为指导，坚决维护习近平总书记党中央的核心、全党的核心地位，坚决维护党中央权威和集中统一领导，在政治立场、政治方向、政治原则、政治道路上同以习近平同志为核心的党中央保持高度一致的根本举措，是中国工会坚持自觉接受中国共产党的领导，坚定不移走中国特色社会主义工会发展道路，确保工会工作正确政治方向的政治要求，是中国工会积极适应新时代赋予工会组织和工会工作新任务新要求，开创新时代工会工作新局面的基本遵循和科学指针，充分反映了工会干部和广大职工群众的热切期盼和共同心声。同时，为深入学习贯彻习近平新时代中国特色社会主义思想，在学懂弄通做实上下功夫，在第四条会员的义务和第三十二条工会干部的基本任务中，增写了学习贯彻习近平新时代中国特色社会主义思想的内容。

问：章程修正案对学习贯彻习近平总书记关于工人阶级和工会工作的重要论述作了哪些充实？

答：习近平总书记关于工人阶级和工会工作的重要论述，是习近平新时代中国特色社会主义思想的重要组成部分，是新时代工运事业和工会工作创新发展的理论指导和行动指南。章程修正案在总则部分增写了工人阶级“是中国共产党最坚实最可靠的阶级基础”，鲜明强调中国工会“坚持自觉接受中国共产党的领导”和“承担团结引导职工群众听党话、跟党走的政治责任”，中国工会“保持和增强政治性、先进性、群众性”，工会的基本职责增写“竭诚服务职工群众”的内容，提出中国工会“把握为实现中华民族伟大复兴的中国梦而奋斗的工人运动时代主题”“弘扬劳模精神、劳动精神、工匠精神”等，明确中国工会落实新时代党的建设总要求的具体内容。这些修改，有利于各级工会深刻领会和切实践行习近平总书记关于工人阶级和工会工作的重要论述，立足新时代中国特色社会主义的新方位、社会主要矛盾的新变化、共建共治共享社会治理的新格局、全面深化改革的新阶段，把握工会组织新使命、新目标、新要求，在工会各项工作中全面体现、全面落实，形成新的生动实践。

问：章程修正案对工会坚持党的领导作了哪些强调？

答：在此次章程修改征求意见过程中，广大会员和工会干部一致认为，应在章程中更鲜明体现“坚持党的领导”这一根本政治原则。章程修正案采纳这条建议，在总则第三自然段后增写了一个自然段，明确中国工会坚持的政治原则和承担的政治责任，表述为：中国工会坚持自觉接受中国共产党的领导，承担团结引导职工群众听党话、跟党走的政治责任，巩固和扩大党执政的阶级基础和群众基础。作这样的修改，有利于进一步突显中国工会的政治性，提升开展工作的政治站位，强化履行职责的政治责任，树立衡量工作的政治标准，更好地履行党中央交给工会的政治任务，更好地把党的领导贯彻落实到工会工作的各方面全过程。

问：章程修正案对中国工会落实党的建设总要求作了哪些强调？

答：为贯彻落实新时代党的建设总要求，加强工会系统党的建设，章程修正案在总则最后专门增写一个有关自然段。增写这一自然段，对于贯彻落实党中央关于全面加强党的建设总要求，加强工会系统党的建设具有重要意义，是保持和增强工会组织和工会工作政治性、先进性、群众性的重要举措，为推进工会工作创新发展、开创新时代工会工作新局面提供坚强的政治保证，有利于各级工会认真贯彻新时代党的建设总要求，坚持以党的政治建设为统领，从严从实加强工会系统党的各项建设，全面履行管党治党政治责任，推动工会系统全面从严治党向纵深发展，把全总机关和各级工会党组织建设得更加充满活力、更加坚强有力。

问：章程修正案对中国工会的基本职责作了如何修改？

答：为深入贯彻落实习近平新时代中国特色社会主义思想，

习近平总书记关于工人阶级和工会工作的重要论述，体现中国工会十六大以来在加强维权服务方面取得的理论创新、制度创新、实践创新成果，章程修正案在中国工会的基本职责中增写了“竭诚服务职工群众”。

着眼新时代新任务新需求，把中国工会的基本职责修改为维护职工合法权益、竭诚服务职工群众，同时，明确了中国工会以忠诚党的事业、竭诚服务职工为己任，是深入学习贯彻落实习近平新时代中国特色社会主义思想的重大举措，是贯彻落实以人民为中心的发展思想的时代需要，是推进新时代党的工运事业和工会工作创新发展的题中应有之义。作这样的修改，有利于各级工会组织进一步树立以职工为中心的鲜明工作导向，增强担当作为，把工作重心放在广大职工身上，构建联系广泛、服务职工的工作体系，拓宽服务职工领域，通过扎实的维权帮扶和保障服务，真心实意为职工办实事、做好事、解难事；有利于各级工会组织适应新时代我国社会主要矛盾的变化，顺应职工对美好生活的新期待，积极主动研究解决职工群众在劳动经济、精神文化、民主法治、公平公正、安全健康卫生等方面的多样化需求，使职工获得感、幸福感、安全感明显提升。

问：章程修正案对工会围绕中心服务大局调整充实了哪些新的内容？

答：章程修正案根据党的十九大确立的重大理论观点、重大战略思想和实践成果，对总则部分有关内容进行了充实和完善。一是在总则第三自然段，将把我国建设成为富强民主文明和谐的社会主义现代化国家修改为把我国建设成为富强民主文明和谐美丽的社会主义现代化强国。在总则原第五自然段中，增写按照中国特色社会主义事业“五位一体”总体布局和“四个全面”战略布局，贯彻创新、协调、绿色、开放、共享的发展理念的内容。在总则原第十三自然段将推动形成公正合理、民主和谐的国际工运新秩序修改为积极参与“一带一路”建设，增进我国工人阶级同各国工人阶级的友谊，增写在推动构建人类命运共同体中发挥作用等内容。作这样的修改，有利于工会更好地围绕中心、服务大局，开创新时代工会工作新局面。二是根据党中央关于加强产业工人队伍建设改革的部署，在总则原第五自然段中，增写践行社会主义核心价值观，提高技术技能素质，推进产业工人队伍建设改革的内容。作这些修改，有利于工会更好地承担起推进产业工人队伍建设改革的职责任务，积极动员引导广大职工群众发扬工人阶级伟大品格，推动改革方案落地见效，加快建设高素质产业工人队伍。三是在总则原第六自然段中，增写维护工人阶级和工会组织的团结统一的内容。作这样的修改，有利于工会更好地发挥在创新社会治理和维护社会和谐稳定中的重要作用，在完善社会治理体制与提高社会治理水平中发挥工会的优势和作用。

问：章程修正案对中国工会加强自身建设提出了哪些新要求？

答：章程修正案贯彻落实习近平总书记在中央党的群团工作会议上的重要讲话和关于群团改革工作的重要指示精神，充分体现工会改革取得的创新成果，将相关内容充实进总则有关自然段。一是在总则第三自然段增写保持和增强政治性、先进性、群众性的内容。二是在总则原第十自然段明确党中央关于群团组织改革的目标和功能定位，增写构建联系广泛、服务职工的工作体系，增强团结教育、维护权益、服务职工的功能的内容。作这些充实，有利于工会改革始终沿着正确的方向深入推进。三是根据各级工会推进基层工会改革创新的实践经验和创新成果，增写着力扩大覆盖面、增强代表性，着力强化服务意识、提高维权能力，着力加强队伍建设、提升保障水平的内容，明确坚持服务职工群众的工作生命线，鲜明提出增强基层工会的吸引力凝聚力战斗力，把工会组织建设得更加充满活力、更加坚强有力的目标和方向。作这些增写，是深入贯彻落实习近平总书记关于基层工会建设“三个着力”重要指示精神的具体举措，有利于更好地适应劳动关系领域发展新形势，切实履行工会职责，树立大抓基层的鲜明导向，坚持落实到基层、落实靠基层的理念，持续加强基层工会建设，推进新时代基层工会工作创新发展。

问：章程修正案对工会会员方面作出了哪些调整充实？

答：为更好体现新时代对会员提出的新要求，结合各级工会工作实践，章程修正案对工会会员部分内容进行了调整和充实。一是根据各级工会在服务职工、维护职工合法权益等方面所作的积极努力和创新实践，在第三条会员权利第五项工会提供的服务中增写互助保障的内容。二是在第四条会员义务中增写立足本职岗位建功立业，弘扬中华民族传统美德的内容，并将维护社会公德和职业道德修改为恪守社会公德、职业道德、家庭美德、个人品德。

问：章程修正案对工会的组织制度作出了哪些调整？

答：为加强上级工会对下级工会的领导和服务，章程修正案在第九条第六项中，增写工会各级领导机关加强对下级组织的领导和服务的内容，并强调下级组织应及时向上级组织请示报告工作。作这样的修改，有利于更好地贯彻民主集中制原则，更好地维护工会组织团结统一。

问：章程修正案对工会的地方组织建设作出了哪些修改？

答：根据工会地方组织建设工作的实践，回应基层呼声，章程修正案在第二十二条第三款中，将直辖市和设区的市总工会可在区建立区一级工会组织或者设派出代表机关，修改为直辖市和设区的市总工会在区一级建立总工会。作这样的修改，有利于规范区一级工会的组织形式，健全完善工会组织体系。

问：章程修正案对工会的基层组织建设及发挥作用充实了哪些内容？

答：章程修正案着眼增强吸引力凝聚力战斗力，充分发挥基层工会作用，对加强基层工会组织建设提出明确要求，增写从实际出发，建立区域性、行业性工会联合会，推进新经济组织、新社会组织工会组织建设的内容。对工会基层委员会基本任务进行充实完善，在第二十八条中增写在公司制企业落实职工董事、职工监事制度，组织职工开展技能培训，培育工匠人才，加强对职工的政治引领和思想教育，开展法治宣传教育，重视人文关怀和心理疏导，推动落实职工福利待遇的内容。同时，根据《安全生产法》《职业病防治法》《生产安全事故报告和调查处理条例》有关规定，将第二十八条第六项中劳动安全卫生修改为安全生产、职业病防治，将参与劳动安全卫生事故的调查处理修改为参与生产安全事故和职业病危害事故的调查处理。

问：章程修正案对工会干部队伍建设提出了哪些新要求？

答：根据习近平总书记提出的好干部标准，着眼建设忠诚干净担当的高素质工会干部队伍，对照党章对党的干部一章的修改，章程修正案对工会干部提出了新的要求，在第三十二条增写学习政治、历史、文化、科技等知识的内容，强调要提高政治能力，增强群众工作本领，增写信念坚定、敢于担当，增强群众意识和群众感情的内容。在第三十三条，将重视培养和选拔青年干部、妇女干部修改为重视发现培养和选拔优秀年轻干部、女干部。

问：章程修正案对工会经费和资产的管理使用作了哪些规定？

答：为严格规范各级工会经费和资产使用管理，章程修正案对工会经费和资产部分进行修改。一是为切实保障基层工会独立使用管理工会经费的权利，将原第三十七条第三款具备社团法人资格的工会可以依法设立独立经费账户修改为应当依法设立独立经费账户。二是为严格工会资产监督管理，保证工会资产完整安全，将原第三十八条各级工会应当加强对工会资产的监督管理修改为各级工会依法依规加强对工会资产的监督、管理。三是充实经费审查监督体制的内容，在原第三十八条中增写下审一级的内容。同时，进一步明确工会经费审查委员会的职责，在第十三条中增写经费审查委员会接受上级工会经费审查委员会的监督的内容。

问：章程修正案还调整和充实了哪些内容？

答：一是为充分体现工会改革过程中积极推行"互联网＋"工会普惠性服务的创新实践，章程修正案在总则原第十自然段，增写构建智慧工会的内容。二是为落实全面从严治党要求，充分体现工会改革成果，突出和强化工会兴办的企业、事业服务基层、服务职工的功能，章程修正案在总则原第十一自然段，增写坚持公益性、服务性的内容。三是在第三十六条工会经费的来源后增写一条，明确工会经费的使用、管理和支出原则。

问：中国工会十七大对各级工会贯彻落实章程提出了哪些要求？

答：《中国工会章程（修正案）》明确要求，各级工会组织和广大工会会员增强政治意识、大局意识、核心意识、看齐意识，坚定道路自信、理论自信、制度自信、文化自信，坚决维护习近平总书记党中央的核心、全党的核心地位，坚决维护党中央权威和集中统一领导，在思想上政治上行动上同以习近平同志为核心的党中央保持高度一致，高举习近平新时代中国特色社会主义思想伟大旗帜，更加自觉地学习章程、遵守章程、贯彻章程、维护章程，加强自身建设、履行使命担当，凝心聚力、开拓进取，为决胜全面建成小康社会、夺取新时代中国特色社会主义伟大胜利、实现中华民族伟大复兴的中国梦而努力奋斗！

问：请您介绍一下，对各级工会和广大会员关于章程修改的意见和建议是怎么处理的？

答：这次章程修改，广泛征求各方面意见，充分采纳了广大会员和工会干部对章程提出的修改意见和建议。有些意见和建议虽然章程修正案没有采纳，但主要精神已经体现在中国工会十七大报告中；有些意见和建议还需要在实践中进一步研究和探索；有些具体意见和建议，则将在其他工会内部规章制度中体现。

第二部分　学习问答

总　则

1. 把习近平新时代中国特色社会主义思想确立为工会工作的指导思想的重大意义？

习近平新时代中国特色社会主义思想是马克思主义中国化最新成果，是党和人民实践经验和集体智慧的结晶，是中国特色社会主义理论体系的重要组成部分，是全党全国人民为实现中华民族伟大复兴而奋斗的行动指南。党的十九大把习近平新时代中国特色社会主义思想确立为党必须长期坚持的指导思想并写进党章，实现了党的指导思想的与时俱进。十三届全国人大一次会议通过的宪法修正案，郑重地把习近平新时代中国特色社会主义思想载入宪法，把党的指导思想转化为国家的指导思想，具有重大的政治、历史、理论、实践意义。

按照党的十九大精神和党章、宪法修改的精神，在工会章程修正案中把习近平新时代中国特色社会主义思想同马克思列宁主义、毛泽东思想、邓小平理论、“三个代表”重要思想、科学发展观一道确立为中国工会的指导思想，为推进新时代党的工运事业和工会工作提供了根本遵循，是各级工会组织和广大工会干部的强大思想武器。这样修改是中国工会坚持以习近平新时代中国特色社会主义思想为指导，增强“四个意识”，坚定“四个自信”，坚决维护习近平总书记党中央的核心、全党的核心地位，坚决维护党中央权威和集中统一领导，在思想上政治上行动上同以习近平同志为核心的党中央保持高度一致的根本举措，是中国工会坚持自觉接受中国共产党的领导，坚定不移走中国特色社会主义工会发展道路，确保工会工作正确政治方向的政治要求，是中国工会积极适应新时代赋予工会组织和工会工作新任务新要求，开创新时代工会工作新局面的基本遵循和科学指针，充分反映了广大职工群众和工会干部的热切期盼和共同心声。

中国工会十七大提出明确要求，各级工会组织和广大工会干部要切实把学习宣传贯彻习近平新时代中国特色社会主义思想作为工会组织的重大政治任务，与学习贯彻习近平总书记关于工人阶级和工会工作的重要论述结合起来，增强学习贯彻的自觉性和坚定性，用以武装头脑、指导实践、推动工作，始终保持工会工作正确政治方向，推动新时代党的工运事业创新发展。

2. 如何准确理解和把握新时代我国工人阶级的历史地位？

党的十八大以来，习近平总书记对我国工人阶级的地位、性质作出了科学的论述，高度评价我国工人阶级在推进中国特色社会主义伟大事业中的地位和作用。2013 年 4 月 28 日，习近平总书记在同全国劳动模范代表进行座谈时的讲话中明确指出：“工人阶级是我国的领导阶级，是我国先进生产力和生产关系的代表，是我们党最坚实最可靠的阶级基础，是全面建成小康社会、坚持和发展中国特色社会主义的主力军。”习近平总书记的重要论述，高度评价了我国工人阶级的地位和作用，深刻阐明了我们党坚持全心全意依靠工人阶级的根本指导方针，对于充分发挥工人阶级主力军作用，鼓舞和激励广大职工为实现中华民族伟大复兴的中国梦而努力奋斗具有重大而深远的意义。

按照习近平总书记的重要论述，在中国工会十七大通过的

《中国工会章程（修正案）》中对工人阶级的地位、性质进行充实完善，增加工人阶级是中国共产党最坚实最可靠的阶级基础内容。这是中国工会认真学习贯彻习近平新时代中国特色社会主义思想、学习贯彻习近平总书记关于工人阶级和工会工作重要论述的重要举措，有助于广大职工群众和工会干部更加全面准确理解把握工人阶级历史地位和作用的深刻内涵，有利于各级工会深入推动党的全心全意依靠工人阶级的根本指导方针的贯彻落实，充分发挥工人阶级主力军作用，团结广大职工投身伟大斗争、伟大工程、伟大事业、伟大梦想的生动实践，为决胜全面建成小康社会、实现中华民族伟大复兴的中国梦凝聚磅礴力量。

3. 工会章程修正案为什么鲜明提出中国工会要保持和增强政治性、先进性、群众性?

2015 年 7 月 6 日，习近平总书记在中央党的群团工作会议上提出，要切实保持和增强党的群团工作和群团组织的政治性、先进性、群众性。2017 年 8 月，习近平总书记对群团改革工作作出重要指示：“要推动各群团组织结合自身实际，紧紧围绕增强‘政治性、先进性、群众性’，直面突出问题，采取有力措施，敢于攻坚克难，注重夯实群团工作基层基础。”党的十九大报告指出：“推动工会、共青团、妇联等群团组织增强政治性、先进性、群众性。”党的十九大在修改党章时也提出了“党必须加强对工会、共产主义青年团、妇女联合会的领导，使它们保持和增强政治性、先进性、群众性”。2018 年 3 月，中共中央印发的《深化党和国家机构改革方案》再次强调，群团组织要“紧紧围绕保持和增强政治性、先进性、群众性这条主线，强化问题意识，以更大力度、更实举措推进改革，着力解决‘机关化、行政化、贵族化、娱乐化’等问题，把群团组织建设得更加充满活力、更加坚强有力。”这些重要精神，为工会加强自身建设、推进改革创新指明了前进方向，提供了遵循。

工会组织是党领导的工人阶级群众组织。政治性、先进性、群众性是中国工会最鲜明的特征，也是工会改革的方向。近年来，全总认真学习贯彻习近平总书记重要讲话和中央党的群团工作会议精神，围绕保持和增强工会组织和工会工作的政治性、先进性、群众性这条主线，坚持以上带下，指导各级工会组织深入开展了工会系统改革，取得了明显成效。为深入学习贯彻习近平总书记在中央党的群团工作会议上的重要讲话和关于群团改革工作的重要指示精神，按照党的十九大精神和党章修改的精神，将中国工会保持和增强政治性、先进性、群众性这一政治要求写入工会章程，充分反映近年来各级工会在以习近平同志为核心的党中央坚强领导下，锐意改革、不断进取，所取得的理论创新、制度创新和实践创新成果，进一步明确工会组织加强自身建设、推进改革创新的工作目标和改革方向，从而把工会组织建设得更加坚强有力、更加充满活力。

4. 工会章程修正案为什么强调中国工会要坚持自觉接受中国共产党的领导?

中国共产党领导是中国特色社会主义最本质的特征，是中国特色社会主义制度的最大优势。党政军民学，东西南北中，党是领导一切的。党的十八大以来，习近平总书记多次就工会自觉接受党的领导作出了重要阐述，为工会工作指明了前进方向，提供了根本遵循。2015 年 4 月 28 日，习近平总书记在庆祝

“五一”国际劳动节暨表彰全国劳动模范和先进工作者大会上的讲话中指出：“要坚持自觉接受党的领导的优良传统。”2015年7月6日，在中央党的群团工作会议上，习近平总书记再次强调：“保持和增强党的群团工作的政治性，关键是群团组织必须自觉坚持中国共产党的领导。”

在工会章程中鲜明强调中国工会坚持自觉接受中国共产党的领导，是工会的优良传统，也是做好工会工作的根本保证。各级工会组织和广大工会干部只有坚持党的领导，才能增强政治意识、大局意识、核心意识、看齐意识，坚定道路自信、理论自信、制度自信、文化自信，坚决维护习近平总书记党中央的核心、全党的核心地位，坚决维护党中央权威和集中统一领导，在思想上政治上行动上同以习近平同志为核心的党中央保持高度一致，确保工会工作的正确政治方向，通过扎实有效的工作，把坚持党的领导和我国社会主义制度落实到广大职工群众中去，落实到工会工作的各方面和全过程。

5. 如何理解中国工会承担的政治责任？

中国工会十七大通过的《中国工会章程（修正案）》，在总则专门增写了一段：“中国工会坚持自觉接受中国共产党的领导，承担团结引导职工群众听党话、跟党走的政治责任，巩固和扩大党执政的阶级基础和群众基础。”

党的十八大以来，习近平总书记多次对中国工会的政治责任作出重要阐述。2015年7月6日，习近平总书记在中央党的群团工作会议上指出：“党的群团工作的政治性，主要体现在工会、共青团、妇联等群团组织要承担起引导群众听党话、跟党走的政治任务。”同时，他强调：“我们必须从巩固党执政的阶级基础和群众基础的政治高度，抓好党的群团工作，保证党始终同广大人民群众同呼吸、共命运、心连心。”贯彻落实习近平总书记重要讲话精神，从巩固和扩大党执政的阶级基础和群众基础的高度，在工会章程中鲜明地提出中国工会承担巩固党执政的阶级基础和群众基础，引导职工群众听党话、跟党走的政治责任，有利于进一步突显中国工会的政治性，提升开展工作的政治站位，强化履行职责的政治责任，树立衡量工作的政治标准，更好地完成党中央交给工会的政治任务。

6. 工会章程修正案对中国工会的基本职责作了哪些修改？

中国工会十七大通过的《中国工会章程（修正案）》，把中国工会的基本职责由“维护职工合法权益”修改为“维护职工合法权益、竭诚服务职工群众”。

工会的基本职责是工会履行各项社会职能的基础工作和首要任务，是工会组织和工会工作必须长期坚持和遵循的根本准则。2001 年修正的《工会法》首次提出“维护职工合法权益是工会的基本职责”。2003 年中国工会十四大通过的工会章程修正案，第一次在工会章程中提出“中国工会的基本职责是维护职工合法权益”。工会的基本职责必须长期坚持，更要与时俱进。本次章程修改，对中国工会的基本职责增写竭诚服务职工群众的内容，是贯彻党的十九大提出的坚持以人民为中心的发展思想，贯彻落实习近平总书记关于“把竭诚为职工群众服务作为工会一切工作的出发点和落脚点”这一重要论述的重要举措，是工会十六大以来在以习近平同志为核心的党中央坚强领导下，工会工作和工会改革取得的理论创新、实践创新和制度创新成果的生动体现，是对工会理论的一次重大突破和进展。

2013 年 4 月 28 日，习近平总书记在同全国劳动模范代表进行座谈时指出：“要把竭诚为职工群众服务作为工会一切工作的出发点和落脚点。”2013 年 10 月 23 日，习近平总书记在同全总新一届领导班子成员集体谈话时的讲话中强调，要“竭诚为职工群众服务，切实维护职工群众权益”。2015 年 4 月 28 日，习近平总书记在庆祝“五一”国际劳动节暨表彰全国劳动模范和先进工作者大会上的讲话中再次强调：“要坚决履行维护职工合法权益的基本职责，把竭诚为职工群众服务作为工会一切工作的出发点和落脚点。”2018 年 6 月 4 日，王东明同志在全总十六届十六次主席会议上明确提出，维护职工合法权益、竭诚为职工群众服务是工会的基本职责。

为职工群众服务是中国工会的天职，是工会鲜明的旗帜。中国工会自诞生之日起，就始终坚持服务职工群众的工作生命线。特别是中国工会十六大以来，各级工会忠诚党的事业、竭诚服务职工群众，坚持以职工为中心的工作导向，更加精准、更有实效地推动解决职工群众最关心最直接最现实的利益问题，为职工提供项目化、普惠性服务，构建以精准帮扶为重点的服务职工体系，实现服务对象全覆盖、服务时间全天候。因此，对中国工会的基本职责进行修改，能够更加彰显维护职工权益、竭诚服务职工群众作为工会安身立命之基的重要地位和作用，推动各级工会组织切实履行好这一基本职责，真心实意为职工办实事、做好事、解难事，不断提升职工群众的幸福感、获得感、安全感，充分调动职工的积极性、主动性、创造性，赢得职工群众的信赖和支持，通过扎实的维权服务，更加广泛地把广大职工紧密团结在党的周围，坚定不移听党话、矢志不渝跟党走。

7. 工会章程修正案为什么增写"中国特色社会主义事业'五位一体'总体布局和'四个全面'战略布局"和"新发展理念"的内容?

中国特色社会主义事业"五位一体"总体布局和"四个全面"战略布局，以及新发展理念，是党的十八大以来，以习近平同志为核心的党中央在推进伟大斗争、伟大工程、伟大事业、伟大梦想中形成的重大理论成果。党的十九大通过的党章修正案在总纲中增写了"坚持创新、协调、绿色、开放、共享的发展理念""必须按照中国特色社会主义事业'五位一体'总体布局和'四个全面'战略布局，统筹推进经济建设、政治建设、文化建设、社会建设、生态文明建设，协调推进全面建成小康社会、全面深化改革、全面依法治国、全面从严治党"的内容。

中国工会十七大通过的《中国工会章程（修正案)》在阐述工会社会职能之前，增写了"按照中国特色社会主义事业'五位一体'总体布局和'四个全面'战略布局，贯彻创新、协调、绿色、开放、共享的发展理念"的内容，就是要引导各级工会更好地围绕中心、服务大局，找准工作的结合点和着力点，更加全面、准确地履行社会职能，团结动员职工群众为完成党的中心任务贡献力量。

8. 新时代我国工人运动的时代主题是什么?

习近平总书记在2013年10月23日同全总领导班子成员集体谈话时指出："我国工人运动的时代主题，是为实现中华民族伟大复兴的中国梦而奋斗。"在工会十七大通过的《中国工会章程（修正案）》中，增写了中国工会“把握为实现中华民族伟大复兴的中国梦而奋斗的工人运动时代主题”。做好新时代工会工作，必须深刻领会习近平总书记这一重要论述，牢牢把握我国工人运动的时代主题。

我国工人运动是在党的直接领导下发展起来的，始终沿着党指引的方向前进，始终把实现党在不同历史时期确立的目标作为自身的历史使命和时代主题，谱写了我国工人运动一幕幕壮丽篇章。在新民主主义时期，为实现民族独立、人民解放而奋斗；在社会主义革命和建设时期，为建立和巩固人民当家作主的新政权、建立独立的比较完整的工业体系和国民经济体系而奋斗；在改革开放时期，为坚持和发展中国特色社会主义而奋斗。历史充分说明，我国工人运动始终与党领导的伟大事业紧密相连，始终是实现中华民族伟大复兴时代洪流的重要组成部分。中国特色社会主义进入新时代，我国工人运动只有高举中国特色社会主义伟大旗帜，牢牢把握为实现中华民族伟大复兴的中国梦而奋斗这个时代主题，才能引领历史潮流、坚持正确方向，生机勃勃地向前迈进。

9. 弘扬劳模精神、劳动精神、工匠精神的重要意义?

中国工会十七大通过的《中国工会章程（修正案）》，在总则中增写了“弘扬劳模精神、劳动精神、工匠精神”。劳动是推动人类社会进步的根本力量。劳动精神是关于劳动的理念认知和行为实践的集中体现，在理念认知上表现为全社会尊重劳动、崇尚劳动、热爱劳动，在行为实践上表现为劳动者辛勤劳动、诚实劳动、创造性劳动。劳动模范是广大劳动者中的杰出代表，他们以高度的主人翁责任感、卓越的劳动创造、忘我的拼搏奉献，铸就了“爱岗敬业、争创一流，艰苦奋斗、勇于创新，淡泊名利、甘于奉献”的劳模精神，生动诠释了创造、奋斗、团结、梦想的伟大民族精神，为全国各族人民树立了学习的榜样。工匠精神是一种钻研技能、精益求精、敬业担当的职业精神，即在职业技能上技能精到、技艺过硬，在职业素养上精益求精、追求卓越，在职业理念上敬业守信、责任担当。

党的十九大报告明确指出，要“建设知识型、技能型、创新型劳动者大军，弘扬劳模精神和工匠精神，营造劳动光荣的社会风尚和精益求精的敬业风气”。习近平总书记在给中国劳动关系学院劳模本科班学员的回信中强调：“劳动最光荣、劳动最崇高、劳动最伟大、劳动最美丽。全社会都应该尊敬劳动模范、弘扬劳模精神，让诚实劳动、勤勉工作蔚然成风。”大力弘扬劳模精神、劳动精神、工匠精神，有利于激发新时代工人阶级的精气神，团结引领广大职工争做新时代的奋斗者，推进实施人才强国战略、创新驱动战略、制造强国战略，为实现中华民族伟大复兴的中国梦汇聚磅礴奋进力量。在实践中，要大力宣传劳动模范和其他典型的先进事迹，引导广大职工群众树立辛勤劳动、诚实劳动、创造性劳动的理念，进一步焕发劳动热情、释放创造潜能，通过劳动创造更加美好的生活，让劳动最光荣、劳动最崇高、劳动最伟大、劳动最美丽蔚然成风。

10. 工会章程修正案对工会履行教育职能提出了哪些新要求?

中国工会十七大通过的《中国工会章程（修正案）》在总则中增写了“践行社会主义核心价值观”“推进产业工人队伍建设改革”等内容，对履行工会职能提出了新要求。

一是践行社会主义核心价值观。社会主义核心价值观是当代中国精神的集中体现，凝结着全体人民共同的价值追求。党的十九大报告强调，培育和践行社会主义核心价值观，要以培养担当民族复兴大任的时代新人为着眼点，强化教育引导、实践养成、制度保障，发挥社会主义核心价值观对国民教育、精神文明创建、精神文化产品创作生产传播的引领作用，把社会主义核心价值观融入社会发展各方面，转化为人们的情感认同和行为习惯。增加“践行社会主义核心价值观”的内容，有利于各级工会教育引导职工群众增强对社会主义核心价值观的认同感、自信心和践行力，凝聚团结一致、奋发进取的强大力量。

二是推进产业工人队伍建设改革。2017 年 4 月，中共中央、国务院印发《新时期产业工人队伍建设改革方案》，强调要按照政治上保证、制度上落实、素质上提高、权益上维护的总体思路，改革不适应产业工人队伍建设要求的体制机制，充分调动广大产业工人的积极性主动性创造性，为实现“两个一百年”奋斗目标、实现中华民族伟大复兴的中国梦更好地发挥产业工人队伍的主力军作用。通过改革，使产业工人队伍不断壮大、综合素质明显提高，保障产业工人地位的制度更加健全，产业工人合法权益进一步实现，劳动光荣、技能宝贵、创造伟大的时代风尚更加浓厚，造就一支有理想守信念、懂技术会创新、敢担当讲奉献的宏大的产业工人队伍。增加“推进产业工人队伍建设改革”的内容，有利于工会更好地承担推进产业工人队伍建设改革的职责任务，推动完善产业工人技能形成和提升体系，提高产业工人整体素质，建设知识型、技能型、创新型产业工人大军。

11. 工会章程修正案明确提出中国工会以忠诚党的事业、竭诚服务职工为己任的重要意义？

中国工会十六大以来，在以习近平同志为核心的党中央坚强领导下，各级工会深入学习贯彻习近平新时代中国特色社会主义思想，贯彻落实习近平总书记关于工人阶级和工会工作的重要论述，按照全总党组提出的“忠诚党的事业，竭诚服务职工”的要求，围绕党和国家工作大局和工会工作全局，既围绕党和国家工作大局搞好“公转”，又聚焦服务职工群众搞好“自转”，把自觉接受党的领导、团结服务职工群众、依法依章程开展工作有机统一起来，在忠诚党的事业、竭诚服务职工中保持工会工作正确政治方向，不断推进党的工运事业和工会工作创新发展，取得了重要成就。实践证明，在工会章程修正案中，明确提出中国工会以忠诚党的事业、竭诚服务职工为己任，不仅牢固树立起了思想理念，而且成为了自觉的行动，能够更好地引领各级工会和工会干部始终坚持、深入落实，进一步增强工会组织和工会干部的大局意识、使命意识、责任意识，把执行党的意志的坚定性和为职工服务的实效性统一起来，把党的路线方针政策和决策部署落实到工会各项工作中去，把党的意志和主张落实到广大职工中。

12. 如何理解工会章程修正案鲜明强调中国工会要维护工人阶级和工会组织的团结统一？

中国工会十七大通过的《中国工会章程（修正案）》在总则中增写了中国工会“维护工人阶级和工人组织的团结统一”。

维护工人阶级和工会组织的团结统一，是工会服从服务党和国家工作大局、巩固党执政的阶级基础和群众基础的必然要求，是工会密切联系职工、履行工会基本职责的内在要求，是适应劳动关系发展新情况新变化、源头治理劳动关系矛盾，维护职工队伍稳定的迫切要求。

统筹推进“五位一体”总体布局，协调推进“四个全面”战略布局，做好改革发展稳定各项工作，必须紧紧依靠包括广大职工在内的人民群众的支持和拥护。工会要更好地围绕党和国家工作大局开展工作，必须建设健全统一的组织，充分发挥职能作用，调动职工群众的积极性、主动性、创造性。《工会法》第十条明确规定：“全国建立统一的中华全国总工会。”这是由中国工人运动的发展历史和中国的国情决定的。中国工会依照《工会法》建立全国统一的工会组织，努力推动建立规范有序、公正合理、互利共赢、和谐稳定的劳动关系，确保职工队伍和工会组织的团结统一，符合广大职工的根本利益和共同意愿。

在工会章程总则部分增写“维护工人阶级和工会组织团结统一”的内容，有利于更好地发挥工会组织在创新社会治理和维护社会和谐稳定中的重要作用，在党的领导下的维稳机制中充分发挥作用，及时排查和化解劳动关系矛盾，引导职工依法理性表达利益诉求，坚决防止敌对势力对我职工队伍的渗透破坏，坚决防止“第二工会”“民间工会”的成立，坚决维护社会大局稳定。

13. 如何理解中国工会的企事业工会工作原则?

中国工会十七大通过的《中国工会章程（修正案）》规定：“中国工会在企业、事业单位中，按照促进企事业发展、维护职工权益的原则，支持行政依法行使管理权力，组织职工参加民主管理和民主监督，与行政方面建立协商制度，保障职工的合法权益，调动职工的积极性，促进企业、事业的发展。”

促进企事业发展和维护职工权益是辩证统一的关系。促进企事业发展是维护职工权益的根本保证，只有企事业发展了，职工的切身利益才能实现；维护职工权益是促进企事业发展的重要基础，只有维护、实现和发展好职工的合法权益，职工的积极性才能更好地调动起来，才能更加关心、爱护企事业，促进企事业发展，实现企事业与职工的互利共赢。离开了企事业的发展，职工利益的实现就失去了前提；离开了职工利益的实现，企事业发展就失去了根本动力。

在社会主义市场经济条件下，劳动关系双方是利益共同体、事业共同体、命运共同体，相互之间虽然存在利益差异，但可以通过协商协调的办法达成一致。中国工会的职责和特点，就在于能够在协调的基础上促进劳动关系的和谐，维护职工合法权益，使双方达成和谐统一。企业、事业单位工会只有按照“促进企事业发展、维护职工权益”的原则，自觉围绕推动企事业健康发展、实现职工合法权益来确定工作目标和重点，着力调动企事业和职工两个积极性，才能找准定位、有所作为，促进职工利益实现水平随着企事业发展而逐步提高。

14. 工会章程修正案对加强工会自身建设提出了哪些新要求？

中国工会十七大通过的《中国工会章程（修正案）》对加强工会自身建设提出了三方面新要求。

一是构建联系广泛、服务职工的工作体系，增强团结教育、维护权益、服务职工的功能。党的十九届三中全会通过的《中共中央关于深化党和国家机构改革的决定》在提出深化党和国家机构改革的目标中，强调要形成“联系广泛、服务群众的群团工作体系”，并对深化群团组织改革进行了部署。中共中央《深化党和国家机构改革方案》在深化群团组织改革中强调，要“增强群团组织团结教育、维护权益、服务群众功能”。工会章程修正案在加强自身建设中增写构建联系广泛、服务职工的工作体系，增强团结教育、维护权益、服务职工的功能的内容，既是落实中央深化党和国家机构改革方案深化工会改革的要求，也是更好地发挥工会作为党联系职工群众的桥梁和纽带作用的需要。

二是按照“三个着力”要求加强基层工会建设，坚持服务职工群众的工作生命线。2014 年 9 月，习近平总书记对加强基层工会建设作出重要批示，要求着力扩大覆盖面、增强代表性，着力强化服务意识、提高维权能力，着力加强队伍建设、提升保障水平，为做好基层工会工作指明了方向。基层工会离职工最近，联系职工最直接，服务职工最具体，是工会工作的基础和关键。工会在大局中的作用、在职工中的影响，既取决于基层工会数量，更取决于基层工会质量。只有树立大抓基层的鲜明导向，坚持眼睛向下、面向基层，通过加强基层工会建设，坚持服务职工群众的工作生命线，把职工群众组织起来，保障职工主体地位，尊重职工民主权利，维护职工合法权益，工会组织才有吸引力凝聚力战斗力，才能更加充满活力、更加坚强有力。

三是构建智慧工会。当前，网络信息技术日新月异，全面融入社会生产生活，引领创新发展，加速经济社会转型。近年来，全国各级工会在网络信息化建设方面做了大量工作，取得了显著成绩，同时，工会网上工作仍面临网络覆盖不够、服务手段不足、地区发展不平衡等问题，工会工作与互联网尚未实现深度融合，与职工群众的期盼和工会改革发展的内在要求还有一定差距。工会章程修正案强调构建智慧工会，就是要强化各级工会和工会干部树立互联网思维，充分运用移动互联、云计算、大数据和人工智能等网络信息技术，推进互联网在工会的广泛应用和融合发展，构建“互联网＋”工会服务职工体系，打造方便快捷、务实高效的服务职工新通道，把网上工作作为工会联系职工，服务职工的重要平台，推动形成网上网下深度融合、互相联动的工作新格局，不断增强工会传播力、引导力、影响力。

15. 构建智慧工会的内涵是什么?

在中国工会十七大通过的《中国工会章程（修正案）》中鲜明提出构建智慧工会的要求，充分反映了近年来工会工作和工会改革的创新实践成果。

智慧工会是指工会组织通过运用互联网、大数据、云计算、人工智能等先进信息技术构建的工会智能化服务职工体系。近年来，全总和各级工会组织在工会改革过程中着力抓好网上工会工作，打造工会网上工作平台，积极推进“智慧工会”建设，大力开展“互联网＋”普惠服务，积累了经验做法，取得了明显成效，对于持续推进“互联网＋”工会建设，打造网上网下深度融合、互相联动的服务职工新格局具有重要的指导意义。按照构建智慧工会的要求，各级工会要突出工会干部的主观能动性和工会工作的精神文化层面，为职工群众提供普惠性、常态性、精准性服务，更加高效便捷地服务职工群众。

16. 为什么工会兴办的企业、事业要坚持公益性、服务性？

中国工会十七大通过的《中国工会章程（修正案）》着眼工会兴办的企业、事业是工会资产的重要组成部分，是工会服务职工的重要阵地，增写了“坚持公益性、服务性”。之所以增写这样的要求，从广大职工的需求看，当前，广大职工对美好生活的向往更加强烈，对工会资产的服务需求呈现多样化多层次多方面的特征，顺应广大职工对美好生活的新期待，把加强和改进工会资产工作、推进工会企事业全面发展作为我们的工作目标，就需要着力解决好工会资产服务能力、服务水平不平衡不充分问题。从工会组织依法持有、使用和管理工会资产看，目的是为广大职工办好事、做实事、解难事，全心全意服务职工。从法律和政策上看，依据《工会法》，党和国家允许工会兴办企事业，国家财政对部分工会企事业给予资金支持，主旨就是通过各类工会资产服务阵地团结凝聚职工，更好地发挥工会作为党联系职工群众的桥梁和纽带作用。工会章程修正案强调工会兴办的企业、事业要坚持公益性服务性，目的在于强化工会资产维护保障作用，提升工会资产服务效能，增强工会服务职工能力，推动工会资产“回归公益、聚焦主业、自主经营、依法监管”，为职工提供更便捷、更普惠、更精准、更专业的高质量服务，提高职工的满意度和获得感。

17. 工会章程修正案对加强工会外事工作提出了哪些新要求？

中国工会十七大通过的《中国工会章程（修正案）》对加

强工会外事工作的新要求主要体现在三个方面：一是积极参与“一带一路”建设；二是增进我国工人阶级同各国工人阶级的友谊；三是在推动构建人类命运共同体中发挥作用。

党的十八大以来，以习近平同志为核心的党中央科学把握时代趋势和国际大势、统筹国内国际两个大局，作出推动构建人类命运共同体，推进“一带一路”建设等重大战略决策，体现了我们党对人类命运的责任意识和维护世界和平、促进共同发展的使命担当。2015 年 4 月 28 日，习近平总书记在庆祝“五一”国际劳动节暨表彰全国劳动模范和先进工作者大会上的讲话中指出，工会要发挥民间外交优势，增进我国工人阶级同各国工人阶级的友谊，发展同各国工会组织、国际和区域工会组织的关系，为维护世界和平、促进共同发展作出新的更大贡献。

工会外事工作是国家总体外交的重要组成部分。随着世界多极化、经济全球化深入发展，和平、发展、合作、共赢的时代潮流更加强劲。中国工会要认真学习贯彻习近平总书记外交思想，高举“和平、发展、合作、工人权益”的旗帜，围绕国家总体外交战略和“一带一路”倡议，积极发展同各国工会组织、国际和区域性工会组织的关系，加强与各国工会和劳动界交流交往，进一步增进我国工人阶级同各国工人阶级的友谊，讲好中国故事、中国工人阶级故事、中国工会故事，巩固和扩大我国工会在国际工运领域的话语权、影响力，携手维护工人权益，为推动构建人类命运共同体作贡献。

18. 工会章程修正案对加强工会系统党的建设提出了哪些新要求？

中国工会十七大通过的《中国工会章程（修正案）》在总

则中专门增写了一段："中国工会落实新时代党的建设总要求，以党的政治建设为统领，全面加强党的建设，增强政治意识、大局意识、核心意识、看齐意识，坚定道路自信、理论自信、制度自信、文化自信，坚决维护习近平总书记党中央的核心、全党的核心地位，坚决维护党中央权威和集中统一领导，在思想上政治上行动上同以习近平同志为核心的党中央保持高度一致。"这是对工会系统加强党的建设提出的新要求。各级工会要紧紧围绕贯彻落实新时代党的建设总要求，牢固树立抓好党建是最大政绩的理念，进一步提高工会系统党的建设质量，肩负起新的使命和担当，推动工会工作展现新作为、形成新气象。要把党的政治建设摆在首要位置，进一步深化对党的政治建设的认识，切实增强推进党的政治建设的自觉性和坚定性，推动工会系统党员干部增强"四个意识"，坚定"四个自信"，坚决维护习近平总书记党中央的核心、全党的核心地位，坚决维护党中央权威和集中统一领导，在思想上政治上行动上同以习近平同志为核心的党中央保持高度一致。

第一章　会　员

19. 如何理解和把握劳动者加入工会组织的条件？

中国工会十七大通过的《中国工会章程（修正案）》第一条对中国工会会员的条件作出了明确规定："凡在中国境内的企业、事业单位、机关和其他社会组织中，以工资收入为主要生活来源或者与用人单位建立劳动关系的体力劳动者和脑力劳动者，不分民族、种族、性别、职业、宗教信仰、教育程度，承认工会章程，都可以加入工会为会员。”这一规定明确，加入工会成为会员，应当具备三个条件：一是在中国境内的法律意义上的劳动者；二是以工资收入为主要生活来源或者与用人单位建立劳动关系；三是承认《中国工会章程》。除了上述三个方面的条件或要求以外，我国工会章程没有对申请加入工会设置其他限制条件，如年龄、信仰、教育水平、健康状况、工作年限以及收入水平等限制，保障了工会的职工群众性的本质特征。在实践中，需要把握以下两点：一是所有入会会员必须是在中国境内的各类单位中的劳动者，中国工会一般不在中国境外的单位中发展工会会员；二是所有入会会员必须是以工资收入为主要生活来源或者与用人单位建立劳动关系的体力劳动者和脑力劳动者，“或者”表明具备条件之一即可，既可以是“以工资收入为主要生活来源”的劳动者，也可以是“与用人单位建立劳动关系”的劳动者，不是要求必须同时具备两个条件。

20. 加入工会组织的程序是什么？

《中国工会章程（修正案）》第二条规定：“职工加入工会，由本人自愿申请，经工会基层委员会批准并发给会员证。”按照这一规定，凡是符合条件的职工，只要自愿申请，经工会基层委员会批准，都可以成为工会会员。职工加入工会的具体程序：一是本人自愿申请。由要求入会的职工本人向所在单位工会（工会筹备组）提出书面（口头）申请、网上申请，填写《中华全国总工会入会申请书》和《工会会员登记表》，报基层工会委员会（工会筹备组）。二是基层工会委员会批准并发给会员证。基层工会委员会（工会筹备组）接到职工入会申请书后，应当及时召开会议，研究审查接纳职工入会事项。主要内容有：申请人是否符合入会条件；是否自愿；是否符合入会手续。凡符合条件和入会手续的应当批准。批准后发给其工会会员证，会员的会籍从工会委员会批准入会之时算起，并通知申请人从被批准的次月起交纳会费。在实践中，必须坚持职工加入工会的程序，正确把握职工加入工会的要求，最大限度地把职工组织到工会中来。

21. 如何办理职工网上申请入会？

根据《中国工会章程（修正案）》和《工会会员会籍管理办法》的有关规定，职工申请加入工会的方式，一是口头或书面申请入会，二是网上申请入会。2016 年全总印发的《工会会员会籍管理办法》第五条明确规定："职工加入工会，由其本人通过口头或书面形式及通过互联网等渠道提出申请"，即职工可通过工会有关网站、微博、邮件等互联网渠道，完整、真实地填写入会信息，表达自己入会的愿望，有关工会按照一定程序，及时受理职工需求，办理相关审批手续，通过后依照入会程序办理入会手续。

22. 如何组织劳务派遣工加入工会？

劳务派遣工一般是指通过派遣单位（劳务中介组织）雇用并签订劳动合同后，派往用人单位劳动，工资由用人单位转交派遣单位支付的劳动者。为最大限度地组织劳务派遣工加入工会，切实维护其合法权益，2009 年全总印发了《关于组织劳务派遣工加入工会的规定》，对组织劳务派遣工加入工会作出了明确的规定：（1）要求劳务派遣单位和用工单位都应当依法建立工会组织，吸收劳务派遣工加入工会，任何组织和个人不得阻挠和限制。劳务派遣工应首先选择参加劳务派遣单位工会，劳务派遣单位工会委员会中应有相应比例的劳务派遣工会员作为委员会成员。劳务派遣单位没有建立工会组织的，劳务派遣工直接参加用工单位工会。在劳务派遣工会员接受派遣期间，劳务派遣单位工会可以委托用工单位工会代管。劳务派遣单位工会与用工单位工会签订委托管理协议，明确双方对会员组织活动、权益维护等的责任与义务。（2）对劳务派遣工的工会经费和会籍也作了具体规定：一是劳务派遣工的工会经费应由用工单位按劳务派遣工工资总额的百分之二提取并拨付劳务派遣单位工会，属于应上缴上级工会的经费，由劳务派遣单位工会按规定比例上缴。二是用工单位工会接受委托管理劳务派遣工会员的，工会经费留用部分由用工单位工会使用或由劳务派遣单位工会和用工单位工会协商确定。三是劳务派遣工会员人数由会籍所在单位统计。加入劳务派遣单位工会的，包括委托用工单位管理的劳务派遣工会员，由劳务派遣单位工会统计，直接加入用工单位工会的由用工单位工会统计。（3）明确指出劳务派遣单位工会牵头、由使用其劳务派遣工的跨区域的用工单位工会建立的基层工会联合会，不符合建立区域性、行业性基层工会联合会的规定，应予纠正。

23. 如何组织农民工加入工会？

农民工符合《中国工会章程（修正案）》规定的，均可申请加入工会。农民工入会程序与其他职工入会程序一致，任何单位不得以户籍或工作时间长短为由限制其加入工会。根据《中国工会章程（修正案）》和《工会会员会籍管理办法》的有关规定，农民工会员会籍管理，原则上农民工会员劳动关系在哪里，会籍就在哪里。2016 年全总印发的《工会会员会籍管理办法》第八条明确规定：“农民工输出地工会开展入会宣传，启发农民工入会意识；输入地工会按照属地管理原则，广泛吸收农民工加入工会。农民工会员变更用人单位时，应及时办理会员会籍接转手续，不需重复入会。”由此可见，输出地工会主要职责是开展入会宣传，启发农民工入会意识。对于务工前的农民工有入会意愿的，可以登记、告知其入会的程序，但在与用人单位建立劳动（工作）关系之前不宜直接吸收入会。输入地工会主要职责是按照属地管理原则，广泛吸收农民工加入工作所在地的工会组织。对于返乡农民工，应及时接转会员关系，确保农民工会员不流失。

24. 私营企业主是否可以加入工会?

私营企业主是资本所有者，主要收入属于资本收入而不是工资收入；在劳动关系中，其身份是经营者和管理者，是劳动力的使用者，不具备劳动关系中劳动者的身份。因而，私营企业主不符合《工会法》和《中国工会章程》规定的加入工会的条件，不应加入工会。

25. 工会会员证和工会会员服务卡的区别?

中华全国总工会会员证是职工履行入会手续后工会组织确认其为工会会员的凭证，是证明工会会员身份的重要凭证和管理会员会籍的有效依据。中华全国总工会会员证是全国统一的由中华全国总工会监制并盖有中华全国总工会组织部印章的会员凭证，具有法律赋予的重要地位。工会会员服务卡一般是由地方工会或基层工会制发或联合有关部门制发，并发给工会会员，用于享受一定的优惠或服务。工会会员服务卡标准不一，形式多样，并具有多重功能。工会会员服务卡可以作为会员身份的证明，但不能替代会员证。

2017 年全总办公厅印发了《关于进一步加强〈中华全国总工会会员证〉管理工作的通知》。通知明确规定：（1）会员证由全国总工会确定式样，全国总工会组织部负责监制。（2）各省级工会负责印制、颁发，并确定会员证的编号办法；各省级工会组织部门承担印制、使用、管理等具体工作。（3）各省级工会印制的会员证，须统一加盖全国总工会组织部印章。各级工会应结合卡证双重优势，根据全总印发的有关文件规定，切实规范会员证管理工作，按规定发放全总统一标准的会员证。

26. 工会章程修正案对工会会员的权利充实完善了哪些内容?

为充分体现工会服务职工职责，中国工会十七大通过的《中国工会章程（修正案)》，在第三条会员权利中增加了“互助保障”的内容。修改后，工会会员享有以下六项权利：（1）选举权、被选举权和表决权。（2）对工会工作进行监督，提出意见和建议，要求撤换或者罢免不称职的工会工作人员。（3）对国家和社会生活问题及本单位工作提出批评与建议，要求工会组织向有关方面如实反映。（4）在合法权益受到侵犯时，要求工会给予保护。（5）工会提供的文化、教育、体育、旅游、疗休养、互助保障、生活救助、法律服务、就业服务等优惠待遇；工会给予的各种奖励。（6）在工会会议和工会媒体上，参加关于工会工作和职工关心问题的讨论。以上六条从多个方面体现了会员在工会组织中的主体地位，各级工会要切实落实和保护好工会会员享有的权利。

27. 工会章程修正案对工会会员的义务充实完善了哪些内容？

中国工会十七大通过的《中国工会章程（修正案）》，根据党章、宪法修改精神，为更好体现新时代对会员提出的新要求，对工会会员的义务进行了充实完善，在第四条会员义务中增写了“认真学习贯彻习近平新时代中国特色社会主义思想”“立足本职岗位建功立业”“弘扬中华民族传统美德”“恪守……家庭美德、个人品德”等内容。

工会会员的权利和义务是统一的，没有不履行义务的权利，也没有不享有权利的义务。工会会员既要充分享受自己的权利，又要认真履行自己的义务。各级工会组织要加强对会员的权利与义务教育，使每个会员在充分享有自己权利的同时，时刻牢记自己的义务，按照工会章程规定的义务来规范和约束自己的行为。

28. 工会会员组织关系接转的原则是什么？

中国工会十七大通过的《中国工会章程（修正案）》第五条明确规定：“会员组织关系随劳动（工作）关系变动，凭会员证明接转。”即接转工会会员组织关系，要坚持职工劳动（工作）关系在哪里、会员组织关系就在哪里、会员组织关系随劳动（工作）关系流动的原则。2016 年全总印发的《工会会员会籍管理办法》第三条对此做出了具体规定：“工会会员会籍管理，随劳动（工作）关系流动而变动，会员劳动（工作）关系在哪里，会籍就在哪里，实行一次入会、动态接转。”

在具体工作中，根据《工会会员会籍管理办法》的有关规定，会员劳动（工作）关系发生变化后，由调出单位工会填写会员证“工会组织关系接转”栏目中有关内容。会员的《工会会员登记表》随个人档案一并移交。联合基层工会的会员会籍接转工作，由联合基层工会负责。区域性、行业性工会联合会的会员会籍接转工作，由会员所在基层工会负责。已经与用人单位解除劳动（工作）关系并实现再就业的会员，其会员会籍应转入新的用人单位工会。如新的用人单位尚未建立工会，其会员会籍原则上应暂时保留在会员居住地工会组织，待所在单位建立工会后，再办理会员会籍接转手续。

29. 工会会员接转组织关系的证明有哪些?

适应社会主义市场经济条件下职工劳动关系变动较快，特别是农民工流动性大的特点，为方便工会会员组织关系的接转，考虑到在实际工作中，各地除规定的工会会员证外，还有使用电子服务卡等作为会员身份证明的，会员劳动（工作）关系变动时，会员证已不是会员组织关系接转的唯一证明手段。因此，中国工会十七大通过的《中国工会章程（修正案）》第五条明确规定：“会员组织关系随劳动（工作）关系变动，凭会员证明接转。”这一规定明确了会员组织关系接转，既可以凭借会员证，也可以凭借会员（服务）卡等其他能证明会员身份的证明，有利于加强会员会籍管理，保持工会组织与会员的联系，并有效防止会员流失。

30. 怎样处理会员要求退会和会员自动退会的问题？

中国工会十七大通过的《中国工会章程（修正案）》第六条规定："会员有退会自由。会员退会由本人向工会小组提出，由工会基层委员会宣布其退会并收回会员证。会员没有正当理由连续六个月不交纳会费、不参加工会组织生活，经教育拒不改正，应当视为自动退会。"在实践中，对于要求退会的会员，工会组织应找本人做耐心细致的思想工作，对经过工作仍坚持要求退会的，由该会员所在的基层工会讨论后，宣布予以除名，同时通知本人并收回其《工会会员证》。对于会员没有正当理由，连续六个月不交纳会费、不参加工会组织生活的，会员所在工会组织也要先进行思想教育，经教育拒不改正的，应视为自动退会。由会员所在的基层工会讨论后，宣布其退会并收回其会员证或会员卡。

31. 工会会员何种情况下可以保留会籍？

中国工会十七大通过的《中国工会章程（修正案）》第八条规定："会员离休、退休和失业，可保留会籍。保留会籍期间免交会费。""工会组织要关心离休、退休和失业会员的生活，积极向有关方面反映他们的愿望和要求。"2016 年全总印发的《工会会员会籍管理办法》，对保留会籍作出了明确规定。综合来看，保留会籍主要有以下几种情况：（1）会员已办理离休、退休手续的，可以办理保留会籍手续；（2）会员失业的，尚未安置就业或实现再就业，可由原用人（工作）单位办理保留会籍手续；（3）离开工作岗位长期不能参加工会组织生活的，如参军、离职上学、长期病休、出国等，可由原单位办理保留会籍手续；（4）已经与用人（工作）单位解除劳动（工作）关系并已实现再就业的会员，如其再就业的单位尚未建立工会组织，可由会员居住地工会组织办理保留会籍手续；（5）加入工会组织的轮换工、季节工因季节性离开工作单位，以及因劳动合同期满终止劳动关系尚未就业的，可由原用人（工作）单位办理保留会籍的手续；（6）援外人员，可由原单位办理保留会籍手续。实践中，对会员提前退休、内部退养的，在正式办理退休手续前，由于其劳动（工作）关系没有变动，其工会会员会籍暂不作变动和处理，待其按国家有关规定正式办理退休手续后，办理保留会籍手续。

办理保留会员会籍，由会员所在工会小组或车间（科室）工会报告基层工会核准，由基层工会在其《工会会员登记表》和《工会会员证》备注栏内注明该会员办理保留会籍的时间，由工会小组或车间（科室）工会负责人通知其本人从何时起停止交纳会费。会员办理保留会籍手续后，离退休人员的会员证可由本人保存；其他保留会籍的职工的会员证由本人保管，待其再就业时再办理工会会员组织关系接转手续。根据2016年全总印发的《工会会员会籍管理办法》第二十一条规定："会员在保留会籍期间免交会费，不再享有选举权、被选举权和表决权。"

32. 如何办理保留会籍恢复手续?

当保留会籍的会员需要恢复会员会籍时，工会组织应当根据会员的不同情况，采取不同形式，及时办理会员恢复会籍手续。对于仍回原单位工作的会员，其恢复会籍的手续应通过其所在工会小组进行申报，由基层工会在该职工的《工会会员登记表》和《工会会员证》上注明恢复会籍日期，通知其从何时起继续参加活动并交纳会费；对在原单位保留会籍而后到外单位工作的会员，持《工会会员证》证明其工会会员身份，新的用人单位工会组织应当予以登记接纳，承认其会员资格，并在一个月内通知其恢复会籍，开始交纳会费。

第二章　组织制度

33. 如何理解工会实行民主集中制的组织原则?

中国工会十七大通过的《中国工会章程（修正案）》第九条对民主集中制原则的主要内容作了具体规定，主要内容是：(1) 个人服从组织，少数服从多数，下级组织服从上级组织。(2) 工会的各级领导机关，除它们派出的代表机关外，都由民主选举产生。(3) 工会的最高领导机关，是工会的全国代表大会和它所产生的中华全国总工会执行委员会。工会的地方各级领导机关，是工会的地方各级代表大会和它所产生的总工会委员会。(4) 工会各级委员会，向同级会员大会或者会员代表大会负责并报告工作，接受会员监督。会员大会和会员代表大会有权撤换或者罢免其所选举的代表和工会委员会组成人员。(5) 工会各级委员会，实行集体领导和分工负责相结合的制度。凡属重大问题由委员会民主讨论，作出决定，委员会成员根据集体的决定和分工，履行自己的职责。(6) 工会各级领导机关，加强对下级组织的领导和服务，经常向下级组织通报情况，听取下级组织和会员的意见，研究和解决他们提出的问题。下级组织应及时向上级组织请示报告工作。

民主集中制是我国工会始终坚持的组织原则。《工会法》第九条明确规定："工会各级组织按照民主集中制原则建立。"工会章程规定的民主集中制的六项内容，集中反映了两个方面的要求：一是"个人服从组织，少数服从多数，下级组织服从上级组织"，这是民主集中制最基本的原则；二是按照群众组织的性质和特点，建立充分体现群众化、民主化要求的领导机构和工作制度。

34. 工会章程修正案对工会各级领导机关加强对下级组织的领导和服务提出了哪些新要求?

中国工会十七大通过的《中国工会章程（修正案）》对第九条关于民主集中制原则中的第六项内容进行了充实完善，增写了工会各级领导机关"加强对下级组织的领导和服务"的表述。这是因为工会贯彻民主集中制的组织原则，必须加强上级工会对下级工会组织的领导和服务。各级工会组织在接受同级党组织领导为主的同时，必须接受上级工会的领导。作这样的充实，有利于更好地贯彻民主集中制原则，贯彻落实工会组织实行分级管理，受上级党组织和上级工会双重领导，以同级党组织领导为主的体制，更好地维护工会组织的团结统一。同时，对下级组织也充实了"应及时"向上级组织请示报告工作的内容，有利于更好地坚持下级组织向上级组织请示报告和反映重要情况的制度，保证工会组织上下情况反映及时，信息灵敏，渠道畅通。

35. 如何理解工会实行产业和地方相结合的组织领导原则?

中国工会十七大通过的《中国工会章程（修正案）》总则中明确规定“中国工会实行产业和地方相结合的组织领导原则”，同时在第十一条又进一步规定“中国工会实行产业和地方相结合的组织领导原则。同一企业、事业单位、机关和其他社会组织中的会员，组织在一个工会基层组织中；同一行业或者性质相近的几个行业，根据需要建立全国的或者地方的产业工会组织。”中国工会实行产业和地方相结合的组织领导原则，是中国工会历史经验的总结，是坚持走中国特色社会主义工会发展道路必须坚持的重要组织领导原则。

产业和地方相结合的工会组织领导原则，其内涵主要包括以下几个方面：（1）基层工会的建立按照“同一企业、事业单位、机关和其他社会组织中的会员，组织在一个工会基层组织中”的原则，凡是以工资收入为主要生活来源或者与用人单位建立劳动关系的职工，都可以申请加入所在单位工会，不加入别的单位工会。（2）产业工会的建立按照“同一行业或者性质相近的几个行业，根据需要建立全国的或者地方的产业工会组织”的原则，除铁路、民航、金融等少数行政管理体制实行垂直管理的产业，其工会组织实行产业工会和地方工会双重领导，以产业工会领导为主外，其他产业系统的工会组织均实行以地方工会领导为主，同时接受上级产业工会领导的体制。（3）地方工会的建立按照行政区划，在省、自治区、直辖市，设区的市和自治州，县（旗）、自治县、不设区的市、市辖区建立地方总工会。地方总工会是当地地方工会组织和产业工会组织的领导机关。（4）产业工会全国组织和工会办事机关的设置。全国产业工会的设置，由中华全国总工会根据需要确定。各级地方产业工会组织的设置，由同级地方总工会根据本地区的实际情况确定。工会章程还规定，根据工作需要，省、自治区总工会可在地区设派出代表机关。（5）全国建立统一的中华全国总工会。中华全国总工会是地方总工会和产业工会组织的最高领导机关，对全国工会工作实行统一领导，不容许建立脱离中华全国总工会领导的第二工会组织。

36. 如何确定产业工会的领导体制？

中国工会十七大通过的《中国工会章程（修正案）》第十一条规定："同一行业或者性质相近的几个行业，根据需要建立全国的或者地方的产业工会组织。除少数行政管理体制实行垂直管理的产业，其产业工会实行产业工会和地方工会双重领导，以产业工会领导为主外，其他产业工会均实行以地方工会领导为主，同时接受上级产业工会领导的体制。各产业工会的领导体制，由中华全国总工会确定。"

从以上规定可以看出，产业工会的领导体制，主要是按照行政管理体制确定，即与行政管理体制保持一致。除铁路、民航、金融等少数行政管理体制实行垂直管理的产业，其产业工会实行产业工会和地方工会双重领导，以产业工会领导为主外，其他产业工会均实行以地方工会领导为主，同时接受上级产业工会领导的体制。具体到各级产业工会的设置，《中国工会章程（修正案）》第二十一条规定："产业工会全国组织的设置，由中华全国总工会根据需要确定。"第二十四条规定："各级地方产业工会组织的设置，由同级地方总工会根据本地区的实际情况确定。"各级工会在建立健全地方工会组织，发挥地方工会对本地区工会实行统一领导的同时，要按照产业结构和职工队伍的构成情况，建立健全产业工会组织，并根据产业行政管理体制确定工会的领导体制。

在实践中，需要正确处理上级产业工会与地方总工会的关系。上级产业工会与地方总工会要相互配合、相互支持。属于产业特色的工作和特殊性问题，主要由上级产业工会负责，地方总工会支持配合；属于工会统一性要求和地区性问题，主要由地方总工会负责，上级产业工会支持配合。产业工会要紧密结合产业特点，围绕产业改革发展和工会中心任务开展工作，及时向地方总工会通报产业工会工作情况，积极反馈产业职工的要求；地方总工会要加强对产业工会工作的指导，及时对产业工会提出理论政策支持，共同做好对基层工会工作的指导和服务。

37. 如何理解工会委员会和经费审查委员会的委员实行替补制的含义?

中国工会十七大通过的《中国工会章程（修正案）》第十一条规定："中华全国总工会执行委员会委员和产业工会全国委员会委员实行替补制，各级地方总工会委员会委员和地方产业工会委员会委员，也可以实行替补制。"第十三条规定："中华全国总工会经费审查委员会委员实行替补制，各级地方总工会经费审查委员会委员和独立管理经费的产业工会经费审查委员会委员，也可以实行替补制。"实行委员替补制，有利于保持工会领导机构组成的合理性和工作的连续性，更好地发挥工会领导研究工作和决定工会重大事项的民主、代表作用。中国工会十二大以来，按照工会章程的规定，大多数省级工会和全国产业工会，都实行了工会委员会委员和经费审查委员会委员的替补制。在具体落实中，可按照2018年全总印发的《关于中华全国总工会执行委员会委员届中调整的若干规定》《关于中华全国总工会经费审查委员会委员届中调整的若干规定》落实。

38. 如何理解联合制、代表制的含义?

中国工会十七大通过的《中国工会章程（修正案）》第十二条规定："全国产业工会、各级地方产业工会、乡镇工会和城市街道工会的委员会，可以按照联合制、代表制原则，由下一级工会组织民主选举的主要负责人和适当比例的有关方面代表组成。"联合制、代表制是全国总工会于1988年在总结常州市、潍坊市等地建立工会联合会经验的基础上，提出的一项工会组织制度重大改革。1988年中国工会十一大工作报告提出"工会组织制度改革的方向是逐步向联合制、代表制过渡，即各级工会的领导机构由其所属基层工会或下级工会的代表联合组成，真正做到工会代表职工，上级代表下级，各级工会为基层、为职工服务"。中国工会十二大正式将联合制、代表制写入《中国工会章程》。

联合制、代表制原则的基本内容和要求主要是：（1）工会基层组织由会员大会或会员代表大会选举本级工会的领导人。（2）基层以上的各级工会是下一级工会组织的联合体，其领导机构主要应由下一级民主选举的主要领导人组成，是下级工会的领导机关和代表机关。（3）参加上级工会领导机构的成员可以实行替补制。（4）根据工作需要，工会领导机构可以吸收有关方面的代表参加。

实践中，一些工会根据工作需要，经上级工会批准，在企业集团公司、民营企业、经济开发区等工会组织的领导机构中也实行了联合制、代表制的原则。

39. 工会代表大会与工会代表会议的区别是什么？

中国工会十七大通过的《中国工会章程（修正案）》第十二条规定："县和县以上各级工会委员会，在两次代表大会之间，认为有必要时，可以召集代表会议，讨论和决定需要及时解决的重大问题。代表会议代表的名额和产生办法，由召集代表会议的总工会决定。"工会代表大会和工会代表会议，都是工会体现民主集中制原则的一种重要方式，但它们的职权、期限和代表产生的方法等都有不同。主要体现在以下几个方面：

一是职权、任务不同。根据工会章程的规定，工会的地方各级代表大会和它所产生的总工会委员会是同级工会组织的领导机关，一般具有以下职权：审议和批准同级总工会委员会的工作报告；审议和批准同级总工会委员会的经费收支情况报告和经费审查委员会的工作报告；选举同级总工会委员会和经费审查委员会。工会代表会议是在两次代表大会之间，为讨论和决定需要及时解决的重大问题或选举出席上级工会代表大会或代表会议的代表，在各级工会委员会领导下召开的重要会议。

二是开会期限、次数不同。工会各级代表大会有任期的限制，必须按工会章程规定的期限定期举行。工会代表会议，是在两次代表大会之间根据工作需要由工会委员会临时决定召开的重要会议，它没有任期的限制，也没有召开次数的限制。

三是代表产生的方法、名额不同。工会各级代表大会的代表，是根据会员人数和分布情况确定名额、条件，是由下级工会会员大会、会员代表大会或工会代表会议选举产生的。工会代表会议的代表名额和产生办法，是由召集代表会议的总工会根据任务需要确定代表名额，出席会议的代表一部分是该级委员会委员，下级工会领导机关负责人，另一部分是由下级工会会员代表会议或委员会扩大会议选举产生的各方面会员代表。

四是批准程序不同。工会各级代表大会的召开，必须报上一级工会审批，经上一级工会批准后，方可召开。而工会代表会议的召开，则由同级工会委员会决定和领导，无须报上一级工会批准。

40. 上级工会如何派员帮助和指导用人单位职工组建工会?

随着社会主义市场经济的发展，一些非公有制经济组织，特别是外商投资企业和跨国公司迅速增加，有的企业经营者以种种借口推脱或阻挠组建工会的现象时有发生，职工依法组建工会的要求和权利得不到落实，工会的组建任务和维护职工合法权益的任务日益突出。对此，一些地方工会积极探索向外商投资企业和规模较大、职工人数较多企业推荐和选派工会干部，帮助企业职工组建工会，指导企业工会开展活动的做法，收到很好效果。《工会法》第十一条规定："上级工会可以派员帮助和指导企业职工组建工会，任何单位和个人不得阻挠。"法律的这一规定，从组建工会难的实际状况出发，赋予上级工会的权利。2004 年全总印发的《关于进一步加强基层工会工作的决定》，提出了上级工会可以派员帮助和指导企业职工组建工会的要求。2008 年全总印发的《企业工会主席产生办法（试行）》明确规定："上级工会可以向非公有制企业工会，联合基层工会推荐本企业以外人员为工会主席候选人。"在总结各地工作经验的基础上，2008 年中国工会十五大通过的《中国工会章程（修正案)》写入了“上级工会可以派员帮助和指导用人单位的职工组建工会”。中国工会十七大通过的《中国工会章程（修正案)》第十二条保留了这一规定。

上级工会向基层单位选派工会干部，实践中应要坚持依法依规进行，注意把握好以下几点：一是要把好政治关。选派的人员要政治坚定，忠于职守，敢于担当，顾全大局，维护团结。二是把好素质关。选派的人员应具有一定的企业经营管理知识、工会业务知识和组织协调能力，具有大专以上学历。三是要与用人单位行政协商，取得用人单位的理解与支持。四是加强对选派人员的教育、培训和管理，指导他们依法开展工作。

41. 工会经费审查委员会如何产生?

中国工会十七大通过的《中国工会章程（修正案)》第十三条规定：“各级工会代表大会选举产生同级经费审查委员会。”“中华全国总工会经费审查委员会委员实行替补制，各级地方总工会经费审查委员会委员和独立管理经费的产业工会经费审查委员会委员，也可以实行替补制。”

工会经费审查委员会是代表会员群众对同级工会及其直属企业、事业单位的各项经费的收支和财产管理情况进行审查监督的组织。工会各级经费审查委员会均由同级工会会员（代表）大会选举产生，与各级工会委员会同级同届。各级工会经费审查委员会具体根据全国总工会《关于地方工会召开代表大会及组成工会委员会、经费审查委员会的若干规定》或《工会基层组织选举工作条例》进行组建。同时，根据《中国工会章程（修正案)》第十三条的规定，中华全国总工会经费审查委员会委员实行替补制、各级地方总工会经费审查委员会委员和独立管理经费的产业工会经费审查委员会委员，可以实行替补制。具体的替补程序，全总 2018 年印发的《关于中华全国总工会经费审查委员会委员届中调整的若干规定》作出了明确规定。

42. 如何理解工会经费审查委员会与同级工会委员会的关系？

工会经费审查委员会作为代表会员群众对工会经费收支及资产管理情况进行审查监督的组织，工会章程对其建立、组成原则和职责作用等都作了明确规定。特别是中国工会十七大通过的《中国工会章程（修正案）》第十三条规定："工会经费审查委员会向同级会员大会或会员代表大会负责并报告工作；在大会闭会期间，向同级工会委员会负责并报告工作。"由此可见，经费审查委员会和工会委员会都由同级会员大会或会员代表大会选举产生，都向同级会员大会或会员代表大会负责并报告工作，两者的任期、届次也都相同。不同的是，除了两者的职责不同，在大会闭会期间，工会经费审查委员会须向同级工会委员会负责并报告工作，在组织关系上成为领导与被领导的关系。

43. 工会女职工委员会的性质、任务及产生方式？

中国工会十七大通过的《中国工会章程（修正案）》第十四条规定："各级工会建立女职工委员会，表达和维护女职工的合法权益。女职工委员会由同级工会委员会提名，在充分协商的基础上组成或者选举产生，女职工委员会与工会委员会同时建立，在同级工会委员会领导下开展工作。企业工会女职工委员会是县或者县以上妇联的团体会员，通过县以上地方工会接受妇联的业务指导。”女职工是职工队伍的重要组成部分，女职工工作是工会工作不可分割的重要组成部分，既体现工会工作的一般规律，又有自身的特点规律。工会女职工委员会是在同级工会委员会领导下的，代表和维护女职工合法权益及特殊利益的内部专门工作委员会。工会章程的这一条款具体包含了以下内容：一是明确了各级工会建立女职工委员会。《工会法》和全总印发的《工会女职工委员会工作条例》也对此作出了明确规定，即各级工会有女职工的，都应在建立工会委员会的同时，建立女职工委员会（工会基层委员会有女会员十人以上的建立女职工委员会，不足十人的设女职工委员）；工会委员会任期届满进行选举换届时，女职工委员会也应换届。二是明确了女职工委员会的任务是表达和维护女职工的合法权益。三是明确了女职工委员会为在同级工会委员会领导下开展工作的工会内部的专门工作委员会。四是明确了女职工委员会产生的方式有两种，一种是由同级工会委员会提名，在充分协商的基础上组成；另一种是由女职工大会或女职工代表选举产生。女职工委员会由女性组成，是工会内部的专门工作委员会，其产生必然在同级工会委员会产生之后。

44. 如何准确把握企业工会女职工委员会与妇联的关系？

中国工会十七大通过的《中国工会章程（修正案）》第十四条明确规定：“企业工会女职工委员会是县或者县以上妇联的团体会员，通过县以上地方工会接受妇联的业务指导。”这也是落实中共中央办公厅有关文件要求的具体举措。即企业不建立妇联组织，企业工会女职工委员会承担女职工的工作。企业工会女职工委员会是县或者县以上妇联的团体会员，通过县以上地方工会接受妇联的业务指导。换言之，妇联组织不对企业女职工委员会工作直接进行工作联系与指导，也不直接对企业工会女职工委员会下达工作任务，需要时，可以通过县以上同级地方工会对企业工会女职工委员会提出要求。

实践中，各级工会都根据工会章程的有关规定，建立了工会女职工组织或设立了工会女职工委员，在同级工会领导下开展女职工工作，且工作经费充足。特别是基层工会女职工组织充分发挥自身优势，在团结教育、维护权益和服务女职工等方面做了大量工作，并通过发挥团体会员作用承担了妇联组织关于妇女工作的相关部署，工作运转顺畅、效果较好。有的企业、事业单位、社会组织等基层同时建立了两个妇女组织，工作对象、内容存在交叉重叠，有的关系协调不好，一定程度上影响了基层女职工工作的开展。根据中央有关文件精神和工会章程，正确处理好基层工会特别是企业女职工委员会与妇联组织的关系，有利于女职工委员会在同级工会委员会领导下开展工作，有利于加强职工队伍的团结。

45. 为什么强调不得随意把工会组织的机构撤销、合并或者归属其他工作部门?

中国工会十七大通过的《中国工会章程（修正案）》第十六条明确规定："成立或者撤销工会组织，必须经会员大会或者会员代表大会通过，并报上一级工会批准。工会基层组织所在的企业终止，或者所在的事业单位、机关和其他社会组织被撤销，该工会组织相应撤销，并报上级工会备案。其他组织和个人不得随意撤销工会组织，也不得把工会组织的机构撤销、合并或者归属其他工作部门。"《工会法》第十二条也规定：

“任何组织和个人不得随意撤销、合并工会组织。”“基层工会所在的企业终止或者所在的事业单位、机关被撤销，该工会组织相应撤销，并报告上一级工会。”

根据《工会法》第五十三条规定，对于非法撤销、合并工会组织的，可以要求由县级以上人民政府责令改正，依法处理。县级以上人民政府应当责令有关责任人立即停止违法行为；对拒不改正的，或给予行政处罚，或给予违法行为直接责任人行政处分；对有关企业可以给予通报批评，责成其进行必要的整顿等。因此，对随着机构改革、经济结构调整和企业的改组、改制，一些工会组织被随意撤销、合并现象的问题，上级工会要采取积极措施或通过法律途径坚决予以纠正。

第三章　全国组织

46. 怎样理解全国建立统一的中华全国总工会?

《中国工会章程（修正案）》第十一条规定：“全国建立统一的中华全国总工会。中华全国总工会是各级地方总工会和各产业工会全国组织的领导机关。”《工会法》第十条规定：“全国建立统一的中华全国总工会。”由上述规定可以看出，中国工会的全国组织是中华全国总工会，中华全国总工会是唯一合法的全国性工会组织，而且是各级地方总工会和各产业工会全国组织的领导机关。

中华全国总工会领导全国工人运动，指导全国工会工作，在国际交往活动中代表中国工会组织，其地位是历史形成的，并在法律上得以确认。迄今为止，中国工会已经召开了十七次全国代表大会。其中，前六次大会的名称为全国劳动大会，从1953年的第七次大会开始更名为中国工会全国代表大会。1948年8月1日召开的第六次全国劳动大会将《中华全国总工会总章》改名为《中华全国总工会章程》。1957年12月召开的中国工会第八次全国代表大会，才改名为沿用至今的《中国工会章程》。无论是《中华全国总工会总章》还是《中国工会章程》，都明确规定中国工会的全国组织是中华全国总工会，中华全国总工会是各级地方总工会和各产业工会全国组织的领导机关。

47. 中国工会全国代表大会的职权有哪些?

中国工会十七大通过的《中国工会章程（修正案）》第九条规定："工会的最高领导机关，是工会的全国代表大会和它所产生的中华全国总工会执行委员会。"工会的全国代表大会是中国工会的最高领导机关，在全国代表大会闭会期间，中华全国总工会执行委员会是中国工会的最高领导机关。《中国工会章程》第十八条规定，中国工会全国代表大会的职权有四项：（1）审议和批准中华全国总工会执行委员会的工作报告。（2）审议和批准中华全国总工会执行委员会的经费收支情况报告和经费审查委员会的工作报告。（3）修改中国工会章程。（4）选举中华全国总工会执行委员会和经费审查委员会。从以上四项职权来看，中国工会全国代表大会选举产生中华全国总工会执行委员会，修改《中国工会章程》，其在整个工会的组织体系中显然具有最高权力。中国工会全国代表大会每五年召开一次，由中华全国总工会执行委员会召集。在特殊情况下，由中华全国总工会执行委员会主席团提议，经执行委员会全体会议通过，可以提前或延期举行。代表名额和代表选举办法由中华全国总工会决定。在两次代表大会之间，认为有必要时，可以召集代表会议，讨论和决定需要及时解决的重大问题。代表会议的参会代表名额和产生办法，由中华全国总工会决定。

48. 中华全国总工会执行委员会的性质及职权是什么？

中国工会十七大通过的《中国工会章程（修正案）》第九条规定："工会的最高领导机关，是工会的全国代表大会和它所产生的中华全国总工会执行委员会。"第十九条规定："中华全国总工会执行委员会，在全国代表大会闭会期间，负责贯彻执行全国代表大会的决议，领导全国工会工作。"因此，从工会全国代表大会闭会期间领导全国工会工作的角度来看，中华全国总工会执行委员会是中国工会的最高领导机关。

中华全国总工会执行委员会的主要职权有：（1）根据全国代表大会确定的工作任务，审议通过每年的工会工作报告、财务工作报告和经费审查委员会的报告。（2）根据形势和党的中心工作，研究和确定工会工作方针、任务。（3）讨论工会有关人事变动事宜，替补、增补执行委员会委员和经费审查委员会委员，选举主席团委员、主席、副主席等。

根据《中国工会章程》的规定，中华全国总工会执行委员会的任期，与中国工会代表大会届期相同，每届任期 5 年。执行委员会全体会议由主席团召集，每年至少举行一次会议。

49. 中华全国总工会执行委员会主席团及主席会议的性质及职权是什么？

中国工会十七大通过的《中国工会章程（修正案）》第二

十条规定："中华全国总工会执行委员会全体会议闭会期间，由主席团行使执行委员会的职权。主席团全体会议，由主席召集。"中华全国总工会执行委员会主席团，由主席1人、副主席若干人、委员若干人组成，经中华全国总工会执行委员会选举产生。在执行委员会全体会议闭会期间，由主席团行使执行委员会的职权，执行全国代表大会和执行委员会的决议，领导全国工会工作。主席团的任期，与中国工会全国代表大会届期相同，每届任期5年。主席团会议由主席负责召集，一般每半年举行一次，根据工作需要由主席提议可以提前或延期召开。

《中国工会章程（修正案）》第二十条同时规定："主席团闭会期间，由主席、副主席组成的主席会议行使主席团职权。主席会议由中华全国总工会主席召集并主持。"主席团闭会期间，由主席、副主席组成的主席会议行使主席团职权。主席会议由中华全国总工会主席召集并主持，一般每季度召开一次。

50. 中华全国总工会的日常工作由什么机构主持？

中华全国总工会执行委员会主席团下设书记处，由执行委员会主席团在主席团成员中推选第一书记一人，书记若干人组成。中华全国总工会书记处在中华全国总工会执行委员会主席团领导下，主持中华全国总工会的日常工作。中华全国总工会书记处的任期，与中国工会全国代表大会届期相同，每届任期5年。

51. 全国产业工会如何设置？

中国工会十七大通过的《中国工会章程（修正案）》规定："产业工会全国组织的设置，由中华全国总工会根据需要确定。”《工会法》第十条规定：“同一行业或者性质相近的几个行业，可以根据需要建立全国的或者地方的产业工会。”全国产业工会（产业工会全国委员会）是中华全国总工会领导下的全国一级的工会组织。

中华全国总工会根据国民经济部门和产业结构分布情况变化，适应我国行政管理体制改革需要，对全国产业工会的设置进行过多次调整，现阶段共设置了 10 个全国产业工会。其中，设在有关产业部门的 3 个，分别是中华全国铁路总工会、中国民航工会全国委员会、中国金融工会全国委员会；设在中华全国总工会机关的驻会产业工会 7 个，分别是中国教科文卫体工会全国委员会、中国海员建设工会全国委员会、中国能源化学地质工会全国委员会、中国机械冶金建材工会全国委员会、中国国防邮电工会全国委员会、中国财贸轻纺烟草工会全国委员会、中国农林水利气象工会全国委员会。

52. 全国产业工会实行什么样的领导体制？

中华全国铁路总工会、中国民航工会全国委员会、中国金融工会全国委员会与产业行政管理体制相适应，实行全国产业工会垂直领导的体制。中华全国铁路总工会、中国民航工会全国委员会、中国金融工会全国委员会以同级党委领导为主，同时接受中华全国总工会的领导；设在中华全国总工会机关的 7 个产业工会全国委员会，直接接受中华全国总工会的领导。

53. 全国产业工会的领导机构是怎样设置的？

中国工会十七大通过的《中国工会章程（修正案）》规定，

经中华全国总工会批准，全国产业工会（产业工会全国委员会）的领导机构，可以按照联合制、代表制的原则组成，也可以由产业工会全国代表大会选举产生。目前10个全国产业工会中，只有中华全国铁路总工会召开全国代表大会，其余9个产业工会全国委员会都是按照联合制、代表制的原则组成的。产业工会全国委员会每届任期5年，在特殊情况下，经中华全国总工会批准，可以提前或延期换届。

产业工会全国代表大会和按照联合制、代表制原则组成的产业工会全国委员会全体会议的职权是：（1）审议和批准产业工会全国委员会的工作报告。（2）选举产生产业工会全国委员会或常务委员会。（3）独立管理经费的产业工会，选举或确认同级工会经费审查委员会，并向产业工会全国代表大会或全体委员会会议报告工作。

产业工会全国委员会设立常务委员会，一般由主席1人、副主席若干人、常务委员若干人组成，根据工作需要也可以选举兼职副主席1~2人。产业工会全国委员会主席、副主席和常务委员会委员，可以实行差额选举，也可以实行等额选举，具体选举办法由产业工会全国代表大会或产业工会全国委员会全体会议决定。产业工会全国委员会常务委员会任期与产业工会全国委员会任期相同，每届任期5年。产业工会全国委员会委员实行替补制。

根据《中国工会章程》的有关规定，中华全国铁路总工会、中国民航工会全国委员会、中国金融工会全国委员会独立管理工会经费，在选举产生或组成全国委员会的同时，选举或组成同级工会经费审查委员会，设主任1人，副主任和委员若干人，其任期与产业工会全国委员会任期相同，每届任期5年。

54. 中华全国总工会女职工委员会的性质及产生方式?

《工会法》和中国工会十七大通过的《中国工会章程（修正案)》规定，各级工会建立女职工委员会，表达和维护女职工的合法权益。中华全国总工会女职工委员会是中华全国总工会领导下的具有民主性、代表性的全国女职工组织。中华全国总工会女职工委员会由中华全国总工会书记处提名，在充分协商的基础上产生。中华全国总工会女职工委员会的主要任务是：(1）维护女职工的合法权益和特殊利益。(2）指导、组织动员女职工为经济发展和社会进步建功立业。(3）代表女职工参政议政，依法开展维权工作。(4）指导、组织开展提高女职工整体素质的活动。(5）加强女职工组织的自身建设。

中华全国总工会女职工委员会由主任 1 人，副主任 2 人，委员及顾问若干人组成。中华全国总工会女职工委员会设常务委员会，常务委员会主任、副主任由委员会的主任、副主任担任，常务委员会委员若干人，从委员会委员中产生。常务委员会的任期与中华全国总工会执行委员会任期相同，每届任期 5 年。

中华全国总工会女职工委员会定期向中华全国总工会执行委员会报告工作，每年至少召开 1 次常委会议和委员全体会议。遇有重大问题，由主任或副主任提出，可以临时召集会议。中华全国总工会女职工部是中华全国总工会女职工委员会的办事机构，承担女职工委员会办公室的工作职责，重大问题提交女职工委员会常委会会议讨论决定。中华全国总工会女职工委员会是全国妇联的团体会员。

第四章　地方组织

55. 中国工会的地方组织有哪些?

中国工会十七大通过的《中国工会章程（修正案）》第十一条规定:“省、自治区、直辖市，设区的市和自治州，县(旗)、自治县、不设区的市建立地方总工会。地方总工会是当地地方工会组织和产业工会地方组织的领导机关。”同时第九条规定:“工会的地方各级领导机关，是工会的地方各级代表大会和它所产生的总工会委员会。”《中国工会章程》还对工会的地方各级代表大会和各级地方总工会委员会的职权作出了明确规定。由此可见，各级地方总工会是中国工会的各级地方组织，其领导当地工会工作的职能主要是通过所在地工会的代表大会和代表大会所产生的总工会委员会这两个领导机关来实现的。

56. 怎样落实好地方工会各级代表大会的职权?

中国工会十七大通过的《中国工会章程（修正案）》规定，工会的地方各级代表大会和其所选举产生的总工会委员会是工会的地方各级领导机关。工会的地方各级代表大会的职权是:（1）审议和批准同级总工会委员会的工作报告。（2）审议和批准同级总工会委员会的经费收支情况报告和经费审查委员会的工作报告。（3）选举同级总工会委员会和经费审查委员会。（4）选举出席上级工会代表大会代表。工会的地方各级代表大会由同级总工会委员会召集，每五年举行一次。在特殊情况下，由同级总工会委员会提议，经上一级工会批准，可以提前或延期举行。

各级地方总工会委员会任期与地方工会代表大会届期相同，每届任期五年。在代表大会闭会期间，执行上级工会的决定和同级工会代表大会的决议，领导本地区的工会工作，定期向上级总工会委员会报告工作。各级地方总工会委员会全体会议，每年至少举行一次。其主要任务是：（1）根据工会代表大会确定的工作任务，审议通过每年的工会工作报告、财务工作报告和经费审查委员会的报告。（2）研究和决定工会工作的重大问题。（3）研究和决定有关人事变动事宜。（4）选举主席、副主席和常务委员会委员等。

地方总工会委员会一般由同级总工会主席、副主席、经费审查委员会主任、所属地方工会和产业工会主席、总工会机关各部门和直属单位主要负责人、基层工会主席、社会知名人士和有关方面的人员组成。

根据《中国工会章程》第十二条的规定，县和县以上各级工会委员会，在两次代表大会之间，认为有必要时，可以召集代表会议，讨论和决定需要及时解决的重大问题。代表会议代表的名额和产生办法，由召集代表会议的总工会决定。

57. 省、自治区总工会在地区设立的派出代表机关的性质?

中国工会十七大通过的《中国工会章程（修正案)》第二十二条规定：“根据工作需要，省、自治区总工会可在地区设派出代表机关。”这些代表机关不是一级工会组织，只是上级工会派出的工会办事处或工会工作委员会，按照上级工会的要求，代表上级工会行使职权。一般而言，省、自治区总工会在地区设立的派出代表机关称之为工会办事处。工会办事处设主任一人、副主任若干人，组成领导机构，主任、副主任由上级工会任命。工会工作委员会一般由上一级工会在下一级组织设立，主任、副主任由上级工会任命。

58. 工会章程修正案为什么明确在区一级建立总工会？

按照我国的行政区划，市辖区是一种行政单位类别，是直辖市和地级市划定的行政分区，直辖市的市辖区属于正厅级（与地级市同级），副省级地级市的市辖区属于副厅级，一般地级市的市辖区属于正处级（与县同级）。市辖区的行政分区为乡镇（街道）级行政区，大城市和发达地区的市辖区管辖的区域以街道为主，工业化、城市化发展过程中的市辖区管辖的区域以乡、镇为主。市辖区与其他县级行政区比较，显著的特点即市辖区为城市的组成部分，市辖区的城区为城市市区的组成部分；人口密度大，流动人口集中；居民以城镇人口为主或占有很大比例；文化、经济和贸易发达。

基于上述特点，1983 年 10 月中国工会第十次全国代表大会修改《中国工会章程》时，未对在区一级建立总工会作硬性要求，仅规定“直辖市和设区的市总工会可在区设派出机关或建立区一级工会组织”。随着经济社会的发展和工会组织体系的逐步完备，市辖区一般都已成立区总工会，履行地方工会职能。为了适应形势需要和实践发展，工会章程修正案明确规定在区一级建立总工会。

59. 建立乡镇（街道）总工会的条件有哪些？

2013 年中国工会十六大修改《中国工会章程》时，在第二十二条中规定："县和城市的区可在乡镇和街道建立乡镇工会和街道工会组织，具备条件的，建立总工会。"这对于进一步明确乡镇（街道）总工会的性质和地位，规范乡镇（街道）总工会建设，充分发挥乡镇（街道）总工会作用，起到了重要的推动作用。随着我国工业化、城镇化进程的加快，乡镇（街道）管辖的地域范围不断扩大，其所属职工大量增加。乡镇（街道）工会组织的地位越来越重要，作用越来越突出，在一些地方已经成为工会组织领导体制中承上启下的重要环节。在条件成熟的乡镇（街道）建立总工会，是在完善社会主义市场经济体制过程中，创新和完善工会组织领导体制的客观需要，是维护职工合法权益、协调劳动关系和维护社会稳定的迫切要求。2004年中华全国总工会下发了《关于开展建立乡镇（街道）总工会试点工作的意见》，对建立乡镇（街道）总工会的条件作了原则性规定，即开展建立乡镇（街道）总工会试点工作，主要在经济发达、企业化比较集中、职工人数较多的乡镇（街道）进行，具体的范围和数量，由省（区、市）总工会根据实际情况确定。2005 年下发的《关于加强乡镇（街道）工会规范化建设的意见》进一步提出，乡镇（街道）工会工作委员会应逐步向乡镇（街道）工会委员会、乡镇（街道）工会联合会或乡镇（街道）总工会过渡。2004 年以来，各地工会按照中华全国总工会的要求，积极推进乡镇（街道）工会规范化建设，在条件成熟的乡镇（街道）大力推行建立乡镇（街道）总工会试点工作，不少地方取得重要进展。

60. 地方总工会常务委员会的组成和作用?

中国工会十七大通过的《中国工会章程（修正案）》规定，

各级地方总工会委员会选举主席一人，副主席、常务委员若干人，组成常务委员会。总工会常务委员会由同级总工会主席、副主席、经费审查委员会主任、所属部分地方工会、产业工会主席和总工会机关部分部门、直属单位负责人组成。

各级地方总工会常务委员会任期与地方工会代表大会届期相同，每届任期五年。各级地方总工会常务委员会在同级总工会委员会闭会期间，行使委员会的职权。地方总工会常务委员会会议一般每季度召开一次，由同级总工会委员会主席负责召集。

61. 地方工会女职工委员会如何建立?

各级地方总工会女职工委员会委员由同级工会委员会提名，在充分协商的基础上组成，也可召开女职工大会或女职工代表大会选举产生。由主任 1 人，副主任若干人、委员及顾问若干人组成。主任由同级总工会女主席（或女副主席）担任，委员由所辖地方总工会的女职工委员会主任、同级工会机关有关部门及其他有关方面的人员组成。地方总工会女职工委员会的任期与同级地方总工会委员会的任期相同，每届任期 5 年。地方总工会女职工委员会在同级工会领导下开展工作，并接受上级工会女职工委员会的指导，定期向同级工会委员会和上级工会女职工委员会报告工作，依照《工会女职工委员会工作条例》开展工作。

省级、市级总工会女职工委员会的工作机构是同级总工会女职工部；县级工会女职工委员会根据需要设立专职或兼职的工作人员，有条件的设立女职工部，负责女职工委员会的日常工作。县和县以上工会女职工委员会根据工作需要可以聘请顾问若干人，县和县以上各级工会女职工委员会是同级妇联的团体会员。

62. 各级地方产业工会如何设置？

地方产业工会是在同级地方总工会领导下的一级工会组织。根据《中国工会章程（修正案）》的有关规定，各级地方产业工会的设置，由同级地方总工会根据本地区的实际情况确定。除实行垂直领导的铁路、民航、金融等产业工会，实行上级产业工会与地方工会双重领导、以上级产业工会领导为主外，其余的产业工会组织，均由同级地方工会领导为主，同时接受上级产业工会的领导。地方产业工会可以召开代表大会，选举产生工会委员会，也可以按照联合制、代表制原则组成工会委员会，任期与同级地方总工会委员会相同，每届任期 5 年。省级总工会、市级总工会、县级总工会根据当地产业结构和职工队伍的构成情况，分别建立本地区的产业工会组织。县级总工会可以根据产业工会工作需要和基层单位小而分散、职工流动频繁的特点，建立县（区）、乡镇（街道）行业工会联合会。

第五章　基层组织

63. 什么是基层工会？

基层工会是根据《工会法》和《中国工会章程（修正案）》的规定，建立在各种所有制的企业、事业单位、机关和其他社会组织中的工会组织，它是工会组织体系中最基本的组织单位，是整个工会的组织基础和工作基础。此外，基层工会还包括村（社区）工会、县级以下建立区域性、行业性工会联合会等。根据《中国工会章程》和全国总工会有关文件精神，乡镇（街道）工会承担地方工会和基层工会双重职责，具备条件的，可以成立总工会。

64. 如何建立基层工会?

依照中国工会十七大通过的《中国工会章程（修正案）》的规定，企业、事业单位、机关和其他社会组织等基层单位，应当依法建立工会组织。有会员二十五人以上的，应当成立工会基层委员会；不足二十五人的，可以单独建立工会基层委员会，也可以由两个以上单位的会员联合建立工会基层委员会，也可以选举组织员或者工会主席一人，主持基层工会工作。同时按有关规定建立工会经费审查委员会和工会女职工委员会。

建立基层工会组织的一般程序为：

（1）成立工会筹备组。建立党组织的单位，由党组织提出筹备组组成人选；没有党组织的，由职工选出代表，或由上一级工会与单位和职工协商成立工会筹备组。经上一级工会批准后，开展发展会员、建立小组和分会等筹建工作。

（2）召开会员大会或会员代表大会进行选举。委员候选人，经会员充分酝酿讨论，由上届工会委员会或工会筹备组提出建议名单，报同级党组织和上一级工会同意后，提交大会表决通过。候选人名单履行公示程序后，召开会员大会或会员代表大会进行选举。主席、副主席可以由会员大会或者会员代表大会直接选举产生，也可以由工会委员会选举产生。经费审查委员会主任、副主任由经费审查委员会选举产生。女职工委员会主任由同级工会女主席或女副主席担任，也可经民主协商，按照相应条件配备。

（3）报告选举结果。基层工会委员会、常务委员会和主席、副主席及经费审查委员会的选举结果，报上一级工会批准。

65. 如何召开基层工会会员大会或会员代表大会？

中国工会十七大通过的《中国工会章程（修正案）》第二十六条规定："经基层工会委员会或者三分之一以上的工会会员提议，可以临时召开会员大会或者会员代表大会。"

会员大会或会员代表大会，是基层工会的权力机构。会员不足 100 人的基层工会组织，应召开会员大会进行选举；会员 100 人以上的基层工会组织，应召开会员大会或会员代表大会进行选举。基层工会会员大会或会员代表大会每年至少召开一次。代表大会的代表，一般以工会小组或工会分会为单位，由会员直接选举产生，会员代表大会代表实行常任制。

根据 1992 年全总印发的《关于基层工会会员代表大会代表实行常任制的若干暂行规定》，代表名额按照基层单位的会员人数确定。会员 100 人以上 200 人以下的单位，代表人数不少于会员的 30%；会员 200 人至 500 人的单位，代表人数为会员的 25% 至 20%；会员 501 人至 1000 人的单位，代表人数为会员的 20% 至 10%；会员 1001 人至 5000 人的单位，代表人数为会员的 10% 至 6%；会员 5001 人至 10000 人的单位，代表人数为会员的 5%；会员超过 10000 人的单位，代表人数原则上不超过 500 人。个别特大型基层单位，会员代表需超过 500 人的，须经所在省、自治区、直辖市总工会批准；以产业工会领导为主的单位，报相应的全国产业工会批准。

66. 为什么要加强基层工会会员代表大会代表常任制建设？

基层工会会员代表大会代表常任制，是指基层工会会员代表大会的代表在规定的任期内，始终具有代表资格、履行代表权利和义务的制度。这是工会章程规定的一项重要的组织制度。中华全国总工会1992年制定下发的《关于基层工会会员代表大会代表实行常任制的暂行规定》，对此作了具体规定。

会员代表实行常任制，从制度上保证让会员代表经常地参与工会事务，使工会的工作和活动都置于会员的监督之下，对实现工会工作的群众化、民主化具有重要意义。基层工会会员代表大会代表的任期与会员代表大会届期一致，只有在会员代表大会换届时选举会员代表，而不是每年召开会员代表大会都重新选举会员代表，从而保证了会员代表的稳定性。会员代表不仅在会员代表大会召开时履行选举、审议、评价等权利，在会员代表大会闭会期间，也要履行联系沟通会员群众、监督工会工作、参与工会事务等职责，这样可以更好地行使会员代表的权利，履行会员代表的义务。基层工会应该在保障会员民主权利的同时，充分发挥会员代表的作用，采取多种方式为他们参与工会事务创造条件，通过会员代表的工作，最大限度地调动会员和职工群众的积极性、智慧和创造力，切实把工会的事情办好，更加密切工会组织与会员群众的联系。

67. 如何建立企业集团工会？

企业集团工会是工会的基层组织。建立企业集团工会，应在同级党组织和上级工会的领导下，依照《工会法》《中国工会章程》《工会基层组织选举工作条例》《中华全国总工会关于企业集团建立工会组织的办法》等规定进行。企业集团未建立党组织的，在上级工会领导下进行。在审批程序上，在京中央企业集团组建集团工会，按规定报相关全国产业工会，由相关全国产业工会按程序报中华全国总工会批准。京外中央企业集团和其他企业集团组建工会，按规定报企业集团所在地同级地方工会批准。在机构设置上，企业集团工会选举主席 1 人、副主席若干人、常务委员若干人，组成常务委员会。成员单位和职工人数较少的，可不设常务委员会。企业集团工会在选举产生集团工会委员会的同时，选举产生同级工会经费审查委员会。企业集团工会成立后，按照有关规定及时建立企业集团工会女职工委员会，并选配女职工委员会主任。根据工作需要，企业集团工会设立相关工作机构或专门工作委员会、工作小组。在组织形式上，企业集团工会的组织形式，根据实际确定。集团工会的名称为“企业集团工商登记名称 + 工会（联合会）委员会”。集团所属子公司的工会组织名称，为“子公司工商登记名称 + 工会委员会”。对于工会名称不规范的，应结合工会换届工作进行规范。

68. 基层工会选举工作应坚持什么原则?

基层工会组织选举工作是一项政治性、政策性很强的工作。中华全国总工会 2016 年下发的《工会基层组织选举工作条例》第五条明确规定：“选举工作应坚持党的领导，坚持民主集中制，遵循依法规范、公开公正的原则，尊重和保障会员的民主权利，体现选举人的意志。”

因此，基层工会选举工作应坚持以下原则：（1）坚持党的领导，是选举工作的根本政治保证。习近平总书记指出：“坚持党的领导，是做好党的群团工作的根本保证，是必须坚持的正确政治方向。”基层工会组织选举，是发挥基层工会作用的基础，是激发基层工会活力的源泉，具有很强的政治性、政策性和敏感性，必须把党的领导放在第一位。（2）坚持民主集中制，是选举工作的根本组织原则。基层工会组织选举工作必须按照个人服从组织、少数服从多数、下级组织服从上级组织的要求，必须坚持民主基础上的集中和集中指导下的民主相结合。只有坚持民主集中制，才能保证基层工会组织选举的顺利进行，才能选举出大多数职工信赖的工会组织。（3）遵循依法规范、公开公正的原则，是选举工作的重要制度保障。基层工会组织选举必须依法依规有序进行，选举操作规程不得与国家法律法规相冲突，不得与《工会基层组织选举工作条例》规定相冲突。法律法规及操作规则必须得到遵守，不能因人而改变或变通执行。选举过程中，要做到操作规程公开、候选人公开、程序公开、选举结果公开，对全体会员或会员代表要人人平等、机会公平、程序公正。（4）尊重和保障会员的民主权利，体现选举人的意志，是选举工作的基础和关键。工会是工人阶级的群众组织，选举权、被选举权和表决权是会员最基本、最重要的民主权利。进行基层工会组织选举，要尊重会员或会员代表的民主权利，使会员或会员代表按照自己的意志行使民主权利，任何组织和个人，都无权以任何方式强迫选举人选举或不选举某个人。

以上四个方面的原则要求，是一个整体，缺一不可，必须得到全面贯彻落实，不能选择性执行，也不能重视某一方面的原则，而忽视或轻视另一方面的原则，更不能为了达到个人目的，任意曲解、取消甚至破坏某一原则。

69. 基层工会主席、副主席如何产生?

中国工会十七大通过的《中国工会章程（修正案)》第二十七条规定，工会基层委员会的“主席、副主席，可以由会员大会或者会员代表大会直接选举产生，也可以由工会基层委员会选举产生”。这一规定明确了基层工会主席、副主席的产生有两种方式：一种是直接选举，另一种是间接选举。所谓直接选举，是指工会主席、副主席由会员大会或会员代表大会选举产生。在具体操作上，可以由会员大会或会员代表大会在选举产生工会委员会委员的同时选举产生工会主席、副主席，也可以由会员大会或会员代表大会选举产生工会委员会后，以工会委员会全体委员或部分委员作为候选人，由会员大会或会员代表大会选举产生工会主席、副主席。所谓间接选举，是指先由会员大会或会员代表大会选举产生工会委员会后，召开新一届基层工会委员会第一次全体会议，由基层工会委员会选举产生工会主席、副主席。

70. 为什么要积极稳妥地推进基层工会主席、副主席直接选举?

直接选举，是中国工会十七大通过的《中国工会章程（修正案)》规定的基层工会主席、副主席的两种产生方式之一。实践证明，推行基层工会主席、副主席直接选举，是做好新形势下工会工作的有效方式，既要积极，又要稳妥。

（1）体现了工会组织的性质，有利于保持和增强工会组织的群众性。工会作为会员和职工群众合法权益的代表者和维护者，必须始终密切与职工群众的联系，必须加强群众化、民主化建设。直接选举有利于充分发扬民主，体现会员真实意愿，强化工会组织的群众基础。

（2）适应新时代新任务，有利于提高基层工会能力与水平。当前，职工对工会维护合法权益的期待更加迫切，对基层工会主席、副主席发挥作用的期望也更加强烈。直接选举扩大了会员参与范围，有利于把真心实意为会员群众服务的人选出来，增强工会主席、副主席的责任感，强化会员的会员意识和主体地位，激发基层工会的活力。

（3）要积极稳妥推进，牢牢把握工会的领导权和主导权。《工会基层组织选举工作条例》对直接选举作出明确规定，强调同级党组织和上一级工会对直接选举进行组织领导，确保正确方向。直接选举应从实际出发，分类指导，积极稳妥地推进；及时发现和解决问题，要把好工会主席、副主席的提名关；工会选举的审批关和选举过程的程序关，坚决防止出现任何形式的“独立工会”“第二工会”，确保直接选举依法依规、稳妥可控、积极有效。

71. 基层工会按期换届选举有什么意义和要求?

中国工会十七大通过的《中国工会章程（修正案）》第二十六条规定：“工会基层委员会和经费审查委员会每届任期三年至五年，具体任期由会员大会或者会员代表大会决定。任期届满，应当如期召开会议，进行换届选举。在特殊情况下，经上一级工会批准，可以提前或者延期举行。”这是工会组织的基本民主制度，也是调整、充实和加强工会领导班子的重要方法，是增强基层工会活力、发挥基层工会作用的需要。

从实际情况看，基层工会不按期换届的问题比较突出，直接影响了基层工会作用的发挥。按照《工会法》和《中国工会章程》的规定，基层工会任期届满后，就应该换届改选。如果不换届改选，就不符合法律和章程的规定。

基层工会换届选举工作，由该级工会委员会在同级党组织和上级工会领导下负责筹备和组织。代表大会正式召开时，应由大会选举出的主席团主持和领导。会员人数较少的基层工会召开会员大会时不设主席团，由本届工会委员会主持和领导。在代表大会进行期间，直到新的工会委员会选举产生之前，工会的日常工作仍由本届工会委员会主持。新选举产生的工会委员会，在上级工会批准之前，可以履行领导职权。

基层工会召开代表大会或会员大会进行换届选举，在同级工会委员会作出决定后，必须写出书面请示，报同级党组织和上级工会同意后，方可进行。请示的内容应包括：大会指导思想、任务、议程、时间，代表的名额、条件、产生办法，下届委员会、常委会、经费审查委员会的组成人数和比例要求、差额率，以及主席、副主席、经审主任、副主任设置名额，同时附上代表名额分配方案。

各级工会组织召开的工会代表大会的累计排列叫“次”，即指工会代表大会召开的次数。每次代表大会选举产生的委员会的一个任期叫“届”。每届委员会任期内所举行的全体委员会议的累计排列也叫“次”，即召开全委会的次数，如×届×次全体委员会议。每届委员会换届改选后，届数重新排列，即增加一届。实行会员代表常任制的基层工会，在届内召开的代表大会，叫×届×次会员代表大会。

72. 哪些情况下基层工会可以提前或延期换届?

中国工会十七大通过的《中国工会章程（修正案）》第二十六条规定，工会基层委员会和经费审查委员会“任期届满，应当如期召开会议，进行换届选举。在特殊情况下，经上一级工会批准，可以提前或者延期举行”。《工会基层组织选举工作条例》对工会基层委员会提前或延期换届作出了更加具体的规定：“遇有特殊情况，经上一级工会批准，可以提前或延期换届，延期时间一般不超过半年。”在实践中，特殊情况主要有以下几种：（1）提前换届的特殊情况。从实践看，主要有：工会基层委员会任期未满，但委员发生缺额较多，使工作受到严重影响的；工会基层委员会严重不作为或乱作为，破坏组织纪律，会员满意率较低，会员或会员代表强烈要求撤换或罢免的；其他严重情况，上一级工会组织决定提前换届的。（2）延期换届的特殊情况。从实践看，主要有：多数工会基层委员会委员被派外出工作，无法按期换届的；遇到突发性事件或自然灾害的；任期届满时，正好需要集中一段时间全力以赴完成某项紧迫任务的；会员或会员代表外出较多，如期召开会员大会或会员代表大会达不到规定人数的；发现基层工会有严重问题需要调查处理的；由于其他原因，上一级工会组织决定延期换届的。（3）提前或延期换届需要履行的程序。工会基层委员会如需提前或延期换届选举，应有工会委员会集体讨论决定，并按规定向同级党组织和上一级工会报告。上一级工会正式批复后，工会基层委员会将提前或延期换届的决定，通知所有会员或会员代表。

73. 工会章程修正案对工会基层委员会的基本任务作了哪些调整充实？

中国工会十七大通过的《中国工会章程（修正案）》在第二十八条“工会基层委员会的基本任务”中，增写了四项内容：一是目前我国正在深化国有企业公司制改制，职工董事制度、职工监事制度是公司制企业实行民主管理的重要形式，习近平总书记在全国国有企业党的建设工作会议上明确指出要“坚持和完善职工董事制度、职工监事制度，鼓励职工代表有序参与公司治理”，因此第二项增写了“在公司制企业落实职工董事、职工监事制度”内容。二是为了进一步落实工会系统改革和新时期产业工人队伍建设改革，着力推动建设高素质产业工人队伍，第四项增写了“技能培训”“培育工匠人才”等内容。三是适应当前职工队伍的发展变化，顺应广大职工的实际需求，第五项中增写了“加强对职工的政治引领”“开展法治宣传教育，重视人文关怀和心理疏导”的内容。四是适应当前基层工会面临新任务新要求，围绕职工群众最关心最直接最现实的问题，第六项增写了“协助和督促行政方面做好安全生产、职业病防治”“推动落实职工福利待遇”等内容。

74. 什么情况下建立基层工会女职工委员会？

中国工会十七大通过的《中国工会章程（修正案）》第十条规定：“工会基层委员会有女会员十人以上的建立女职工委员会，不足十人的设女职工委员。”第十四条规定：“女职工委员会由同级工会委员会提名，在充分协商的基础上组成或者选举产生，女职工委员会与工会委员会同时建立，在同级工会委员会领导下开展工作。”《工会基层组织选举工作条例》第三十九条规定：“基层工会女职工委员会委员由同级工会委员会提名，在充分协商的基础上产生，也可召开女职工大会或女职工代表大会选举产生。”所以，基层工会女职工委员会有两种产生途径：（1）协商产生。女职工委员会可以不通过选举产生，由同级工会委员会提名，在充分协商的基础上产生。协商方式和协商范围应在保证充分发扬民主的基础上由工会委员会决定。（2）选举产生。召开女职工大会或女职工代表大会选举产生女职工委员会，可以与会员大会或会员代表大会安排在同一时间召开，也可以单独召开女职工大会或女职工代表大会，选举产生女职工委员会委员、主任、副主任。

75. 如何设立工会基层委员会的专门委员会?

基层工会委员会可根据工作需要设立相关工作机构或专门工作委员会、工作小组。工会专门工作委员会、工作小组是基层工会组织体制中的重要组成部分。一般可设立组织工作委员会、宣传工作委员会、生产工作委员会、生活工作委员会、劳动保护工作委员会、女工工作委员会、财务工作委员会等。主要任务是：研究和落实本级工会委员会的工作，组织开展工会专项业务活动，处理有关建议、提案，检查、督促和协助行政有关方面贯彻工会委员会的有关决议，完成工会委员会交办的其他事项。各工作委员会的组成人选，由工会委员会推选或选聘工会积极分子组成，设主任 1 人，必要时可设副主任 1 人。专门工作委员会主任，通常由分管这方面工作的工会委员兼任。工会专门委员会的具体设置由基层工会根据工作任务的实际情况自行确定。

76. 为什么增写在公司制企业落实职工董事制度、职工监事制度?

中国工会十七大通过的《中国工会章程（修正案)》，在第二十八条工会委员会的基本任务中，增写了“在公司制企业落实职工董事、职工监事制度”。公司制企业加强职工董事制度、职工监事制度建设，是工会组织全面贯彻习近平新时代中国特色社会主义思想，深入贯彻落实党的十九大精神，特别是全国国有企业党的建设工作会议精神的重要举措。有利于贯彻落实党的全心全意依靠工人阶级根本方针，推进社会主义基层民主制度建设；有利于完善公司治理结构，加快建立中国特色现代企业制度；有利于源头维护职工合法权益，构建社会主义和谐劳动关系；有利于强化权力运行的监督和制约，推动加强企业党风廉政建设。职工董事制度、职工监事制度，是指依照《公司法》《公司登记管理条例》设立的有限责任公司和股份有限公司（简称公司）通过职工代表大会（或职工大会，以下简称职代会）民主选举一定数量的职工代表，分别进入董事会、监事会，代表职工源头参与公司决策和监督的民主管理形式。伴随我国社会主义市场经济的深入发展，公司制作为现代企业的有效组织形式，日益成为各种所有制企业改革发展的普遍选择。职工董事制度、职工监事制度在完善公司法人治理结构，构建和谐稳定劳动关系，促进企业和职工共同发展等方面发挥了积极作用。

77. 如何做好基层工会法人资格登记管理工作?

中国工会十七大通过的《中国工会章程（修正案）》第二十五条规定：“基层工会具备法人条件，依法取得社团法人资格，工会主席为法定代表人。”基层工会法人资格登记管理是工会的一项重要的基础性工作。2008 年 6 月中华全国总工会制定下发了《基层工会法人资格登记办法》，对我国的企业、事业单位、机关、其他社会组织、民办非企业单位以及其他单位的基层工会申请取得、变更、注销工会法人资格做了具体规定。

基层工会申请取得工会法人资格应当具备下列条件。一是依照《中华人民共和国工会法》和《中国工会章程》的规定成立。二是工会经费来源有保障。三是有组织机构和办公场所。四是能够依法独立承担民事责任。基层工会取得工会法人资格不以所在单位是否具有法人资格为条件。凡具备规定条件的基层工会，应当于成立之日起六十日内，向审查登记机关提出工会法人资格登记书面申请。

基层工会法人资格要进行审查登记。基层工会法人资格的审查、核准、登记、发证机关（以下简称审查登记机关），按属地原则及组织隶属关系确定：一是隶属于县级（县、市、区、旗）总工会的基层工会，由县级工会审查，并报市（地）级总工会核准、登记、发证。二是隶属于市（地）级（市、区、州、盟）总工会的基层工会，由市（地）级总工会审查、核准、登记、发证。三是隶属于省级（省、自治区、直辖市）总工会的基层工会，由省级总工会审查、核准、登记、发证。四是隶属于铁路、民航、金融等产业工会的基层工会，由所在地相应的省级、市（地）级总工会审查、核准、登记、发证后，报相应的上一级产业工会备案。五是中央企业工会组织由所在地相应的省级、市（地）级总工会审查、核准、登记、发证。县级总工会经上级工会授权，可以履行审查登记机关的职责。

基层工会法人变更后要及时进行资格变更登记。取得工会法人资格的基层工会变更名称、住所、法定代表人的，自变更之日起三十日内到审查登记机关申请办理变更登记手续。工会组织名称、住所变更或撤销、合并时，应当及时到原申领中华人民共和国组织机构代码证的质量技术监督部门办理变更或者注销登记。取得工会法人资格的基层工会因所在单位撤销、破产等原因注销的，应当向原审查登记机关办理注销登记手续，并提交法定代表人签署的注销申请书和上级工会关于该基层工会经费、财产清理及债权债务完结的证明。审查登记机关审查登记后，收回原证书，并可以在报刊、网络上发布公告。

78. 为什么提出从实际出发，建立区域性、行业性工会联合会?

中国工会十七大通过的《中国工会章程（修正案）》在第二十五条增写从实际出发，建立区域性、行业性工会联合会的内容，对加强基层工会组织建设提出了新要求。

区域性、行业性基层工会联合会，是指由若干个单位在各自成立基层工会组织的基础上，在一定的区域或行业范围内，按联合制、代表制原则建立的区域性、行业性的基层工会的联合体。其领导机构为基层工会联合委员会，委员由其下属基层工会的主席和有关方面代表组成。基层工会联合委员会由所属基层工会代表民主选举产生，委员数额可以根据工作实际需要确定，主要由联合会的专职工作人员和所属基层工会主席担任。

所属基层工会数量较多的，可以由所属基层工会主席民主推举代表经过选举担任。联合会可根据工作需要，吸收工商、税务等相关方面的代表参加。基层工会联合会主席、副主席可以由联合委员会全体委员选举产生，也可以由联合会下属基层工会联合组成会员大会或者会员代表大会选举产生。每个联合会原则上至少要配备1名专职工作人员，会员人数较多的应适当增加配备人数。

79. 为什么要强调推进新经济组织、新社会组织工会组织建设?

中国工会十七大通过的《中国工会章程（修正案）》明确提出从实际出发，推进新经济组织、新社会组织工会组织建设的要求，具有很强的现实针对性。新经济组织是指私营企业、外商投资企业、港澳台投资企业、股份合作企业、民营科技企业、个体工商户、混合所有制经济组织等各类非国有集体独资的经济组织，新社会组织是指社会团体和民办非企业单位的统称。加强“两新组织”工会建设是各级工会组织重要任务之一，特别是近年来，新产业新业态新商业模式等新兴领域快速发展，网约车司机、网约送餐员等新兴群体大量涌现，“两新组织”已成为吸纳职工就业的重要渠道，同时也成为工会组织建设和开展工会工作的重要领域。只有积极适应这一发展变化，加强“两新组织”工会建设特别是新领域、新群体的工会组织建设，对于扩大工会组织覆盖、最大限度地把包括在“两新组织”等就业在内的广大职工组织到工会中来，具有重要意义。

第六章　工会干部

80. 工会章程修正案增写工会干部要认真学习“习近平新时代中国特色社会主义思想”，学习“政治、历史、文化、科技等”知识的重要意义是什么？

中国工会十七大通过的《中国工会章程（修正案）》在工会干部学习的内容中增写“习近平新时代中国特色社会主义思想”“政治、历史、文化、科技等”知识的内容，是贯彻落实党的十九大精神的重大举措。党的十九大报告指出，要“加强党的长期执政能力建设”“建设高素质专业化干部队伍”，强调“党既要政治过硬，也要本领高强”，要“注重培养专业能力、专业精神，增强干部队伍适应新时代中国特色社会主义发展要求的能力”。2018 年7 月3 日，习近平总书记在全国组织工作会议上强调，贯彻新时代党的组织路线，建设忠诚干净担当的高素质干部队伍是关键。

同时，这样修改也是开创新时代工会工作新局面的客观要求。中国特色社会主义进入新时代，干部必须有新气象新作为。工会章程修正案把习近平新时代中国特色社会主义思想确立为指导思想，要求各级工会组织和广大工会干部把深入学习贯彻习近平新时代中国特色社会主义思想作为首要政治任务，深入系统学习、全面准确领会。同时，工会工作涉及经济社会发展的各个方面，要求工会干部具有政治、经济、历史、文化、科技、法律和工会业务等方面的专业知识。

工会章程作这样的充实，有利于各级工会组织和广大工会干部深入学习贯彻习近平新时代中国特色社会主义思想，加强理论教育和党性教育，加强专业化培训，培育专业精神，提升政治素养、政治能力，增强适应新时代中国特色社会主义发展要求的能力，建设一支高素质专业化的工会干部队伍。

81. 工会章程修正案为什么增写工会干部要“提高政治能力”的内容？

中国工会十七大通过的《中国工会章程（修正案）》，把“提高政治能力”这一要求写入，具有鲜明的政治性。党的十九大报告指出：“旗帜鲜明讲政治是我们党作为马克思主义政党的根本要求”“全党同志特别是高级干部要加强党性锻炼，不断提高政治觉悟和政治能力”。习近平总书记明确指出，政治能力就是把握方向、把握大势、把握全局的能力，就是保持政治定力、驾驭政治局面、防范政治风险的能力。提高政治能力，是新时代党带领人民进行伟大斗争、建设伟大工程、推进伟大事业、实现伟大梦想的现实需要，是有效应对各种风险挑战的关键之举。提高政治能力的根本途径是加强政治历练，不断锤炼对党忠诚的政治品格，着力提升马克思主义理论素养，自觉接受党内政治生活锻炼，增强做好群众工作的本领，在复杂斗争实践中积累政治经验，自觉把讲政治贯穿于党性锻炼全过程。

提高工会干部的政治能力，能够更好地引导广大工会干部进一步增强“四个意识”，坚定“四个自信”，做到“四个服从”，坚决维护习近平总书记党中央的核心、全党的核心地位，坚决维护党中央权威和集中统一领导，在思想上政治上行动上同以习近平同志为核心的党中央保持高度一致。

82. 工会章程修正案为什么增写工会干部要“增强群众工作本领”的内容？

在中国工会十七大通过的《中国工会章程（修正案）》中增写“增强群众工作本领”的内容，是工会干部提高能力素质的应有之义。2013 年 10 月，习近平总书记在同全国总工会新一届领导班子成员集体谈话时强调，工会干部要努力把自己锤炼成听党话、跟党走、职工群众信赖的“娘家人”。2015 年 4 月，习近平总书记在庆祝“五一”国际劳动节大会上强调要着力强化服务意识、提高维权能力，改进工作作风，破除衙门作风，坚决克服机关化、脱离职工群众现象，让职工群众真正感受到工会是“职工之家”，工会干部是最可信赖的“娘家人”。2015 年 7 月，习近平总书记在中央党的群团工作会议上强调，群团干部特别是领导机关干部要争当“全心全意为人民服务宗旨的忠实践行者、党的群众路线的坚定执行者、党的群众工作的行家里手”。习近平总书记在党的十九大报告中着眼新时代新使命，就全面增强执政本领提出八个方面的要求，其中专门强调要增强群众工作本领。

要求工会干部增强群众工作本领，就是要让广大工会干部做到知群众、懂群众、爱群众，懂得职工群众的语言和习惯，熟悉职工群众的愿望和心声，创新职工群众工作体制机制和方式方法，切实增强工会组织和工会工作的政治性、先进性、群众性，发挥党联系群众的桥梁和纽带作用，组织动员广大职工群众坚定不移听党话、跟党走。

83. 工会章程修正案为什么增写工会干部要“信念坚定”“敢于担当”等内容？

中国工会十七大通过的《中国工会章程（修正案）》增写“信念坚定”“敢于担当”的内容，是贯彻落实好干部标准的实际行动。2013 年 6 月 28 日，习近平总书记在全国组织工作会议上提出了“信念坚定、为民服务、勤政务实、敢于担当、清正廉洁”20 字好干部标准，赋予了好干部新的时代内涵，是新时代干部的实践准则和奋斗方向。2014 年 10 月，习近平总书记在云南考察时，强调党员干部要“对党忠诚、个人干净、敢于担当”。习近平总书记在党的十九大报告中阐述加强干部队伍建设时，强调“要坚持党管干部原则，坚持德才兼备、以德为先，坚持五湖四海、任人唯贤，坚持事业为上、公道正派，把好干部标准落到实处。”好干部标准的内涵和外延逐渐丰富完善。

坚持用好干部要求，对于建设忠诚干净担当的工会干部队伍，为开创新时代工会工作新局面奠定坚实的组织基础具有重大的意义。

84. 工会章程修正案为什么在工会干部的作风建设中增写“增强群众意识和群众感情”的内容？

中国工会十七大通过的《中国工会章程（修正案）》在工会干部的作风建设中，增写“增强群众意识和群众感情”的内容，是彰显工会根本特点的迫切要求。党的十九大报告强调：“加强作风建设，必须紧紧围绕保持党同人民群众的血肉联系，增强群众观念和群众感情，不断厚植党执政的群众基础”，对新时代持之以恒地正风肃纪提出了明确要求。实践中，各级工会把群众路线作为工会工作的生命线和根本工作路线，锲而不舍地落实中央八项规定精神，着眼加强工会与职工群众的密切联系，按照增强“三性”、去除“四化”、做强基层、着力创新的思路，推进工会改革，加强作风建设，健全完善基层联系点、同职工结对子、代表联络、提案办理等常态化联系职工群众制度，面对面、心贴心、实打实做好职工群众工作，在转变作风上取得了明显成效。强调工会干部增强群众意识和群众感情，有利于广大工会干部践行党的群众路线，坚持以职工为中心的问题导向，切实履行好维护职工合法权益、竭诚服务职工群众的基本职责。

85. 如何发现培养和选拔优秀工会年轻干部?

中国工会十七大通过的《中国工会章程（修正案）》将第三十三条中“重视培养和选拔青年干部”修改为“重视发现培养和选拔优秀年轻干部”，有利于各级工会组织充分认识发现培养选拔优秀年轻干部工作的重大意义，切实增强责任感和紧迫感，做好优秀年轻干部的发现培养和选拔工作，为党的工运事业薪火相传、继往开来提供干部和人才保证。2018 年 6 月 29 日，中共中央政治局召开会议，审议《关于适应新时代要求大力发现培养选拔优秀年轻干部的意见》。会议强调，发现培养和选拔优秀年轻干部，是关系党的事业后继有人和国家长治久安的重大战略任务。7 月 3 日，习近平总书记在全国组织工作会议上强调，要做好新时代年轻干部工作，大力发现培养选拔优秀年轻干部，建设一支忠实贯彻新时代中国特色社会主义思想、符合新时期好干部标准、忠诚干净担当、数量充足、充满活力的高素质专业化年轻干部队伍。

在实践中，发现培养和选拔优秀年轻干部，要明确新时代党和人民事业需要什么样的接班人。优秀年轻干部必须对党忠诚，就是要坚决贯彻落实习近平新时代中国特色社会主义思想，强化“四个意识”、坚定“四个自信”、做到“四个服从”，坚决维护党中央权威和集中统一领导，始终在思想上政治上行动上同以习近平同志为核心的党中央保持高度一致。发现培养选拔优秀年轻干部，要全面贯彻党的十九大和十九届二中、三中全会精神，以习近平新时代中国特色社会主义思想为指导，紧紧围绕统筹推进“五位一体”总体布局和协调推进“四个全面”战略布局，落实好干部标准，遵循干部成长规律，按照拓宽来源、优化结构、改进方式、提高质量的要求，进一步创新理念、创新思路、创新模式，以大力发现培养为基础，以强化实践锻炼为重点，以确保选准用好为根本，以从严管理监督为保障，健全完善年轻干部选拔、培养、管理、使用环环相扣又统筹推进的全链条机制，形成高素质专业化年轻工会干部不断涌现的生动局面。

第七章　工会经费和资产

86. 工会经费的来源渠道主要有哪些?

中国工会十七大通过的《中国工会章程（修正案）》第三十六条明确规定了工会经费的五项来源。

（1）工会会员交纳的会费。作为工会会员，按月交纳会费是应尽的义务。工会会员会费交纳的标准是：工会会员应向工会组织交纳本人工资收入的0.5%的会费，工资尾数不足10元的不计为交会费的基数；无固定收入的会员，可按本人上月所得工资计算交纳会费；会员所得的各种奖金、津贴、稿费收入、补助费、救济费和退休金、退职金，均不计入交纳会费的基数。

（2）企业、事业单位、机关和其他社会组织按每月全部职工工资总额的百分之二向工会拨缴的经费或者建会筹备金。该项经费是我国各级工会组织最主要的经费来源，是国家通过法律规定，在国民收入的初次分配中提取部分费用直接拨缴给工会，是以立法形式维护工会权益的具体表现。工资总额是指各单位在一定时期内直接支付给本单位全部职工的劳动报酬总额。工资总额的计算原则应以直接支付给职工的全部劳动报酬为根据。各单位支付给职工的劳动报酬以及其他根据有关规定支付的工资，不论是计入成本的还是不计入成本的，只要是以货币形式支付的，均应列入工资总额的计算范围。单位以各种名义发放的现金和实物，只要属于劳动报酬性质并且现行统计制度未明确规定不统计为工资的都应作为工资统计。

（3）工会所属的企业、事业单位上缴的收入。根据《工会法》、全国总工会制定的《工会预算管理办法》和《基层工会经费收支管理办法》，工会在保证正常的工作活动，并且经费有结余的前提下，可用部分经费结余或实物开办为职工服务的“三产”或做投资经营。这些工会投资所取得的各项收益，用以弥补工会开展活动的经费不足，是工会经费来源的必要补充。以工会资产形成的收益应全额纳入预算进行核算，不得截留与坐支。

（4）人民政府和企业、事业单位、机关和其他社会组织的补助。依据《工会法》和《中国工会章程》有关规定，各级人民政府和企事业单位、机关和其他社会组织应当为同级工会办公和开展活动，提供必要的设施和活动场所等物质条件。在工会经费不足的情况下，各级人民政府和企事业单位、机关的补助是工会经费收入的补充来源。人民政府补助主要包括两项：一是给予开展大型活动的补助；二是应由政府开支，或由工会出面代为政府办理的，如基本建设项目、离退休人员费用、对劳模的表彰和困难救助的支出等。企业、事业单位、机关和其他社会组织的补助，主要是工会取得的所在单位行政方面按照《工会法》《中国工会章程》和国家的有关规定给予工会的补助款项。包括工会收到行政拨付的劳动竞赛经费、工会开展活动的费用补助等。

（5）其他收入。主要包括工会变卖财产收入、银行存款利息收入和个人、社团及海外捐助等。

87. 为什么工会章程修正案专门增写了工会经费使用条款?

中国工会十七大通过的《中国工会章程（修正案）》增写了第三十七条："工会经费主要用于为职工服务和开展工会活动。各级工会组织应坚持正确使用方向，加强预算管理，优化支出结构，开展监督检查。"

《工会法》和《中国工会章程》是指导工会财务工作的依据和规定。工会财务工作的任务主要是收好、管好、用好工会经费。管好用好工会经费，对于确保各项重点工作开展、增强工会服务职工工作物质基础、更好地发挥工会在党和国家工作大局中的作用，意义重大。

在工会经费使用方面，经费的使用方向、使用原则、使用标准、使用成效都备受各级工会高度关注。全国总工会先后两次印发《关于加强工会经费财务管理和审计监督切实管好用好工会经费的通知》和《关于加强工会财务管理、资产监督管理和经费审查审计监督的意见》，强调工会经费使用方面“量入为出、收支平衡，统筹兼顾、保证重点，真实合法、精细高效”的原则，遵守国家法规法纪，切实加强监督管理，防止工会经费出现“漏洞”“黑洞”，让工会经费真正为工会组织开展各项工作，特别是为工会重点工作提供财力保证。当前，一些工会预算管理意识较为淡薄，特别是一些基层工会年度经费收支没有预算，也没有履行必要的审批程序。各级工会要在强化全面预算管理上采取相应措施，研究制定相关管理办法，解决基层工会在经费使用方面的突出矛盾，推动全面预算管理。为此，工会章程修正案增加了专门条款，为各级工会加强工会经费管理提供基本遵循。

88. 如何规范基层工会经费收支管理?

为加强基层工会收支管理，规范基层工会经费使用，根据《中华人民共和国工会法》、《中国工会章程》、《工会会计制度》和《工会预算管理办法》的有关规定，结合中华全国总工会贯彻落实中央有关规定的相关要求，2017 年全总印发《基层工会经费收支管理办法》，对基层工会经费收支管理做出了明确规定，主要包括以下几个方面：

一是基层工会的经费使用应遵循的原则。遵纪守法原则、经费独立原则、预算管理原则、服务职工原则、勤俭节约原则、民主管理原则。

二是基层工会经费收入管理要求。基层工会应加强对各项经费收入的管理。按照会员工资性收入和规定的比例，按时收取全部会员应交的会费。严格按照国家统计局公布的职工工资总额口径和所在省级工会规定的分成比例，及时足额拨缴工会经费；实行财政划拨或委托税务代收部分工会经费的基层工会，应加强与本单位党政部门的沟通，依法足额落实基层工会按照省级工会确定的留成比例应当的留成经费。统筹安排行政补助收入，按照预算确定的用途开支，不得将与工会无关的经费以行政补助名义纳入账户管理。

三是基层工会经费支出管理要求。基层工会经费支出范围包括：职工活动支出、维权支出、业务支出、资本性支出、事业支出与其他支出。同时，在我国境内生产经营的企业必须遵守我国的法律、法规，履行为工会办公和开展活动提供必要物质条件的义务。全国总工会根据中央八项规定精神的要求，结合工会工作实际，明确规定了基层工会不准将工会经费用于服务职工群众和开展工会活动以外的开支的“八不准”要求，基层工会必须严格遵照执行：（1）不准使用工会经费购买购物卡、电子礼品卡、消费券等各种商业预付卡搞请客送礼等活动；（2）不准违反工会经费使用规定，滥发奖金、津贴、补贴；（3）不准使用工会经费从事高消费性娱乐和健身活动；（4）不准单位行政利用工会账户，违规设立“小金库”；（5）不准将工会账户并入单位行政账户，使工会经费开支失去控制；（6）不准截留、挪用工会经费；（7）不准用工会经费参与非法集资活动，或为非法集资活动提供经济担保；（8）不准用工会经费报销与工会活动无关的费用。

四是规范基层工会经费收支的财务管理要求。（1）基层工会组织要加强财务管理制度建设，健全基层工会组织要加强财务管理制度建设，健全完善财务报销、资产管理、资金使用等内部管理制度。（2）基层工会依法组织工会经费收入、严格控制工会经费支出。（3）基层工会组织要根据自身实际科学设置会计机构、合理配备会计人员，真实、完整、准确、及时地反映工会经费收支情况和财务管理状况。（4）基层工会根据国家和全国总工会的有关政策规定以及上级工会的要求，制订年度工会工作计划，依法、真实、完整、合理地编制工会经费年度预算，依法履行必要程序后报上级工会批准。严禁无预算、超预算使用工会经费。（5）基层工会要加强对本单位工会经费使用情况的内部会计监督和工会预算执行情况的审查审计监督，依法接受并主动配合国家审计监督。

89. 为什么工会章程修正案规定具备社团法人资格的工会应当依法独立设立经费账户？

中国工会十七大通过的《中国工会章程（修正案）》将原“具备社团法人资格的工会，可以设立独立经费账户”修改为“具备社团法人资格的工会，应当依法设立独立经费账户”。这是为加强工会经费管理，认真做好工会经费独立核算工作，根据《工会法》和中国人民银行的有关规定作出的修改。

中国人民银行下发的《关于规范人民币银行结算账户管理有关问题的通知》明确规定了各级工会组织凭社团法人登记证书开立基本存款账户。各级工会要根据此《通知》和《全国总工会办公厅关于依法做好工会经费独立核算工作的通知》的规定，督促所属各级工会，包括产业工会和各企业、行政事业等单位的基层工会依法取得工会法人资格证书，凭证书办理银行账户开户手续，实行工会经费独立核算。

依法取得社会团体法人资格，是单独开立银行账户的依据。根据《工会法》第十四条关于“中华全国总工会、地方总工会、产业工会具有社会团体法人资格。基层工会组织具备民法通则规定的法人条件的，依法取得社会团体法人资格”的规定，以及《最高人民法院关于产业工会、基层工会是否具备社团法人资格和工会经费集中户可否冻结划拨问题的批复》关于“产业工会社团法人资格的取得是由工会法直接规定的，依法不需要办理法人登记。基层工会只要符合《民法总则》、《工会法》和《中国工会章程》规定的条件，报上一级工会批准成立，即具有社团法人资格”的规定，各企业、行政事业等单位的基层工会应当按照中华全国总工会《基层工会法人资格登记办法》的要求，取得工会法人资格证书，并凭此办理银行账户开户手续，实行工会经费独立核算。产业工会办理银行账户开户手续过程中，确需提供工会法人证书的，可以向所在地地市级以上工会领取工会法人证书。

工会经费应当单独开户，独立进行核算。根据《工会法》第四十四条关于“工会应当根据经费独立原则，建立预算、决算和经费审查监督制度”和第四十六条关于“工会的财产、经费和国家拨给工会使用的不动产，任何组织和个人不得侵占、挪用和任意调拨”的规定，各基层工会应当根据经费独立原则，单独开户，独立进行核算，不允许与本单位机关财务或党团等其他组织财务合并账户集中核算，也不允许将工会财务纳入当地会计结算中心管理。凡已经合并或纳入的，应当予以纠正。

90. 工会资产形成的途径有哪些?

工会资产是指各级工会依法占有使用和管理的各种财产、债权和其他将会带来社会利益与经济利益的资源，包括各级总工会、产业工会和基层工会对工会企事业单位各种形式的投资、拨款所形成的资产和权益，政府拨付使用的不动产、专项资金补助以及社会各界对工会企事业单位捐赠形成的资产和权益。

依据《工会法》和《中国工会章程》的规定，我国工会资产主要是由党和政府拨付、工会投资以及社会各界捐赠转让形成的资产。具体说来，主要有以下三种途径。一是党和政府以及机关企事业单位通过无偿划拨和拨款形成的工会资产，包括房产、地产和其他固定资产。我国《工会法》明确规定，各级人民政府和企业、事业单位、机关应当为工会办公和开展活动，提供必要的设施和活动场所等物质条件。这是工会资产形成的主要来源。二是工会依靠自身力量投资形成的工会资产。各级工会为改善办公条件，发展壮大工会阵地，投资建设办公场所，积极发展工会企事业，形成大量的工会资产。三是工会企事业单位通过自我积累、自我发展形成的工会资产。

91. 怎样理解工会资产的性质和特征？

工会资产的形成决定了工会资产具有其自身的性质和特征。一是工会资产不同于国有资产和私有资产，具有一定的特殊性。党和政府拨付给工会或投资形成的工会资产是党和政府对工会的支持。由工会经费投入形成的工会资产也体现了党和政府对工会的支持。这是由我国坚持中国共产党的领导和社会主义制度决定的。工会资产与国家机关、企业、事业组织、社会团体由各级政府及其有关部门拨给经费、投资或提供不动产形成的国有资产以及劳动者共同出资形成的集体资产、私人独资形成的私有资产有着明显不同。二是工会资产的所有者是工会组织，具有一定的特定性。工会是党领导的职工自愿结合的工人阶级群众组织，是党联系职工群众的桥梁和纽带，是国家政权的重要社会支柱，是会员和职工利益的代表。工会组织依法占用使用和管理工会资产，其主要目的是为了更好地行使权利和履行义务。三是工会资产由工会组织依法监督管理，具有一定的自主性。工会资产是工会事业的重要组成部分。工会根据国家有关法律和《中国工会章程》的规定，对工会资产行使监督管理的权利。工会资产的管理和使用办法由中华全国总工会制定。各级工会定期向会员代表大会和上级工会报告资产管理情况，并接受上级和同级工会经费审查委员会审查监督。

92. 为什么工会章程修正案明确规定各级工会依法依规监督、管理工会资产?

中国工会十七大通过的《中国工会章程（修正案）》第三十九条规定："各级工会依法依规加强对工会资产的监督、管理。"这对于明确工会资产的特殊属性，进一步落实工会资产监管的主体责任，保护工会资产不受损害，具有十分重要的意义。

一是依法依规监督管理工会资产，有利于突出工会资产的公益性服务性。《公共文化服务保障法》《公共文化体育设施条例》等法律法规对工人文化宫、职工书屋、工人体育场馆的公益性服务职能做出了明确规定。全总《关于加强和规范工人文化宫管理的意见》《关于加强和规范工人疗休养院管理的意见》明确提出，工人文化宫、工人疗休养院要"回归公益、聚焦主业、自主经营、依法监管"。《中国工会章程》也强调，工会兴办的企业、事业，坚持公益性服务性，坚持为改革开放和发展社会生产力服务，为职工群众服务，为推进工运事业服务。依法依规监管工会资产，首先就是要明确工会资产服务职工的正确方向，强化公益属性，发挥阵地作用，真正为广大职工做实事、办好事、解难事。

二是依法依规监督管理工会资产，有利于强化各级工会监管工会资产的主体责任。《中国工会章程》明确规定，实行“统一所有、分级监管、单位使用”的资产监管体制。因此，各级工会承担保护工会资产不受损害、促进工会资产保值增值的主体责任，并对工会资产实行统一归口监管，设立或明确工会资产监管机构，履行出资人职责。

三是依法依规监督管理工会资产，有利于加强工会资产产权保护。《物权法》规定：“社会团体依法所有的不动产和动产，受法律保护。”《工会法》规定：“各级人民政府和企业、事业单位、机关应当为工会办公和开展活动，提供必要的设施和活动场所等物质条件”，“工会的财产、经费和国家拨给工会使用的不动产，任何组织和个人不得侵占、挪用和任意调拨”，“工会所属的为职工服务的企业、事业单位，其隶属关系不得随意改变”。《中国工会章程》规定，中华全国总工会对各级工会的资产拥有终极所有权，并对工会资产的产权保护做出了明确规定。我国法律法规和《中国工会章程》关于工会资产的规定，为依法依规监管工会资产提供了法律和制度保障。为了保护工会资产不受损害，突出工会资产的特殊属性，进一步强化对工会资产的监督管理责任，《中国工会章程》明确，各级工会依法依规加强对工会资产的监督、管理。

93. 怎样落实工会的资产监督管理体制?

中国工会十七大通过的《中国工会章程（修正案）》第三十九条规定，实行“统一所有、分级监管、单位使用”的资产监管体制。“统一所有”明确了工会资产监督管理的权力主体。根据《工会法》和《中国工会章程》规定，各级工会的资产归工会统一所有，全国总工会对全国各级工会资产拥有终极所有权。“分级监管”明确了工会资产监督管理的责任主体，各级工会既要监管好本级工会资产，履行好出资人职责，发挥本级企事业引领示范作用；又要管好辖区内工会资产工作，加强对下级工会资产监管工作的领导与指导，做好资产统计、资产处置、产权登记等产权管理工作，推进辖区内工会企事业改革发展。“单位使用”明确了工会资产的运用主体。工会资产存在于工会组织和工会企事业单位之中，作为工会组织和工会企事业单位的法人财产存在。落实好工会的资产监督管理体制需要做到以下几个方面。

一是坚持组织到位与职责到位的统一。各级工会要按照全国总工会的要求，加强工会资产监管机构建设，明确工会资产责任部门和监管职责，实现工会资产出资人到位。省级总工会和中心城市总工会应成立资产监督管理部门。工会资产监管机构的主要职责是对工会行政资产和企事业资产进行统一归口管理，实现监管范围全覆盖；对工会资产配置、产权登记、资产使用、资产收益、资产处置等关键环节进行全过程监督；对工会企事业发展改革工作进行指导。

二是坚持统一监管与分类监管的统一。要坚持实事求是的原则，正确处理统一监管与分类监管的关系，实施科学的监管方式方法。统一监管是基础，包括监管范围（行政性资产与经营性资产）全覆盖、监管单位（事业、企业、社团、协会、学会、基金会）全覆盖、监管流程（资产配置、使用、收益、处置）全覆盖。分类监管是关键，对行政类资产、公益一类事业单位资产、公益二类事业单位资产、生产经营类事业单位和企业资产，要实行不同的监管制度和方式。

三是坚持制定制度与执行制度的统一。适应工会资产工作的需要，全国总工会制定了一系列规章制度，基本形成了工会资产工作制度体系的基本框架。各地工会贯彻落实全国总工会制定的各项制度，从自身实际出发，制定了相应的工会资产监督管理制度，从而为工会资产工作的开展提供了基本遵循。要牢固树立制度意识，健全学习宣传制度机制，完善制度执行程序，严格制度落实责任，切实把制订的各项制度落到实处。

四是坚持监督检查与强化问责的统一。一方面，要把监督检查工作经常化、制度化，定期开展工会资产工作监督检查工作，发现问题及时整改。另一方面，对造成工会资产损失的单位和个人要依照有关制度追究相应责任，推动形成一级抓一级、层层抓落实的局面。

94. 工会章程修正案对工会经费审查监督体制作了哪些调整?

中国工会十七大通过的《中国工会章程（修正案)》第三十九条规定“统一领导、分级管理、分级负责、下审一级”的经费审查监督体制，在原有实行“统一领导、分级管理、分级负责”的基础上增加了“下审一级”的内容。

《中国工会审计条例》规定，“工会审计实行统一领导、分级管理、分级负责、下审一级的工作体制”。在这次《中国工会章程》修改过程中，吸收《中国工会审计条例》的有关内容，使有关规定相一致。同时，目前各级工会都已普遍开展了对下一级工会的审查监督工作，根据各地反映情况看，对下一级工会进行审查监督权威性较强，监督效果较好，在维护财经法纪、确保工会经费安全完整等方面发挥了重要作用。

95. 为什么说中华全国总工会对各级工会的资产拥有终极所有权?

根据《工会法》和《中国工会章程（修正案)》规定，各级工会的资产归工会统一所有，中华全国总工会对全国各级工会资产拥有终极所有权。中华全国总工会终极所有权是指中华全国总工会是全国各级工会资产的终极所有者，其权利主要体现在三个方面：一是中华全国总工会制定工会资产工作的方针政策和规章制度，指导和规范全国各级工会资产监督管理和工会企事业改革发展工作。二是地方和基层工会以及产业工会执行中华全国总工会制定的工会资产工作方针政策和规章制度，其资产工作接受全国总工会的领导和监督。三是中华全国总工会保留对全国各级工会资产的最终处置权。必要时有权对全国工会资产统一配置和处置。

《中国工会章程》明确全国总工会对各级工会的资产拥有终极所有权，更多的是从维护工会组织的团结统一、保护工会资产不流失的角度考虑的，这并不意味着各级工会对所属工会资产不享有产权。实际上，工会资产的产权是由各所属工会管理的，工会资产的使用权、管理权和收益权是由所属工会执行的。各级工会应当加强对工会资产的监督管理，依法保护工会资产不受损害，促进工会资产保值增值。要重视本级工会资产监督管理机构建设，充分发挥其作用。要加强对所属工会企事业单位资产监督管理工作，大力推动工会企事业改革发展，使工会资产不断发展壮大。

终极所有权的实现形式包括如下方面。在组织机构建设方面，全国总工会成立资产监督管理部，负责全国工会资产监督管理和工会企事业改革发展工作。各地工会按照全国总工会要求，建立健全工会资产监督管理机构，为做好工会资产监督管理工作提供了可靠组织保证。在工作方面，全总书记处授权资产监督管理部对全国各级工会占有使用的行政性资产、事业性资产和企业资产实行统一监督管理。对各级工会举办的工会企事业的资产管理、经营管理和发展改革进行宏观管理和指导。在制度建设方面，制定和完善工会资产工作制度体系，明确了工会资产“统一所有、分级监管、单位使用”的监管原则，将全总对各级工会的资产拥有终极所有权作了制度性安排；明确了工会资产工作的职责，即对工会资产负有监督管理职责，对本级工会企事业行使出资人职责，行使工会资产使用、经营处置事项审核审批权；明确了工会企事业改革发展的指导思想、目标任务、结构布局、基本思路和保障措施。

96. 工会资产如何受法律保护?

中国工会十七大通过的《中国工会章程（修正案)》第四十一条规定:“工会经费、资产和国家及企业、事业单位等拨给工会的不动产和拨付资金形成的资产受法律保护，任何单位和个人不得侵占、挪用和任意调拨；不经批准，不得改变工会所属企业、事业单位的隶属关系和产权关系。”《物权法》《工会法》《公共文化服务保障法》《公共文化体育设施条例》等法律制度对工会资产也提供了强有力的保护，主要包括四个方面的内容:

一是明确了工会资产的性质和产权归属。工会作为工人阶级的群众组织，工会资产是其成为社团法人的重要条件，而工会企事业资产作为工会资产的重要组成部分，是工运事业发展的重要物质基础。《民法通则》规定，任何社团法人必须拥有“必要的财产或者经费”，以使社团承担民事责任。《工会法》把工会所属的企业、事业单位上缴收入，作为工会经费的重要来源之一。《物权法》规定：“社会团体依法所有的不动产和动产，受法律保护。”《中国工会章程》规定：“工会资产是社会团体资产，中华全国总工会对各级工会的资产拥有终极所有权。”这些规定为最大限度地维护工会资产安全完整提供了法律武器和政策依据。

二是明确了工会资产不得被侵占、挪用和任意调拨。《中共中央关于加强和改进党的群团工作的意见》规定，“规范群团组织资产管理使用制度，任何组织和个人不得侵占、挪用或任意调拨群团组织资产”。《工会法》规定：“工会的财产、经费和国家拨给工会使用的不动产，任何组织和个人不得侵占、挪用和任意调拨。”《中国工会章程》规定：“工会经费、资产和国家及企业、事业单位等拨给工会的不动产和拨付资金形成的资产受法律保护，任何单位和个人不得侵占、挪用和任意调拨。”工会资产的终极所有权属于中华全国总工会，工会资产的使用和处置需要按照《工会行政事业性资产管理办法》等规定执行，特别涉及土地、房屋等不动产的处置要严格履行审批程序。

三是明确了工会所属的两类资产的特殊保护。第一类是对工会所属公共文化体育设施的特殊保护。依照法律规定，工人文化宫、职工书屋、工人体育场馆属于国家公共文化体育设施，其资产和用途受法律严格保护，拆迁时应按照《公共文化服务保障法》《公共文化体育设施条例》等法律规定的条件进行重建、改建。第二类是对工会所属的工人疗休养院的特殊保护。《中华人民共和国物权法》规定：“依法取得的探矿权、采矿权、取水权和使用水域、滩涂从事养殖、捕捞的权利受法律保护。”部分工人疗休养院对温泉开采和使用的资格和权利，属于探矿权、采矿权的范畴，受物权法的保护。

四是明确了不得随意改变工会所属企业、事业单位的产权关系和隶属关系。《工会法》规定：“工会所属的为职工服务的企业、事业单位，其隶属关系不得随意改变。”《中国工会章程》更进一步规定：“不经批准，不得改变工会所属企业、事业单位的隶属关系和产权关系。”在不得随意改变工会企事业单位的行政隶属关系的基础上，增加了“产权关系”的内容，进一步明确经济上的产权关系也不得随意改变，更有利地保护了工会资产不流失。

97. 工会组织合并、撤销或者解散后的工会资产如何处理？

中国工会十七大通过的《中国工会章程（修正案）》第四十一条规定：“工会组织合并，其经费资产归合并后的工会所有；工会组织撤销或者解散，其经费资产由上级工会处置。”《中国工会章程（修正案）》第三十九条规定：“工会经费、资产管理和使用办法……由中华全国总工会制定。”全国总工会制定了《工会行政事业性资产管理办法》，对工会组织合并、撤销、解散后的资产如何处理有明确规定。

一是做好资产评估和清查盘点工作。《工会行政事业性资产管理办法》规定，工会行政事业单位有合并、分立、清算情形之一的，应当对相关资产进行评估。根据该规定，工会组织合并、撤销、解散，都应当委托具有资产评估资质的评估机构进行资产评估。同时，资产划出方要先冻结相关资产，盘点各类资产，核对资产账簿，编制账册目录，并做好资产清查和划转准备工作。

二是履行报批程序。《工会行政事业性资产管理办法》规定，因规划及单位分立、撤销、合并、改制、隶属关系改变等原因引起的产权或者使用权转移的资产，属于资产处置的范围，应按规定履行相应的报批程序。工会组织合并、撤销、解散的，其资产的产权或者使用权发生了转移，需要根据处置行为的性质不同，履行相应的报批程序。不涉及工会资产与工会系统以外单位进行产权或使用权转移的，主管工会提出具体审核意见，报送上级工会，由上一级工会根据审批权限进行审批或上报。涉及对工会占有和使用的土地以及连同地面附着的房屋建筑物一并与工会系统以外单位进行使用权或产权转让、置换的，需报全总审批。

三是做好产权登记。根据《工会行政事业性资产管理办法》的规定，接收工会资产的工会组织一方应开展资产清查，及时编制资产报表和资产账册目录，并向政府部门申请办理房屋建筑物所有权和土地使用权登记，取得权属证书后向上级工会资产管理部门进行申报，由全总核发《工会资产产权登记证》。新设立的单位，办理工会资产占有产权登记；发生分立、合并、部分改制，以及隶属关系、单位名称、住所和单位负责人等产权登记内容发生变化的单位，办理变更产权登记；因依法撤销或者整体改制等原因被清算、注销的单位，办理注销产权登记。

第八章　会　徽

98. 工会会徽的图案及其含义?

中国工会十七大通过的《中国工会章程（修正案）》第四十二条规定：“中国工会会徽，选用汉字‘中’、‘工’两字，经艺术造型呈圆形重叠组成，并在两字外加一圆线，象征中国工会和中国工人阶级的团结统一。”中国工会会徽采用象征性的图标和文本，以汉字“中”、“工”作为核心创意，标志着中国工会和中国工人阶级。两字外加一圆线，体现了中国工会和中国工人阶级的团结统一。

1986年中华全国总工会向全国征集中国工会会徽，得到了全国各地工会组织及广大工会会员的热情支持和积极参与，经广泛征求全国各民族意愿和各方面专家意见，在海选第一名河北省唐山劳动日报社美术编辑赵锡复设计标识的基础上，形成了中国工会会徽，充分体现了群众性、民主性和广泛性。中国工会会徽，自1998年在北京人民大会堂召开的中国工会十三大首次悬挂起，就一直以清晰的识别特征和明快的视觉形象传达出中国工会的内涵。在中国共产党的领导下，坚持和发展中国工人阶级队伍和工会组织的团结统一，发挥工人阶级的整体力量，是中国工会的特点和优势，是中国工人运动、工会事业的发展规律，是在新的历史起点上，高举中国特色社会主义伟大旗帜，坚定不移地走中国特色社会主义工会发展道路的基本保证。

99. 工会会徽的制作有哪些具体的标准要求？

中国工会十七大通过的《中国工会章程（修正案）》第四十二条规定：“会徽的制作标准，由中华全国总工会规定。”中国工会会徽是工会的标志和象征，具有严肃性和统一性。正确使用会徽，可以增强中国工会的凝聚力和影响力，增强会员的认同感、光荣感、使命感。近年来，在一些工会办公地点、活动场所、会议场地、出版物、微信公众号等使用中国工会会徽的过程中，存在认识模糊，使用不规范的现象。为保持中国工会会徽的规范化和标准化，1993 年 11 月 18 日，全国总工会办公厅印发《关于中国工会会徽制作等有关问题的通知》，对会徽的制作标准予以明确。其中规定，中国工会会徽为圆形，红色底，选用“中”、“工”两字组成金色主体图案。佩戴徽章的规格为：直径 20 毫米，金色“中”、“工”图案的线条宽度为 1.4 毫米，其他部分尺寸按所附图形规格为准。工会办公地点、活动场所、会议场地悬挂的会徽以及纪念品、办公用品上的会徽标志，可根据佩戴徽章的比例放大，颜色仍按本通知的规定执行。因此，各级工会组织应统一使用中国工会会徽，不得另用其他标志或图案，不得更改图案、文字和颜色。《关于中国工会会徽制作等有关问题的通知》还规定，作为徽章佩戴的中国工会会徽由全国总工会指定定点厂家统一制作。各级工会组织所需会徽请与全国总工会办公厅联系。对某些厂家擅自以全国总工会名义自行制作者，各级工会发现后应及时予以制止。

100. 工会会徽的使用范围是如何规定的?

中国工会十七大通过的《中国工会章程（修正案）》第四十三条对中国工会会徽的使用范围作出规定：“中国工会会徽，可在工会办公地点、活动场所、会议场地悬挂，可作为纪念品、办公用品上的工会标志，也可以作为徽章佩戴。”由此可见，会徽不得用于商标、商业广告、日常生活的陈设布置等不适于使用的场合。

第三部分　专题解读

学习宣传章程　贯彻落实章程
努力开创新时代工会工作新局面

全总《中国工会章程》修改小组

中国工会第十七次全国代表大会对中国工会章程进行了修改，通过了《中国工会章程（修正案）》。工会章程修改工作以习近平新时代中国特色社会主义思想为指导，深入贯彻党的十九大精神，将中国工会十六大以来工会工作和工会改革取得的理论创新、实践创新和制度创新成果高度凝练，集中体现在章程中，转化为全会共同意志和根本遵循。深入学习宣传章程，贯彻落实章程，依法依章程开展工作，对于开创新时代工会工作新局面具有重大现实意义和深远历史意义。

一、深刻理解把握修改工会章程的重大意义

中国工会历来高度重视制定和完善工会章程。第一次全国劳动大会通过了《全国总工会组织原则案》，第二次全国劳动大会就制定了第一部工会章程《中华全国总工会总章》，自第六次全国劳动大会起，历次工会全国代表大会均及时根据工运事业的创新发展，对工会章程作出不同程度的修改和完善。工会章程的修改历程，是中国工会不断总结经验的过程，是提出正确的理论和规范统一全会思想的过程，也是中国工运事业蓬勃发展的缩影。进入新时代，站在新的历史起点上，对工会章程进行适当修改，实现了中国工会章程又一次与时俱进，是中

国工会章程发展史上的重要里程碑。

（一）修改工会章程是深入学习贯彻习近平新时代中国特色社会主义思想的重大举措。

习近平新时代中国特色社会主义思想，是全党全国各族人民为实现中华民族伟大复兴而奋斗的行动指南，是各级工会组织和广大工会干部的强大思想武器。在领导党的工运事业和工会工作的实践中，习近平总书记围绕工人阶级和工会工作多次作出重要指示，形成了习近平总书记关于工人阶级和工会工作的重要论述。这一重要论述，是习近平新时代中国特色社会主义思想的重要组成部分，为新时代工会工作提供了坚实的理论基础、强大的思想动力，也开辟了党的工运事业新境界。以习近平新时代中国特色社会主义思想为指导修改中国工会章程，是中国工会深入学习贯彻落实习近平新时代中国特色社会主义思想的重大举措，有利于各级工会组织增强“四个意识”，坚定“四个自信”，坚决维护习近平总书记党中央的核心、全党的核心地位，坚决维护党中央权威和集中统一领导，在思想上政治上行动上同以习近平同志为核心的党中央保持高度一致，立足新时代中国特色社会主义的新方位、社会主要矛盾的新变化、共建共治共享社会治理的新格局、全面深化改革的新阶段，把握工会组织新使命、新目标、新要求，坚持和发展中国特色社会主义工会发展道路，团结带领广大职工群众进行伟大斗争、建设伟大工程、推进伟大事业、实现伟大梦想。

（二）修改工会章程是推进新时代党的工运事业发展的题中应有之义。

党的十九大作出了中国特色社会主义进入新时代、我国社会主要矛盾已经转化为人民日益增长的美好生活需要和不平衡不充分的发展之间的矛盾等重大政治论断，深刻阐述了新时代中国特色社会主义的历史使命，开启全面建设社会主义现代化国家的新征程。党的十九大赋予了工会组织新的历史使命。中国工会是中国共产党领导的职工自愿结合的工人阶级群众组织，是国家政权的重要社会支柱，工会的性质决定了它的历史地位和作用。中国工会从诞生起就将自己的道路选择与党的事业紧密联系在一起，将自己的事业作为党的事业的重要组成部分，与党的事业同呼吸共命运。党的十九大确立的党团结带领全国各族人民在新时代坚持和发展中国特色社会主义的政治宣言和行动纲领是工会的行为准则和行动指南。工会章程修正案对照党章、宪法的修改，把党和国家关于建设中国特色社会主义的新思想、新战略、新部署写入章程，是新时代落实党对工会工作新要求的具体举措，是推进新时代党的工运事业发展的题中应有之义，从而使各级工会和工会干部更加紧密地团结在以习近平同志为核心的党中央周围，立足新时代中国特色社会主义新方位，团结带领广大职工群众坚定不移跟党走，为实现党的十九大描绘的宏伟蓝图贡献力量。

（三）修改工会章程是汇聚全会创新成果和集体智慧的高度凝练。

中国工会十六大以来的五年，全国亿万职工在以习近平同志为核心的党中央坚强领导下，以高度的主人翁责任感和历史使命感，为推进中国特色社会主义伟大事业取得历史性成就作出了不可磨灭的贡献。各级工会坚持以习近平新时代中国特色社会主义思想为指导，坚持走中国特色社会主义工会发展道路，把握为实现中华民族伟大复兴的中国梦而奋斗的工人运动时代主题，切实加强对职工的思想政治引领，大力弘扬劳模精神、劳动精神、工匠精神，扎实推进产业工人队伍建设改革，深入开展维权服务工作，紧紧围绕增强“三性”、去除“四化”、做强基层、着力创新的总体思路，在建机制、强功能、增实效上下功夫，有力有序推进改革创新，推动建设一支有理想守信念、懂技术会创新、敢担当讲奉献的宏大的产业工人队伍，取得了重要成就。将中国工会十六大以来工会工作和工会改革取得的鲜活经验和创新成果，写入中国工会章程，有利于加强工人阶级队伍建设，把工会工作真正深入到工人阶级中去，保持和增强工会组织和工会工作的政治性、先进性、群众性，坚持以职工为中心的工作导向，进一步增强广大职工的获得感、幸福感、安全感，把工会组织建设得更加充满活力、更加坚强有力，在新的历史起点上开创工会工作新局面。

二、工会章程修改工作基本情况

（一）工会章程修改工作的鲜明特点。

坚持党的领导、充分发扬民主，集中全会智慧、突出改革创新，是这次工会章程修改工作的鲜明特点。

坚持党的领导是做好工会章程修改工作的首要政治要求。在章程修改过程中，全总《中国工会章程》修改小组认真学习贯彻习近平新时代中国特色社会主义思想和党的十九大精神，学习贯彻习近平总书记关于工人阶级和工会工作的重要论述，贯彻落实中央党的群团工作会议精神，按照党章、宪法修改的精神对工会章程进行适当修改，坚持政治方向，把握正确原则，确保将党的意志和主张贯彻落实到章程修改工作中。这次章程修改工作，广泛征求各方面意见，凝聚了全会共识，体现了全会意志，充分体现了党中央对工人阶级和工会工作的高度重视，充分反映了全会近年来改革创新的成果，是工会坚持党的领导、充分发扬民主，集中全会智慧、突出改革创新的一次生动实践。

（二）工会章程修改把握的总体要求和基本原则。

在工会章程修改过程中，始终坚持以马克思列宁主义、毛泽东思想、邓小平理论、“三个代表”重要思想、科学发展观、习近平新时代中国特色社会主义思想为指导，深入学习贯彻党的十九大和十九届二中、三中全会精神，贯彻落实习近平总书记关于工人阶级和工会工作的重要论述，贯彻落实中央党的群团工作会议精神，充分体现党的十九大确立的重大理论观点、重大战略思想和实践成果，充分体现党的十八大以来党中央对工人阶级和工会工作的重要要求，充分体现中国工会十六大以来在以习近平同志为核心的党中央坚强领导下，工会工作和工会改革取得的理论创新、实践创新和制度创新成果，努力为加强工会组织建设、深入创新发展，开创新时代工会工作新局面提供科学有力的遵循和指导。

章程修改过程中具体把握了以下原则。一是突出政治性。根据党的十九大通过的《中国共产党章程（修正案）》精神，以习近平新时代中国特色社会主义思想为指导，贯彻落实习近平总书记关于工人阶级和工会工作的重要论述，坚持党对工会工作的领导，确保正确政治方向。二是体现权威性。依据十三届全国人大一次会议通过的《中华人民共和国宪法修正案》，按照《中华人民共和国工会法》的有关规定要求，保持工会章程作为中国工会规章性文件和处理内部事务基本准则的严肃性和权威性。三是注重群众性。深入调研论证，广泛征求意见，充分发扬民主，集中全会智慧，尊重基层首创精神，反映基层工会和职工群众创造的新鲜经验。四是把握规律性。着眼新时代赋予工会组织和工会工作的新任务新要求，坚持问题导向，坚持改革创新，力求把工会工作的规律性特点和前瞻性要求体现到工会章程中。五是保持稳定性。本着可改可不改的不改，需要改的准确改好，不作大的修改的原则，对在工会工作实践中已经成熟的工作、制度等内容作适当增加，保持工会章程的连续性和稳定性。

（三）工会章程修改的主要过程。

党中央高度重视《中国工会章程》修改工作。中共中央政治局常委、中央书记处书记王沪宁多次作出重要指示，对如何筹备好工会十七大特别是修改好工会章程提出明确要求。2018年9月7日，中央书记处办公会议听取全总党组关于工会十七大筹备工作情况的汇报，与会中央领导同志对《中国工会章程（修正案）》给予肯定，并提出修改意见。王沪宁同志作了总结讲话，对工会章程修改作出具体指示，提出明确要求。

在全国人大常委会副委员长、中华全国总工会主席王东明的高度重视和领导下，在全总党组书记、副主席、书记处第一书记李玉赋的直接带领下，全总党组、书记处把修改工会章程作为重要的政治任务来抓，确保各项工作有序推进。2018年4月，经全总书记处会议研究，成立了全总《中国工会章程》修改小组，并下发《关于认真做好〈中国工会章程〉修改工作的通知》。在章程修改过程中，全总书记处多次召开会议，研究审议《中国工会章程（修正案）》，对修改工作和修改内容提出了明确要求。全总党组、书记处各位领导同志都认真提出了修改意见。

全总《中国工会章程》修改小组在认真做好各项准备工作的基础上，分4个组分赴14个省（区、市），深入22个城市开展专题调研，召开42场座谈会，听取近1000余名各层各类工会干部和一线职工群众的意见建议。各省级工会高度重视，组织专门力量，采取召开座谈会等形式，广泛征求意见建议，并向全总报送了调研报告、修改稿及说明。经过认真汇总梳理，各地各单位共提出意见建议683条。

在调研论证、听取意见的基础上，全总《中国工会章程》修改小组起草了《中国工会章程（修正案）（征求意见稿）》，先后召开一系列不同层次、不同类别工会干部、一线职工和专家学者参加的座谈会、研讨会、论证会，广泛征求各方面意见建议，并以电文形式征求各省（区、市）总工会，各全国产业工会，中央和国家机关工会联合会筹备组，全总各部门、各直属单位的意见建议，还专门征求了中央组织部、中央编办、共青团中央、全国妇联等有关单位的意见建议，章程修改小组进行修改后，形成了报请中央书记处的《中国工会章程（修正案）（送审稿）》。

全总党组、书记处认真贯彻落实9月7日中央书记处办公会议精神，特别是王沪宁同志的重要讲话精神，对工会章程作了进一步修改。9月19日至20日，全总召开十六届十七次主席会议、十八次主席团会议、九次执委会议，传达学习中央书记处重要指示精神，组织与会同志对《中国工会章程（修正案）》进行了认真讨论，根据提出的意见建议，王东明、李玉赋同志带领全总《中国工会章程》修改小组，对工会章程作了进一步修改完善。会议审议并原则通过了《中国工会章程（修正案）》，决定提交中国工会第十七次全国代表大会审议。

中国工会十七大期间，全体代表对工会章程修正案进行认真讨论和审议，提出一些修改意见。全总《中国工会章程》修改小组综合这些意见，进行了适当修改。10月26日，大会全体会议一致通过《中国工会章程（修正案）》，并通过了《关于〈中国工会章程（修正案）〉的决议》。大会要求，各级工会组织和广大工会会员增强政治意识、大局意识、核心意识、看齐意识，坚定道路自信、理论自信、制度自信、文化自信，坚决维护习近平总书记党中央的核心、全党的核心地位，坚决维护党中央权威和集中统一领导，在思想上政治上行动上同以习近平同志为核心的党中央保持高度一致，高举习近平新时代中国特色社会主义思想伟大旗帜，更加自觉地学习章程、遵守章程、贯彻章程、维护章程，加强自身建设、履行使命担当，凝心聚力、开拓进取，为决胜全面建成小康社会、夺取新时代中国特色社会主义伟大胜利、实现中华民族伟大复兴的中国梦不懈奋斗！

三、工会章程修改的主要内容和基本依据

（一）总则部分。

一是把习近平新时代中国特色社会主义思想确立为中国工会指导思想。在这次工会章程修改征求意见过程中，各级工会组织和广大会员一致建议，将习近平新时代中国特色社会主义思想写入工会章程，作为中国工会必须长期坚持的指导思想。工会章程修正案采纳了这项建议，将习近平新时代中国特色社会主义思想与马克思列宁主义、毛泽东思想、邓小平理论、“三个代表”重要思想、科学发展观一道，确立为中国工会的指导思想。作这样的修改，是中国工会坚持以习近平新时代中国特色社会主义思想为指导，坚决维护习近平总书记党中央的核心、全党的核心地位，坚决维护党中央权威和集中统一领导，在政治立场、政治方向、政治原则、政治道路上同以习近平同志为核心的党中央保持高度一致的根本举措，是中国工会坚持自觉接受中国共产党的领导，坚定不移走中国特色社会主义工会发展道路，确保工会工作正确政治方向的政治要求，是中国工会积极适应新时代赋予工会组织和工会工作新任务新要求，开创新时代工会工作新局面的基本遵循和科学指针，充分反映了工会干部和广大职工群众的热切期盼和共同心声。同时，为深入学习贯彻习近平新时代中国特色社会主义思想，在学懂弄通做

实上下功夫，在第四条会员的义务和第三十二条工会干部的基本任务中，增写了学习贯彻“习近平新时代中国特色社会主义思想”的内容。

二是深入学习贯彻习近平总书记关于工人阶级和工会工作的重要论述。习近平总书记在领导党的工运事业和工会工作的实践中，深刻阐明了工会工作的地位作用、时代主题、发展道路、目标任务、根本保证，科学回答了工人阶级和工会工作的一系列方向性、根本性、战略性重大问题，形成了习近平总书记关于工人阶级和工会工作的重要论述。这些重要论述把党对工运事业和工会工作的规律性认识提升到一个新高度，是对马克思主义劳动学说和工运学说的继承和升华，是习近平新时代中国特色社会主义思想的重要组成部分，是新时代工运事业和工会工作创新发展的理论指导和行动指南。工会章程修正案在总则第三自然段进一步明确工人阶级的地位性质，增写工人阶级“是中国共产党最坚实最可靠的阶级基础”的内容。在总则原第五自然段，增写中国工会“把握为实现中华民族伟大复兴的中国梦而奋斗的工人运动时代主题”“弘扬劳模精神、劳动精神、工匠精神”的内容。作这样的修改，有利于各级工会深刻领会和切实践行习近平总书记关于工人阶级和工会工作的重要论述，立足新时代中国特色社会主义的新方位、社会主要矛盾的新变化、共建共治共享社会治理的新格局、全面深化改革的新阶段，把握工会组织新使命、新目标、新要求，在工会各项工作中全面体现、全面落实，形成新的生动实践。

三是强调工会坚持党的领导。在此次工会章程修改征求意见过程中，广大会员和工会干部一致认为，应在章程中更鲜明体现“坚持党的领导”这一根本政治原则。工会章程修正案采纳这条建议，在总则第三自然段后增写了一个自然段，明确中国工会坚持的政治原则和承担的政治责任，表述为：中国工会坚持自觉接受中国共产党的领导，承担团结引导职工群众听党话、跟党走的政治责任，巩固和扩大党执政的阶级基础和群众基础。作这样的修改，有利于进一步突显中国工会的政治性，提升开展工作的政治站位，强化履行职责的政治责任，树立衡量工作的政治标准，更好地履行党中央交给工会的政治任务，更好地把党的领导贯彻落实到工会工作的各方面全过程。

四是贯彻落实新时代党的建设总要求。工会章程修正案在总则最后增写一个自然段，表述为：中国工会落实新时代党的建设总要求，以党的政治建设为统领，全面加强党的建设，增强政治意识、大局意识、核心意识、看齐意识，坚定道路自信、理论自信、制度自信、文化自信，坚决维护习近平总书记党中央的核心、全党的核心地位，坚决维护党中央权威和集中统一领导，在思想上政治上行动上同以习近平同志为核心的党中央保持高度一致。增写这一自然段，对于贯彻落实党中央关于全面加强党的建设总要求，加强工会系统党的建设具有重要意义，是保持和增强工会组织和工会工作政治性、先进性、群众性的重要举措，为推进工会工作创新发展、开创新时代工会工作新局面提供坚强的政治保证，有利于各级工会认真贯彻新时代党的建设总要求，坚持以党的政治建设为统领，从严从实加强工会系统党的各项建设，全面履行管党治党政治责任，推动工会系统全面从严治党向纵深发展，把全总机关和各级工会党组织建设得更加充满活力、更加坚强有力。

五是充分体现中国工会十六大以来在加强维权服务方面取得的理论创新、制度创新、实践创新成果，工会章程修正案在中国工会的基本职责中增写了“竭诚服务职工群众”，同时，明确了中国工会以忠诚党的事业、竭诚服务职工为己任。2001

年修订颁布的《工会法》首次明确提出，维护职工合法权益是工会的基本职责。2003 年中国工会十四大对工会章程进行修改，把维护、建设、参与、教育四项社会职能中的维护职能突出出来，在总则中明确提出中国工会的基本职责是维护职工合法权益，为各级工会突出主责主业，履行工会职责，树立了导向、提供了依据。党的十九大把习近平新时代中国特色社会主义思想确立为党的指导思想，这一思想坚持以人民为中心，一切为了人民、一切依靠人民，体现了中国共产党人为人民谋幸福、为民族谋复兴的初心和使命，实现人民对美好生活向往的奋斗目标，彰显了以人为本、人民至上的价值取向，立党为公、执政为民，践行全心全意为人民服务根本宗旨的执政理念。党的十八大以来，习近平总书记多次强调指出，要把竭诚为职工群众服务作为工会一切工作的出发点和落脚点，坚持把群众路线作为工会工作的生命线和根本工作路线，着力强化服务意识、提高维权能力。各级工会深入学习贯彻习近平总书记关于工人阶级和工会工作的重要论述，高举维护职工合法权益的旗帜，把竭诚服务职工群众作为工会一切工作的出发点和落脚点，协助党委和政府做好职工转岗安置、就业培训、创业带动就业等工作，积极参与涉及职工利益法律法规政策的制定修改，推动平等协商和集体合同扩面提质增效，坚持和完善企事业单位民主管理制度体系，开展群众性安全生产和职业健康活动，推进女职工维权服务工作，创新农民工维权服务工作，拓展困难职工帮扶中心功能，深入开展和谐劳动关系创建活动，为职工提供项目化、普惠性服务，更加精准、更有实效地推动解决职工群众最关心最直接最现实的利益问题，努力实现服务对象全覆盖、服务时间全天候，赢得了职工群众的信赖。中国特色社会主义进入新时代，我国社会主要矛盾已经转化为人民日益增长的美好生活需要和不平衡不充分的发展之间的矛盾。适应这一新变化，不断满足职工群众的美好生活需要，成为新时代工会的奋斗目标。着眼新时代新任务新需求，把中国工会的基本职责修改为维护职工合法权益、竭诚服务职工群众，是深入学习贯彻落实习近平新时代中国特色社会主义思想的重大举措，是贯彻落实党中央以人民为中心的发展思想的时代需要，是推进新时代工会工作创新发展的题中应有之义。作这样的修改，有利于各级工会组织进一步树立以职工为中心的鲜明工作导向，顺应职工对美好生活的新期待，增强担当作为，把工作重心放在广大职工身上，构建联系广泛、服务职工的工作体系，拓宽服务职工领域，通过扎实的维权帮扶和保障服务，真心实意为职工办实事、做好事、解难事；有利于各级工会组织积极主动研究解决职工群众在劳动经济、精神文化、民主法治、公平公正、安全健康卫生等方面的多样化需求，更好地促进职工体面劳动、舒心工作、全面发展，获得感、幸福感、安全感明显提升，从而更加广泛地把广大职工紧密团结在党的周围，坚定不移听党话、矢志不渝跟党走。

六是根据党的十九大确立的重大理论观点、重大战略思想和实践成果，在总则第三自然段，将“把我国建设成为富强民主文明和谐的社会主义现代化国家”修改为“把我国建设成为富强民主文明和谐美丽的社会主义现代化强国”。在总则原第五自然段中，增写“按照中国特色社会主义事业‘五位一体’总体布局和‘四个全面’战略布局”“贯彻创新、协调、绿色、开放、共享的发展理念”的内容。在总则原第十三自然段将“推动形成公正合理、民主和谐的国际工运新秩序”修改为“积极参与‘一带一路’建设，增进我国工人阶级同各国工人阶级的友谊”，增写“在推动构建人类命运共同体中发挥作用”

等内容。作这样的修改，有利于工会更好地围绕中心、服务大局，开创新时代工会工作新局面。根据党中央关于加强产业工人队伍建设改革的部署，在总则原第五自然段中，增写“践行社会主义核心价值观”“提高技术技能素质”“推进产业工人队伍建设改革”的内容。作这些修改，有利于工会更好地承担起推进产业工人队伍建设改革的职责任务，积极动员引导广大职工群众发扬工人阶级伟大品格，推动改革方案落地见效，加快建设高素质产业工人队伍。在总则原第六自然段中，增写“维护工人阶级和工会组织的团结统一”的内容。作这样的修改，有利于工会更好地发挥在创新社会治理和维护社会和谐稳定中的重要作用，在完善社会治理体制与提高社会治理水平中发挥工会的优势和作用。

七是贯彻落实习近平总书记在中央党的群团工作会议上的重要讲话和关于群团改革工作的重要指示精神，充分体现群团改革以来工会系统改革取得的创新成果，在总则第三自然段增写“保持和增强政治性、先进性、群众性”的内容。在总则原第十自然段明确党中央关于群团组织改革的目标和功能定位，增写“构建联系广泛、服务职工的工作体系，增强团结教育、维护权益、服务职工的功能”的内容。作这些充实，有利于工会改革始终沿着正确的方向深入推进。根据各级工会推进基层工会改革创新的实践经验和创新成果，增写“着力扩大覆盖面、增强代表性，着力强化服务意识、提高维权能力，着力加强队伍建设、提升保障水平”的内容，明确“坚持服务职工群众的工作生命线”，把“增强基层工会的活力，把工会建设成为深受职工群众信赖的学习型、服务型、创新型‘职工之家’”修改为“增强基层工会的吸引力凝聚力战斗力，把工会组织建设得更加充满活力、更加坚强有力，成为深受职工群众信赖的学习型、服务型、创新型‘职工之家’”。作这些修改，有利于各级工会深入贯彻落实习近平总书记关于基层工会建设“三个着力”的重要指示精神，更好地适应劳动关系领域发展新形势，切实履行工会职责，树立大抓基层的鲜明导向，坚持落实到基层、落实靠基层的理念，持续加强基层工会建设，推进新时代基层工会工作创新发展。

八是为充分体现工会改革过程中积极推行“互联网＋”工会普惠性服务的创新实践，工会章程修正案在总则原第十自然段，增写“构建智慧工会”的内容。作这样的增写，有利于强化互联网思维，促进互联网和工会工作融合发展，强化“互联网＋”工会顶层设计，打造网上网下深度融合、互相联动的服务职工新格局。

九是为落实全面从严治党要求，充分体现工会改革成果，突出和强化工会兴办的企业、事业服务基层、服务职工的功能，工会章程修正案在总则原第十一自然段，增写“坚持公益性、服务性”的内容。作这样的强调，有利于解决一段时间以来工会兴办的企业、事业公益性服务性弱化、偏离主业经营等问题，进一步改进和规范管理，加强监督检查，突出工会资产的公益性和服务性。

（二）第一章会员部分。

为更好体现新时代对会员提出的新要求，结合各级工会工作实践，工会章程修正案对工会会员部分内容进行了调整和充实。一是根据各级工会在服务职工、维护职工合法权益等方面所作的积极努力和创新实践，在第三条会员权利中增加“互助保障”的内容。二是为更好体现新时代对会员提出的新要求，在第四条会员义务中增加“认真学习贯彻习近平新时代中国特色社会主义思想”“立足本职岗位建功立业”“弘扬中华民族传统美德”等内容。

（三）第二章组织制度部分。

一是为加强上级工会对下级工会的领导和服务，在第九条增加工会各级领导机关“加强对下级组织的领导和服务”的内容，同时，对下级组织增加了“应及时”向上级组织请示报告工作。二是为规范工会审查监督工作，根据工作需要，在第十三条增加经费审查委员会“监督”的职责。作这样的修改，有利于更好地贯彻民主集中制原则，更好地维护工会组织团结统一。

（四）第四章地方组织部分。

鉴于全国市辖区已普遍建立了总工会实际情况，第二十二条第三款“直辖市和设区的市总工会可在区建立区一级工会组织或者设派出代表机关”修改为“直辖市和设区的市总工会在区一级建立总工会”。作这样的修改，有利于规范区一级工会的组织形式，健全完善工会组织体系。

（五）第五章基层组织部分。

为进一步增强基层工会的吸引力凝聚力战斗力，在第二十八条工会基层委员会的基本任务中充实完善“在公司制企业落实职工董事、职工监事制度”“技能培训”“培育工匠人才”“加强对职工的政治引领和思想教育，开展法治宣传教育，重视人文关怀和心理疏导”“推动落实职工福利待遇”等内容。同时，根据《安全生产法》《职业病防治法》《生产安全事故报告和调查处理条例》有关规定，将第二十八条第六项中“劳动安全卫生”修改为“安全生产、职业病防治”，将“参与劳动安全卫生事故的调查处理”修改为“参与生产安全事故和职业病危害事故的调查处理”。

（六）第六章工会干部部分。

根据习近平总书记提出的好干部标准，着眼建设忠诚干净担当的高素质工会干部队伍，对照党章对党的干部一章的修改，第三十二条增加学习“习近平新时代中国特色社会主义思想”和“政治、历史、文化、科技等”知识，强调“提高政治能力，增强群众工作本领”，做到“信念坚定”“敢于担当”“增强群众意识和群众感情”等内容。在第三十三条，将“重视培养和选拔青年干部、妇女干部”修改为“重视发现培养和选拔优秀年轻干部、女干部”。

（七）第七章工会经费和资产部分。

一是为严格规范各级工会经费使用管理，在第三十六条后专门增加一条，具体内容是“工会经费主要用于为职工服务和开展工会活动。各级工会组织应坚持正确使用方向，加强预算管理，优化支出结构，开展监督检查”。作这样的充实，有利于解决当前存在的工会经费预算管理意识淡薄、经费使用管理不够规范等问题，指导各级工会组织规范使用管理工会经费，加强工会经费的监督管理，突出服务职工和工会活动导向，明确工会经费使用方向。二是为切实保障基层工会独立使用管理工会经费的权利，原第三十七条“具备社团法人资格的工会可以设立独立经费账户”中“可以”修改为“应当依法”。三是为严格工会资产监督管理，保证工会资产完整安全，把原第三十八条“各级工会应当加强对工会资产的监督、管理”修改为“各级工会依法依规加强对工会资产的监督、管理”。四是为进一步健全完善工会经费审查监督体制，加大工会经费审查力度，在原第三十八条“统一领导、分级管理、分级负责”的经费审查监督体制中，增加“下审一级”的规定。

四、切实抓好工会章程的学习宣传和贯彻落实

新时代新征程，新使命新任务。党中央高度重视工人阶级

和工会工作。2018 年 10 月 29 日，中国工会十七大刚刚闭幕，习近平总书记同全国总工会新一届领导班子集体谈话。他强调，我国工运事业是党的事业的重要组成部分，工会工作是党治国理政的一项经常性、基础性工作。要坚守党对工会工作的领导。团结动员亿万职工积极构建新时代，加强对职工的思想政治引领，加大对职工群众的维权服务力度，深入推进工会改革创新，勇于担当、锐意进取，积极作为、真抓实干，开创新时代我国工运事业和工会工作新局面。他还特别强调，支持工会依法依章程创造性地开展工作。这些重要论述，为工会贯彻落实章程，依据章程推进新时代工会工作创新发展提供了强大的思想武器。章程的生命在于实施，章程的权威也在于实施。要按照全总统一部署，开展深入学习宣传活动，认真抓好工会章程的贯彻落实。

（一）提高政治站位。

各级工会要组织工会干部深入学习习近平新时代中国特色社会主义思想，学习贯彻习近平总书记关于工人阶级和工会工作的重要论述，认真学习领会习近平总书记同全总新一届领导班子集体谈话时的重要讲话精神，学习领会李克强同志所作的经济形势报告精神，学习领会王沪宁同志代表党中央作的致词精神，学习把握中国工会十七大报告精神，强化学习宣传和贯彻落实工会章程思想自觉和行动自觉。

（二）加强组织领导。

各级工会要把学习宣传贯彻工会章程摆上重要工作日程，更加自觉地学习章程、遵守章程、贯彻章程、维护章程，抓紧制定学习宣传贯彻的工作方案，精心组织、周密部署，细化措施、狠抓落实，掀起学习宣传贯彻的热潮。抓住领导干部这个关键少数，推动领导机关和领导干部发挥示范带头作用，做学习工会章程、遵守工会章程的模范，坚持原原本本、逐章逐条学习，先学一步、学深一层，一级抓一级、层层抓落实，把学习不断引向深入，确保实现工会组织和工会干部全覆盖。

（三）加强学习宣传。

各级工会要提高章程宣传教育工作的针对性和实效性，把深入学习中国工会章程作为强化理论武装、提升专业能力的重要内容，推动纳入党组中心组学习和干部培训教育工作整体布局，推动各级工会干部院校把学习贯彻中国工会章程作为工会干部教育培训的必修课，全面纳入培训计划。大会结束后，全总将举办工会十七届新任执委、全总机关干部、新任省级工会主席学习贯彻习近平总书记重要讲话精神和工会十七大精神专题培训班，开展地市级工会主席、县级工会主席、工会干部院校骨干师资示范性专题培训班，迅速掀起学习宣传贯彻的热潮。不断创新宣传教育的理念、载体、方式方法，通过灵活多样的手段、喜闻乐见的语言、鲜活生动的事例，全方位、多渠道、多形式加强中国工会章程的宣传阐释，在全会形成尊崇章程、重视章程，依法依章程开展工作的良好局面。

（四）抓好贯彻落实。

各级工会和工会干部要牢固树立法治意识和法治观念，自觉以工会章程修正案为行动依据，把章程提出的各项要求落实到工会工作的具体实践中去，不断加强对新时代工会工作的调查研究，根据章程规定和章程精神谋划工作、决策部署、建章立制，按照中国工会十七大作出的决策部署抓好各项工作落实，努力开创新时代工会工作新局面。

坚持以习近平新时代中国特色社会主义思想为指导 切实保持和增强政治性先进性群众性

王利中

坚持以习近平新时代中国特色社会主义思想为指导，切实保持和增强工会工作和工会组织政治性、先进性、群众性，是贯穿中国工会十七大工会章程修改的一条主线。政治性、先进性、群众性，是工会组织的最鲜明特征，赋予了工会组织崇高职责和时代使命，是推动党的工运事业创新发展的根本要求。《中国工会章程（修正案）》不仅明确把“保持和增强政治性、先进性、群众性”写入总则，而且把保持和增强政治性、先进性、群众性的要求贯穿于工会组织建设全过程、体现到工会章程各章节。全面准确、深入系统地理解这条主线，对于准确把握《中国工会章程（修正案）》的主要精神具有重要理论价值和重大实践意义。

一、牢牢把握保持和增强政治性的要求，始终保持工会工作的正确政治方向

《中国工会章程（修正案）》围绕保持和增强工会工作的政治性，主要作了如下修改。一是在“总则”部分旗帜鲜明地把习近平新时代中国特色社会主义思想同马克思列宁主义、毛泽东思想、邓小平理论、“三个代表”重要思想、科学发展观一道

确立为工会工作的指导思想。二是在“总则”部分增写“是中国共产党最坚实最可靠的阶级基础”。三是在“总则”部分增写“中国工会坚持自觉接受中国共产党的领导，承担团结引导职工群众听党话、跟党走的政治责任，巩固和扩大党执政的阶级基础和群众基础”的内容，并单独成段。四是在“总则”部分增写“中国工会落实新时代党的建设总要求，以党的政治建设为统领，全面加强党的建设，增强政治意识、大局意识、核心意识、看齐意识，坚定道路自信、理论自信、制度自信、文化自信，坚决维护习近平总书记党中央的核心、全党的核心地位，坚决维护党中央权威和集中统一领导，在思想上政治上行动上同以习近平同志为核心的党中央保持高度一致”的内容，并单独成段。

之所以进行上述修改，根本原因在于政治性是工会组织的灵魂，是第一位的，决定着工会组织的性质和方向，是工会工作沿着正确道路前进的根本保证。2013 年 10 月，习近平总书记在同全国总工会领导班子成员集体谈话时指出：“工会工作做得好不好、有没有取得明显成效，关键看有没有坚持正确政治方向。坚持正确政治方向，一言以蔽之，就是要坚持中国共产党领导和社会主义制度。”2015 年 4 月，习近平总书记在庆祝“五一”国际劳动节暨表彰全国劳动模范和先进工作者大会上强调，工会要坚持自觉接受党的领导的优良传统，牢牢把握正确政治方向，带领亿万职工群众坚定不移跟党走。2015 年 7 月，习近平总书记在中央党的群团工作会议上指出，保持和增强党的群团工作的政治性，关键是群团组织必须自觉坚持中国共产党的领导，工会、共青团、妇联等群团组织要承担起引导群众听党话、跟党走的政治任务，为夯实党执政的阶级基础和群众基础作出贡献。中国工会作为中国共产党领导的工人阶级群众组织，在坚持党的领导这个根本问题上必须头脑十分清醒、立场十分坚定、行动十分坚决。只有坚持党的领导，工会工作才能方向明确、不走偏路，才能做得有声有色、扎实有效，才能把党的领导落实到广大职工群众中去，才能巩固和发展党执政的阶级基础和群众基础。

因此，深入学习领会、认真贯彻落实《中国工会章程》，要求各级工会围绕保持和增强政治性的要求，在坚持党的领导、加强党的建设上下功夫，坚定不移走中国特色社会主义工会发展道路，自觉用党的最新理论成果武装头脑，自觉服从服务于党和国家工作大局，真正把党的领导落实到实际行动、职工群众中去，不断为巩固和发展党执政的阶级基础和群众基础作贡献。

第一，把认真学习贯彻习近平新时代中国特色社会主义思想作为首要政治任务抓紧抓好。党的十九大把习近平新时代中国特色社会主义思想写入党章，确立为我们党必须长期坚持的指导思想。十三届全国人大一次会议对宪法作了修改，把这一思想写入宪法，作为国家政治和社会生活的指导思想。这一思想是马克思主义中国化最新成果，是中国特色社会主义理论体系的重要组成部分，是21世纪的马克思主义。党的十八大以来，党和国家事业之所以能取得历史性成就、发生历史性变革，关键在于习近平新时代中国特色社会主义思想的科学指引，在于以习近平同志为核心的党中央的坚强领导。这一重要思想为党的工运事业和工会工作指明了方向，提供了根本遵循。习近平新时代中国特色社会主义思想内涵丰富，博大精深，中国工会章程的修改以此为红线贯穿始终，要切实增强学习贯彻习近平新时代中国特色社会主义思想的自觉性和坚定性，结合工会工作实际，系统领会每一处修改的精到之处，学深悟透、融会贯通，始终坚持以这一重要思想为指导，总揽工会工作全局，确保工会工作在党的领导下，始终坚持正确政治方向。坚持用习近平新时代中国特色社会主义思想武装头脑，是党的十九大提出的战略性任务，也是当前和今后一个时期工会工作的重中之重。各级工会要继续深入学习领会、贯彻落实好习近平新时代中国特色社会主义思想，着重掌握“八个明确”的丰富内涵和“十四个坚持”的基本方略，着重掌握贯穿其中的马克思主义立场观点方法，进一步增强“四个意识”，坚定“四个自信”，做到“四个服从”，坚决维护习近平总书记在党中央的核心、全党的核心地位，坚决维护以习近平同志为核心的党中央权威和集中统一领导，在思想上政治上行动上始终同以习近平同志为核心的党中央保持高度一致。

第二，深入学习贯彻习近平总书记关于工人阶级和工会工作的重要论述。党的十八大以来，习近平总书记在治国理政新的实践中，多次就工人阶级和工会工作发表重要讲话、作出重要指示，提出了一系列新思想新观点新要求，形成了习近平总书记关于工人阶级和工会工作的重要论述。这一重要论述是习近平新时代中国特色社会主义思想的重要组成部分，深刻阐明了工人阶级和工会工作的地位作用、目标任务、职责使命、实践要求，为做好新时代工会工作指明了前进方向，为新时代工会工作改革创新提供了根本遵循。各级工会要要把学习贯彻习近平新时代中国特色社会主义思想和党的十九大精神，与学习贯彻习近平总书记关于工人阶级和工会工作的重要论述结合起来，重点把握坚持党对工会工作的领导、坚持全心全意依靠工人阶级、坚持为实现中华民族伟大复兴的中国梦而奋斗、坚持中国特色社会主义工会发展道路、坚持弘扬劳模精神、劳动精神、工匠精神、坚持高举维护职工合法权益旗帜、坚持增强

“三性”去除“四化”的改革方向、坚持加强基层工会建设等方面的内容，真正做到学懂、弄通、做实，切实入脑入心，进一步增强贯彻落实党中央决策部署的思想自觉、政治自觉、行动自觉，进一步增强做好工会工作的责任感紧迫感，把握党的工运事业和工会工作的规律特点，努力开创新时代工会工作新局面。

第三，全面加强工会系统党的建设。习近平总书记所作的党的十九大报告统揽伟大斗争、伟大工程、伟大事业、伟大梦想，立足不忘初心、牢记使命这个激励中国共产党人不断前进的根本动力，突出中国特色社会主义这个改革开放以来党的全部理论和实践的鲜明主题，围绕决胜全面建成小康社会这个必须举全党全国之力实现的奋斗目标，着眼夺取新时代中国特色社会主义伟大胜利、为实现中华民族伟大复兴中国梦不懈奋斗这个中华儿女的百年夙愿，与时俱进提出新时代党的建设总要求，对推进党的建设新的伟大工程作出顶层设计、战略部署，丰富和发展了马克思主义建党学说，进一步回答了“建设什么样的党、怎样建设党”这一历史性课题，标志着我们党对执政党建设规律的认识达到新的高度。工会组织既是群众组织，更是政治组织；工会工作做的是群众工作，实质上也是政治工作，加强工会系统党的建设是体现政治性要求的重要举措。各级工会要认真贯彻新时代党的建设总要求，从严从实加强工会系统党的各项建设，推动工会系统全面从严治党向纵深发展。坚持以政治建设为统领，旗帜鲜明讲政治，加强党性锻炼，提高政治觉悟，严守政治纪律和政治规矩，坚决执行党的路线方针政策，严格执行新形势下党内政治生活若干准则。坚持党建带工建，以提升组织力为重点，把工会基层党组织建设成为坚强的战斗堡垒。全面加强工会干部队伍建设，树立正确用人导向，完善考核评价体系，建立健全容错纠错机制，热情关心关爱干部，培养锻造一支高素质专业化工会干部队伍，充分激发广大工会干部干事创业的积极性、主动性、创造性。驰而不息抓好作风建设，自觉践行党的群众路线，持之以恒正风肃纪，增强对职工群众的感情，扑下身子、深入基层、加强调研，完善常态化联系职工群众制度，密切与职工群众的联系。

二、牢牢把握保持和增强先进性的要求，凝聚起实现中华民族伟大复兴中国梦的磅礴力量

《中国工会章程（修正案）》围绕保持和增强工会组织的先进性，主要作了如下修改。一是在“总则”部分增写“把握为实现中华民族伟大复兴的中国梦而奋斗的工人运动时代主题”的表述。二是在“总则”部分将“把我国建设成为富强民主文明和谐的社会主义现代化国家”修改为“把我国建设成为富强民主文明和谐美丽的社会主义现代化强国”。三是在“总则”部分增加中国工会“按照中国特色社会主义事业‘五位一体’总体布局和‘四个全面’战略布局，贯彻创新、协调、绿色、开放、共享的发展理念”的表述。四是在“总则”部分增加“践行社会主义核心价值观”“弘扬劳模精神、劳动精神、工匠精神”等表述。五是在“总则”部分将“不断提高思想道德素质和科学文化素质”修改为“不断提高思想道德素质、科学文化素质和技术技能素质，推进产业工人队伍建设改革”的表述。六是在会员义务中增加“立足本职岗位建功立业”的要求，将“维护社会公德和职业道德”修改为“弘扬中华民族传统美德，恪守社会公德、职业道德、家庭美德、个人品德”。

上述修改内容的一个鲜明指向，就是为了最广泛地团结职工群众为实现中国梦而奋斗。2013 年 4 月，习近平总书记在同全国劳动模范代表座谈时指出，实现我们的奋斗目标，开创我

们的美好未来，必须紧紧依靠人民、始终为了人民，必须依靠辛勤劳动、诚实劳动、创造性劳动；在迈向未来的征程上，我们必须充分发挥我国工人阶级的重要作用，焕发他们的历史主动精神，调动劳动和创造的积极性。2013 年 10 月，习近平总书记在同全国总工会领导班子成员集体谈话时强调，实现中华民族伟大复兴的中国梦，根本上要靠包括工人阶级在内的全体人民的劳动、创造、奉献。2015 年 4 月，习近平总书记在庆祝“五一”国际劳动节暨表彰全国劳动模范和先进工作者大会上指出，全面建成小康社会、进而建成富强民主文明和谐的社会主义现代化国家，根本上靠劳动、靠劳动者创造；无论时代条件如何变化，我们始终都要崇尚劳动、尊重劳动者，始终重视发挥工人阶级和广大劳动群众的主力军作用。2015 年 7 月，习近平总书记在中央党的群团工作会议上指出，保持和增强党的群团组织的先进性，必须牢牢把握为实现中华民族伟大复兴而奋斗的时代主题，紧紧围绕党和国家工作大局，组织动员广大人民群众走在时代前列，在改革发展稳定第一线建功立业。2016 年 4 月，习近平总书记在知识分子、劳动模范、青年代表座谈会上强调，全面建成小康社会，我国亿万劳动群众是主体力量。2018 年“五一”国际劳动节之际，习近平给中国劳动关系学院劳模本科班学员回信强调，社会主义是干出来的，新时代也是干出来的；劳动最光荣、劳动最崇高、劳动最伟大、劳动最美丽，全社会都应该尊敬劳动模范、弘扬劳模精神，让诚实劳动、勤勉工作蔚然成风。这些重要论述，集中体现了先进性的要求，也昭示着工会组织的价值追求，是工会工作同时代共奋进的关键所在。

因此，深入学习领会、认真贯彻落实《中国工会章程》，要求各级工会围绕保持和增强先进性的要求，牢牢把握为实现中华民族伟大复兴的中国梦而奋斗的工人运动时代主题，把广大职工群众的积极性、主动性、创造性充分调动起来，满怀信心投身于为实现中国梦而奋斗的火热实践，形成万众一心、众志成城的磅礴力量，为决胜全面建成小康社会、夺取新时代中国特色社会主义伟大胜利而不懈奋斗。

第一，加强职工思想政治引领。这是工会牢牢把握工运时代主题的重要内容和前置环节，这项工作如果做不好，工会就难以在职工群众中、在基层一线发挥凝聚人心、坚守前哨、冲锋陷阵的战斗队、工作队作用，组织动员职工群众为实现中国梦而奋斗也就无从谈起。各级工会要把培育和践行社会主义核心价值观作为职工精神文明创建活动的根本任务，运用生活化的场景、日常化的活动、具体化的载体，与职工群众生产生活深度融合，加强以职业道德为重点的“四德”建设，发挥劳动模范、大国工匠、“最美职工”等先进人物的示范带动作用，教育引导广大职工增强中国特色社会主义道路自信、理论自信、制度自信、文化自信，自觉做中国特色社会主义共同理想的坚定信仰者、忠实实践者，成为担当民族复兴大任的时代新人。创新思想政治工作方式方法，充分运用工会报刊、网络平台等舆论宣传阵地，通过举办宣讲报告会、职工讲坛、主题演讲等多种形式，多做正面宣传引导和心理疏导，向广大职工群众讲清楚深化供给侧结构性改革有关政策，引导他们理性看待、正确认识国际国内形势的发展变化，释疑解惑、增进共识，坚定信心、共克时艰，画出共筑中国梦的最大同心圆，夯实为实现中国梦而奋斗的共同思想基础。

第二，立足经济建设主战场建功立业。当前，中国特色社会主义进入了新时代。党的十九大作出了战略部署，明确从十九大召开到2020年的3年时间，是全面建成小康社会决胜期；

明确在此基础上全面建设社会主义现代化国家及其“两步走”的战略安排，即到2035年基本实现社会主义现代化，到本世纪中叶建成富强民主文明和谐美丽的社会主义现代化强国。工会作为党领导的重要人民团体，在实现党的十九大确定的奋斗目标、开启全面建设社会主义现代化国家新征程中肩负光荣使命，责任重大。各级工会要围绕“一带一路”建设、京津冀协同发展、长江经济带发展等国家发展战略，深化“中国梦·劳动美”主题教育，广泛深入持久开展“当好主人翁、建功新时代”主题劳动和技能竞赛，组织开展技术革新、技术协作、发明创造、合理化建议、网上练兵等群众性经济技术创新活动，加强班组建设，积极开展“小发明、小创造、小革新、小设计、小建议”活动，把蕴藏在广大职工中的积极性、主动性、创造性充分激发出来，引导广大职工积极投身打好防范化解重大风险、精准脱贫、污染防治三大攻坚战，在推进供给侧结构性改革、建设现代化经济体系、实现高质量发展中充分发挥主力军作用。

第三，努力提升职工技术技能素质。习近平总书记指出，劳动者素质对一个国家、一个民族发展至关重要，一个国家发展能否抢占先机、赢得主动，越来越取决于国民素质特别是广大劳动者素质，要建设宏大的知识型、技能型、创新型劳动者大军。特别是在供给侧结构性改革不断深化的形势下，全面提升劳动者技术技能素质，更是成为迫在眉睫的现实任务。各级工会要牢牢抓住产业工人队伍建设改革的重大契机，以培养职工职业精神和提高职工技术技能素质为重点，深入实施全国职工素质建设工程，推动劳模和工匠人才创新工作室创建工作深入发展，深化技师学院和新时代工匠学院建设，推动完善职工技术技能形成和提升体系，引导广大职工不断学习新知识、掌握新技能、增长新本领，成为知识型、技能型、创新型劳动者，在千帆竞发、百舸争流的时代洪流中勇立潮头，在不进则退、不强则弱的激烈竞争中赢得优势，在报效祖国、服务社会的精彩人生中有所作为，为实现中国梦提供坚实的人才保障。

第四，大力弘扬劳模精神、劳动精神、工匠精神。在我国革命、建设和改革的伟大进程中，工人阶级历经淬炼洗礼，不断发展壮大，展示出推动社会前进的巨大力量，涌现出灿若星辰的劳动模范和先进人物，锻造了爱岗敬业、争创一流，艰苦奋斗、勇于创新，淡泊名利、甘于奉献的劳模精神，积淀了刻苦钻研、精益求精、追求卓越、创造一流的职业素养，辛勤劳动、诚实劳动、品格高尚，在平凡工作中作出不平凡贡献，生动诠释了创造、奋斗、团结、梦想的伟大民族精神，是我们极为宝贵的精神财富。各级工会要充分发挥劳动模范、大国工匠等高技能人才传帮带作用，加大宣传力度，把“大国工匠”品牌叫得更响、做得更实，引导广大职工发扬光荣传统，在伟大民族精神感召下，大力弘扬劳模精神、劳动精神、工匠精神，涵养劳动信仰、劳动情怀、劳动品格，勤于创造、勇于奋斗、善于团结、敢于梦想，以精神火炬点亮理想，用模范行动引领社会。

三、牢牢把握保持和增强群众性的要求，切实提升广大职工群众的幸福感、获得感、安全感

《中国工会章程（修正案）》围绕保持和增强工会组织的群众性，主要作了如下修改。一是在“总则”部分中关于中国工会基本职责的表述增加“竭诚服务职工群众”的表述，同时，增写中国工会“以忠诚党的事业、竭诚服务职工为己任”。二是在“总则”部分增加“着力扩大覆盖面、增强代表性，着力

强化服务意识、提高维权能力，着力加强队伍建设、提升保障水平”表述，并将“增强基层工会的活力，把工会建设成为深受职工群众信赖的学习型、服务型、创新型‘职工之家’”修改为“增强基层工会的吸引力凝聚力战斗力，把工会组织建设得更加充满活力、更加坚强有力，成为深受职工群众信赖的学习型、服务型、创新型‘职工之家’”。三是在“总则”部分增加“坚持服务职工群众的工作生命线”“坚持公益性、服务性”的表述。四是在会员权利中增加“互助保障”的表述。五是在“基层组织”中增加“在公司制企业落实职工董事、职工监事制度”“推动落实职工福利待遇”等表述，并将“对职工进行思想政治教育”修改为“加强对职工的政治引领和思想教育，开展法治宣传教育，重视人文关怀和心理疏导”。六是在“工会干部”部分中增加“增强群众工作本领”“增强群众意识和群众感情”的表述。七是在“工会经费和资产”部分中增加“工会经费主要用于为职工服务和开展工会活动。各级工会组织应坚持正确使用方向，加强预算管理，优化支出结构，开展监督检查”的内容，并单独成段。

群众性是群团组织的根本特点，彰显着工会组织的力量源泉，是工会工作必须不断夯实的根基。2013 年 4 月，习近平总书记在同全国劳动模范代表座谈时指出，要把竭诚为职工群众服务作为工会一切工作的出发点和落脚点，全心全意为广大职工群众服务，认真倾听职工群众呼声，维护好广大职工群众包括农民工合法权益，扎扎实实为职工群众做好事、办实事、解难事，不断促进社会主义和谐劳动关系。2013 年 10 月，习近平总书记在同全国总工会领导班子成员集体谈话时强调，保障职工群众经济、政治、文化、社会权益是我国社会主义制度的根本要求，是党和国家的神圣职责，也是发挥广大职工群众积极性、主动性、创造性最重要最基础的工作；工会要赢得职工群众信赖和支持，必须做好维护职工群众切身利益工作，促进社会公平正义。2015年4月，习近平总书记在庆祝“五一”国际劳动节暨表彰全国劳动模范和先进工作者大会上指出，在前进道路上，我们要始终实现好、维护好、发展好最广大人民根本利益，让改革发展成果更多更公平惠及人民。2015年7月，习近平总书记在中央党的群团工作会议上指出，对群团组织来说，不能为群众服务，不能帮助群众排忧解难，群众就不会跟着走；群团组织要强化服务意识，提升服务能力，挖掘服务资源，开展各种为民造福活动；要更多把注意力放在困难群众身上，多做雪中送炭的事情。2016年4月，习近平总书记在知识分子、劳动模范、青年代表座谈会上强调，要切实维护广大劳动群众合法权益，帮助广大劳动群众排忧解难，积极构建和谐劳动关系。作出以上修改，是由工会的性质、地位、作用决定的，充分体现了习近平新时代中国特色社会主义思想和党的十九大精神，充分体现了党中央对工会工作的一系列部署要求，符合全国亿万职工群众的根本利益和长远利益。

因此，深入学习领会、认真贯彻落实《中国工会章程》，要求各级工会围绕保持和增强群众性的要求，适应我国社会主要矛盾的新变化，顺应职工对美好生活的新期待，坚持职工利益无小事的理念，高举维护职工合法权益旗帜，满腔热情做好服务职工群众工作，扎扎实实解决好职工群众最困难最忧虑最急迫的实际问题，使改革发展成果更多更公平惠及职工群众。

第一，旗帜鲜明维护职工合法权益。保障职工群众经济、政治、文化、社会权益是我国社会主义制度的根本要求，是党和国家的神圣职责，也是发挥广大职工群众积极性、主动性、创造性最重要最基础的工作。要坚持把维权工作纳入党政主导的维护群众权益机制，代表职工主动参与立法和政策制定，高度关注全面深化改革特别是供给侧结构性改革、去产能过程中职工权益保障问题，协助做好职工思想引导、转岗安置、就业培训、收入分配、社会保障等工作，配合做好农民工工资清欠保支工作。特别是在数字经济、共享经济蓬勃发展的形势下，要积极推动完善适应互联网平台用工、社保等制度，健全新就业形态劳动标准体系，维护新就业形态从业人员合法权益。

第二，满腔热情做好服务职工工作。全心全意为职工群众服务是工会的根本宗旨。对于工会组织来说，不能为职工群众服务，不能帮助职工群众排忧解难，职工群众就不会跟着走。工会一方面要建设好工会服务职工阵地，完善工会三级服务体系运行机制，提升户外爱心接力站、职工书屋、工人文化宫等服务功能；另一方面要制定工会服务职工工作项目清单，推动送温暖、金秋助学、阳光就业、职工医疗互助等工作常态化、制度化、规范化，从大处着眼、小处着手，从一点一滴做起，扎扎实实为职工群众做好事、办实事、解难事。特别是要积极争取党政支持，综合运用扶贫、社保、就业创业、社会救助等政策，分类做好城市困难职工解困脱困工作，确保困难职工同步迈入全面小康社会。

第三，积极主动构建和谐劳动关系。党的十九大报告提出，加强预防和化解社会矛盾机制建设，打造共建共治共享的社会治理格局。劳动关系是否和谐，事关广大职工和企业的切身利益，事关经济发展与社会和谐。要推动完善政府、工会、企业共同参与的协商协调机制，比如完善政府和工会联席会议制度，完善协调劳动关系三方机制，完善平等协商、集体合同制度，健全以职工代表大会为基本形式的民主管理制度，等等，通过协商协调的方式构建和谐劳动关系。深入开展和谐劳动关系创建活动，完善劳动关系矛盾调处、预防预警和应急处置机制，加强与法院、人力资源、司法等各方协调，共同预防化解劳动关系矛盾。

第四，持之以恒加强基层工会建设。基层工会离职工最近，联系职工最直接，服务职工最具体，是工会工作的基础和关键，是工会凝聚职工群众的主阵地。要在巩固已有的组织基础的同时，加快新领域新阶层组织建设，依法推动企业普遍建立工会组织，促进工会组织向非公有制经济组织、社会组织延伸，加强对劳动关系领域社会组织的政治引领、示范带动和联系服务，形成完善的组织体系，实现有效覆盖。创新工会组织形式和入会方式，加强乡镇（街道）、开发区（工业园区）工会建设，深入推进区域性、行业性工会联合会建设，积极探索自贸区等新经济体工会组织建设，实现工会组织体系向下延伸，最大限度组织职工入会。坚持眼睛向下、面向基层，真正做到工作重心下移，力量配备、服务资源向基层倾斜，把更多的人力、物力、财力投入到基层工会，着力解决基层工会任务重、人手少、经费不足等实际问题，为基层工会开展工作创造良好条件。

四、着眼保持和增强工会工作和工会组织的政治性、先进性、群众性，不断深化工会改革创新

党中央高度重视工会改革创新，2015 年印发《关于加强和改进党的群团工作的意见》、召开中央党的群团工作会议，对党的群团工作和群团改革作出全面部署。2015 年 7 月 23 日，中央全面深化改革领导小组办公室下发通知，决定在全国总工会开展中央群团机关改革试点。在以习近平同志为核心的党中央坚强领导下，全总党组充分履行忠诚党的事业、竭诚服务职工的使命，勇于责任担当、勇于直面问题、勇于自我革新，按照增

“三性”、去“四化”、强基层、促创新的改革整体思路，研究制定《全国总工会改革试点方案》。2015 年 11 月 9 日，习近平总书记主持召开中央全面深化改革领导小组第十八次会议，审议通过《全国总工会改革试点方案》，对推进党的群团改革作出重要指示。2017 年 2 月 6 日，习近平总书记主持召开中央全面深化改革领导小组第三十二次会议，听取《全国总工会改革试点工作的总结报告》。会议充分肯定群团改革试点围绕保持和增强政治性、先进性、群众性这条主线，着力破除“机关化、行政化、贵族化、娱乐化”问题，取得明显成效；强调已经开展试点的群团和地方要继续在建机制、强功能、增实效上下功夫，巩固改革成果。2017 年 8 月 22 日，习近平总书记就群团工作和群团改革作出重要指示，肯定群团改革取得积极成效，强调要推动各群团组织结合自身实际，紧紧围绕增强“政治性、先进性、群众性”，直面突出问题，采取有力措施，敢于攻坚克难，注重夯实群团工作基层基础。

党的十九届三中全会通过的《中共中央关于深化党和国家机构改革的决定》（以下简称《决定》）在提出深化党和国家机构改革的目标中，强调要形成“联系广泛、服务群众的群团工作体系”，并对深化群团组织改革进行了部署。《决定》指出，深化群团组织改革要健全党委统一领导群团工作的制度，推动群团组织增强政治性、先进性、群众性，优化机构设置，完善管理模式，创新运行机制，坚持眼睛向下、面向基层，将力量配备、服务资源向基层倾斜，更好适应基层和群众需要；要促进党政机构同群团组织功能有机衔接，支持和鼓励群团组织承担适合其承担的公共职能，增强群团组织团结教育、维护权益、服务群众功能，更好发挥群团组织作为党和政府联系人民群众的桥梁和纽带作用。党中央关于深化群团组织改革的决策部署，为深化工会改革指明了前进方向。

保持和增强工会工作和工会组织的政治性、先进性、群众性，最终需要通过深化改革的方式才能实现。深化工会改革是新形势下加强党的群团工作、巩固党的执政基础的重大举措，是全面深化改革的重要内容。深入学习领会、认真贯彻落实《中国工会章程》，要求各级工会坚定地按照习近平总书记2018年10月29日同全国总工会新一届领导班子集体谈话中关于“工会改革是全面深化改革的重要组成部分”“深入推进工会改革创新，勇于担当、锐意进取，积极作为、真抓实干，开创新时代我国工运事业和工会工作新局面”的重要指示精神，认真贯彻落实《中共中央关于深化党和国家机构改革的决定》和《深化党和国家机构改革方案》，着力增“三性”、去“四化”、强基层、促创新，在已有改革成效基础上不断深化，将工会改革进行到底。

第一，健全工作体系。党的十八届三中全会提出坚持和发展中国特色社会主义、推进国家治理体系和治理能力现代化的总目标。工会工作体系是国家治理体系的重要组成部分，工会组织是推进国家治理体系和治理能力现代化的重要力量。要通过上下联动、整体推进，努力构建联系广泛、服务职工的工会工作体系。工会领导机关要侧重于改革机构设置、优化管理模式、创新运行机制，有效整合职能和资源，集中解决突出问题，进一步强化对下级工会的指导服务和督促检查。基层工会特别是非公企业工会要聚焦破解组建难、职工入会难、经费和人员保障难、维权服务难等问题，创新方式方法，激发生机活力。

第二，增强工会功能。马克思主义政党一直把党领导的群众组织作为夺取和巩固政权的重要力量。列宁把党领导的工会等群众组织形象地比作无产阶级政权体系的“传动装置”和

“杠杆”，功能是把党和劳动群众联系起来。作为党联系职工群众的桥梁纽带，工会必须紧紧围绕职工群众来拓展和强化自身的功能。要通过加强职工思想政治引领、提高职工技术技能素质、强化网上宣传引导等，增强工会团结教育功能。通过代表职工群众主动参与立法和政策制定，推动完善政府、工会、企业共同参与的协商协调机制，创新预防化解劳动关系矛盾的路径方法等，增强工会维护权益功能。通过加强服务阵地建设、创新服务方式、加强网络平台建设等，增强工会服务职工功能，把工会组织建设得更加充满活力、更加坚强有力。

第三，提升改革实效。改革是动力，目的是革故鼎新、解决问题。推进工会改革，必须从制约工会组织发展最突出的矛盾入手，从职工群众反映最强烈的问题改起，在重点领域和关键环节持续用劲发力。要着眼增强改革的系统性、整体性、协同性，搞好顶层设计，加强与中央和地方机构改革衔接协调，强化优化职能，聚焦主责主业，破解制约工会工作创新发展的制度性障碍。加强分类指导，把重点放在为下级工会提供更多更好的指导服务上，及时总结推广改革成功经验，发挥典型示范引领作用，推动工会改革顶层设计和基层探索良性互动、有机结合。

牢牢把握工人运动时代主题
在围绕中心服务大局中彰显工会新作为

张妍延

中国工会十七大通过的《中国工会章程（修正案)》，充分体现了中国工会以习近平新时代中国特色社会主义思想为指导，全面贯彻党的十九大精神，不忘初心、牢记使命，在决胜全面建成小康社会、夺取新时代中国特色社会主义伟大胜利中的使命担当。《中国工会章程（修正案)》总则中增加了“中国工会按照中国特色社会主义事业‘五位一体’总体布局和‘四个全面’战略布局，贯彻创新、协调、绿色、开放、共享的发展理念，把握为实现中华民族伟大复兴的中国梦而奋斗的工人运动时代主题，弘扬劳模精神、劳动精神、工匠精神”等内容，集中体现了工会十七大提出的中国工会立足新时代中国特色社会主义新的历史方位，在围绕中心服务大局中彰显工会新作为，切实履行维护职工合法权益，竭诚服务职工群众的基本职责，团结动员全国亿万职工实现党的十九大描绘的宏伟蓝图而奋斗的新使命、新目标、新任务。

一、在准确理解核心要义中牢牢把握工人运动时代主题

党的十九大，开宗明义八个字：不忘初心，牢记使命。中国共产党的初心和使命，就是为中国人民谋幸福，为中华民族

谋复兴。中国工人运动从来都是以中国共产党的使命为使命、以党的纲领为纲领。在新时代，中国工人阶级和工人运动的历史使命就是实现中华民族伟大复兴的中国梦，这是我国工人运动时代主题的核心要义。准确把握工运主题的核心要义，必须以习近平中国特色社会主义思想为指导，分析工人阶级和工人运动肩负的历史使命，深刻认识实现中华民族伟大复兴“两步走”战略，自觉围绕党和国家工作大局推动工会工作创新发展。

（一）实现中华民族伟大复兴的“两步走”战略。

中国共产党一经成立，就把实现共产主义作为党的最高理想和最终目标，义无反顾肩负起实现中华民族伟大复兴的历史使命，团结带领人民进行了艰苦卓绝的斗争，谱写了气吞山河的壮丽史诗。新中国成立后，中国共产党领导全国人民进行了社会主义改造，建立了社会主义制度，在第三届全国人大第一次会议上，周恩来同志代表党中央第一次提出了中国实现四个现代化目标的“两步走”设想。在第四届全国人大第一次会议上，周恩来同志再次重审了分两步走、全面实现四个现代化的战略：第一步，用 15 年时间，即在 1980 年以前，建成一个独立的比较完整的工业体系和国民经济体系；第二步，在本世纪内，全面实现农业、工业、国防和科学技术的现代化，使我国国民经济走在世界的前列。改革开放之初，邓小平同志提出建设小康社会的战略构想，到 20 世纪末，争取国民生产总值达到人均 1000 美元，实现小康水平。按照这一构想，我们党对我国社会主义现代化建设作出战略安排，提出“三步走”战略目标。在 20 世纪 80 年代末、20 世纪末，解决人民温饱问题、人民生活总体上达到小康水平这两个目标提前实现的基础上，党的十五大提出了“两个一百年”奋斗目标：第一个一百年，是到中国共产党成立 100 年时（2021 年）全面建成小康社会；第二个一百年，是到新中国成立100年时（2049年）建成富强民主文明的社会主义现代化国家。党的十六大提出，本世纪头20年要全面建设惠及十几亿人口的更高水平的小康社会，党的十七大对全面建成小康社会目标又提出一系列新要求。中共十八大报告再次重申：在中国共产党成立一百年时全面建成小康社会，在新中国成立一百年时建成富强民主文明和谐的社会主义现代化国家。党的十八大刚刚闭幕不久，习近平总书记在参观《复兴之路》展览时指出："实现中华民族伟大复兴，就是中华民族近代以来最伟大的梦想"，并将"中国梦"的核心目标概括为"两个一百年"的目标。党的十九大明确"从现在到二〇二〇年，是全面建成小康社会决胜期。从十九大到二十大，是'两个一百年'奋斗目标的历史交汇期。综合分析国际国内形势和我国发展条件，从二〇二〇年到本世纪中叶可以分两个阶段来安排。第一个阶段，从二〇二〇年到二〇三五年，在全面建成小康社会的基础上，再奋斗十五年，基本实现社会主义现代化。第二个阶段，从二〇三五年到本世纪中叶，在基本实现现代化的基础上，再奋斗十五年，把我国建成富强民主文明和谐美丽的社会主义现代化强国。"从全面建成小康社会到基本实现现代化，再到全面建成社会主义现代化强国，是新时代中国特色社会主义发展的战略安排。这一战略安排，是在综合分析国际国内形势和我国发展条件之后作出的重大决策，也是我们党适应我国发展实际作出的必然选择，还可以保持"四个全面"战略布局的连续性，对动员全党全国各族人民万众一心实现中华民族伟大复兴的中国梦具有重大意义。

（二）习近平新时代中国特色社会主义思想为实现中华民族伟大复兴提供了科学指引。

党的十九大将习近平新时代中国特色社会主义思想确立为

党的指导思想，实现了马克思主义中国化的又一次历史性飞跃。这就使我们党和人民夺取新时代伟大胜利有了与时俱进的行动指南和伟大精神力量。习近平新时代中国特色社会主义思想，是对马克思列宁主义、毛泽东思想、邓小平理论、“三个代表”重要思想、科学发展观的继承和发展，是马克思主义中国化最新成果，是党和人民实践经验和集体智慧的结晶，是中国特色社会主义理论体系的重要组成部分，是全党全国人民为实现中华民族伟大复兴而奋斗的行动指南，必须长期坚持并不断发展。习近平新时代中国特色社会主义思想从理论和实践结合上系统回答了新时代坚持和发展什么样的中国特色社会主义、怎样坚持和发展中国特色社会主义这个重大时代课题，提出了新时代中国特色社会主义基本方略，明确了新时代坚持和发展中国特色社会主义的总目标、总任务、总体布局、战略布局和发展方向、发展方式、发展动力、战略步骤、外部条件、政治保证等基本问题，是对党的十八大以来我们党理论创新成果的最新概括和表述，回应了时代关切和实践要求，为中国特色社会主义注入了新的科学内涵，进一步彰显了中国特色社会主义时代特色、实践特色、理论特色、民族特色，续写了中国特色社会主义的光辉篇章，为我们全面建设社会主义现代化国家提供了根本遵循。

（三）实现中华民族伟大复兴是中国工人运动的时代主题。

中国工会十六大明确提出：为实现中华民族伟大复兴的中国梦而奋斗，是我国工人运动的时代主题。2013 年 10 月 23 日，习近平总书记同全国总工会新一届领导班子成员集体谈话，充分肯定中国工会十六大确定的为实现中华民族伟大复兴的中国梦而奋斗的工人运动时代主题。习近平总书记在党的十九大上指出，在新时代中国特色社会主义的伟大实践中，要以党的坚强领导和顽强奋斗，激励全体中华儿女不断奋进，凝聚起同心共筑中国梦的磅礴力量！这既是对我国工人阶级为实现中国梦不懈奋斗的动员，又是在实现中国梦的新征程上开展党的职工群众工作的指针。

我国工人运动是在党直接领导下发展起来的。在我国，中国共产党和中国工会都是中国工人阶级自己的组织，有着共同的阶级基础。作为中国工人阶级的先锋队，我们党能够按照马克思主义的基本立场、观点和方法研究分析中国社会问题，帮助我国工人阶级深刻认识自身所承担的崇高使命，同时，根据国际国内形势发展变化，及时提出与所处历史阶段相吻合的阶段性目标任务，指引中国工人运动朝着正确政治方向前进。我们党的所有这些目标任务，最终都是为了最大限度地实现好、维护好和发展好包括工人阶级在内的全国各族人民的根本利益。中国工会成立 90 多年的发展历程表明，正是由于我国工人运动始终沿着党指引的方向前进，始终把实现党在不同历史时期确立的目标作为自身的历史使命和时代主题，我国工人运动才能蓬勃发展、工人阶级也才能不断发展壮大。

在新民主主义革命时期，我国工人运动为实现民族独立、人民解放而奋斗。中国工人阶级发扬大无畏革命精神，投身反帝反封建的新民主主义革命洪流之中，党领导下的工人运动成为中国工会运动的主流。在这一时期，中国工会按照党确立的符合当时形势的工运策略和活动方式，提高工人阶级的政治觉悟，动员工人群众开展各种形式的斗争，注意协调劳资关系和保护工人群众经济利益，团结动员广大工人为实现党提出的奋斗目标而斗争。

在社会主义革命和建设时期，我国工人运动为建立和巩固人民当家作主的新政权、建立起独立的比较完整的工业体系和国民经济体系而奋斗。工人阶级成为国家、社会和自己命运的主人，党领导下的中国工会成为新生人民政权的“主要建设者”。在这一时期，中国工会动员带领广大工人坚决响应党的号召，焕发国家主人翁精神，按照党的总路线、总任务和“以生产为中心，生产、生活、教育三位一体”的工会工作方针，参与国营、公营、合作社企业管理，发挥对私营企业的监督作用，开展以技术革新和技术革命为中心的增产节约运动等，为实现党和国家目标任务积极发挥作用。

在改革开放新时期，我国工人运动为坚持和发展中国特色社会主义而奋斗。中国工人阶级是国家的领导阶级，作为工人阶级的群众组织，中国工会是党联系职工群众的桥梁和纽带，是社会主义国家政权的重要社会支柱，是职工利益的代表者和维护者。在这一时期，中国工会按照党推进中国特色社会主义伟大事业的总体要求，坚持围绕中心、服务大局，团结广大职工坚定不移跟党走，充分发挥工人阶级主力军作用，在党和国家工作大局中发挥了不可替代的重要作用。

进入新世纪以来，我国工人运动为全面建设小康社会、坚持和发展中国特色社会主义而奋斗。中国工会高举中国特色社会主义伟大旗帜，坚持中国特色社会主义道路、中国特色社会主义理论体系、中国特色社会主义制度、中国特色社会主义文化，正确把握自身所处历史方位的变化，以理论创新为先导，努力推动体制创新、工作创新，团结动员亿万职工，为全面建设小康社会、加快推进社会主义现代化作出新贡献，谱写了我国工人运动新的壮丽篇章。

党的十八大以来，面对错综复杂的国际形势和艰巨繁重的改革发展任务，以习近平同志为核心的党中央以巨大的政治勇气和强烈的责任担当，提出一系列新理念新思想新战略，出台一系列重大方针政策，推出一系列重大举措，推进一系列重大工作，解决了许多长期想解决而没有解决的难题，办成了许多过去想办而没有办成的大事，推动党和国家事业发生历史性变革，国家经济实力、科技实力、国防实力、综合国力、国际影响力和人民获得感显著提升，我们比历史上任何时期都更接近、更有信心和能力实现中华民族伟大复兴的目标。

党的十九大确定了决胜全面建成小康社会、开启全面建设社会主义现代化国家新征程的目标，赋予了工人阶级和工会组织新的历史使命。实现中华民族伟大复兴的中国梦，最大限度地体现了广大职工的根本利益，也为工会组织团结动员广大职工焕发主人翁精神、在党和国家工作大局中发挥更大作用，提供了宽广舞台。为实现中国梦而奋斗，对于我国工人运动来说，既是时代的责任，更是历史的使命。在新的形势下，我国工人运动只有高举中国特色社会主义伟大旗帜，牢牢把握为实现中国梦而奋斗这个时代主题，才能引领历史潮流，坚持正确方向，迈向更加光辉的未来。

中国工会作为中国共产党领导的工人阶级群众组织，作为党联系职工群众的桥梁和纽带，要秉承党的初心和使命，永远与职工群众同呼吸、共命运、心连心，维护和发展好职工群众利益，就要牢牢把握为实现中华民族伟大复兴而奋斗的我国工人运动时代主题。

二、在深刻认识新时代新目标新要求中牢牢把握工人运动时代主题

党的十九大明确宣示中国特色社会主义进入了新时代，意味着近代以来久经磨难的中华民族迎来了从站起来、富起来到

强起来的伟大飞跃，迎来了实现中华民族伟大复兴的光明前景；意味着科学社会主义在二十一世纪的中国焕发出强大生机活力，在世界上高高举起了中国特色社会主义伟大旗帜；意味着中国特色社会主义道路、中国特色社会主义理论、中国特色社会主义制度、中国特色社会主义文化不断发展，拓展了发展中国家走向现代化的途径，给世界上那些既希望加快发展又希望保持自身独立性的国家和民族提供了全新选择，为解决人类问题贡献了中国智慧和中国方案。这个新时代，是承前启后、继往开来、在新的历史条件下继续夺取中国特色社会主义伟大胜利的时代，是决胜全面建成小康社会、进而全面建设社会主义现代化强国的时代，是全国各族人民团结奋斗、不断创造美好生活、逐步实现全体人民共同富裕的时代，是全体中华儿女勠力同心、奋力实现中华民族伟大复兴中国梦的时代，是我国日益走近世界舞台中央、不断为人类作出更大贡献的时代。中国工会要牢牢把握新时代工人运动的时代主题，完成新时代赋予的新使命，必须深刻认识新时代中国特色社会主义的历史方位，准确理解以协调推进“四个全面”战略布局带动推进“五位一体”总体布局的新要求，才能在党和国家工作大局中彰显工会工作的新形象、新作为。

（一）中国的发展站到了新的历史方位，但仍处于社会主义初级阶段。

经过长期努力，中国特色社会主义进入了新时代，这是我国发展新的历史方位。这一重大政治论断，是从党和国家事业发展大局出发，从历史和现实、理论和实践、国内和国际结合上思考得出的结论。报告用“三个意味着”，从中华民族、科学社会主义、人类社会三个维度，深刻阐明了中国特色社会主义进入新时代的历史意义；又用“五个时代”，从伟大事业、发展目标、人民幸福、民族复兴、人类贡献五个方面，深刻阐明了中国特色社会主义进入新时代的基本特征。正确认识我国发展的历史方位是我们做好各项工作、有序推进改革与发展、完成历史任务和历史使命的重要前提。

历史方位的变化没有改变我们对我国社会主义所处历史阶段的判断。“我国仍处于并将长期处于社会主义初级阶段的基本国情没有变，我国是世界最大发展中国家的国际地位没有变。”在这一时期呈现的发展阶段性特征是在社会主义初级阶段这一大背景下的新特征、新状态、新矛盾，而不是超越了社会主义初级阶段的阶段性特征。对于这一点，必须有足够的战略清醒和战略定力。要牢牢把握社会主义初级阶段这个基本国情，牢牢立足社会主义初级阶段这个最大实际，牢牢坚持党的基本路线这个党和国家的生命线、人民的幸福线，领导和团结全国各族人民，以经济建设为中心，坚持四项基本原则，坚持改革开放，自力更生，艰苦创业，为把我国建设成为富强民主文明和谐美丽的社会主义现代化强国而奋斗。

（二）党的行动指南与时俱进了，但仍要坚持和发展中国特色社会主义的时代主题。

党的十九大的最大亮点、党的理论的重大创新成果，就是提出了习近平新时代中国特色社会主义思想，并把它同马克思列宁主义、毛泽东思想、邓小平理论、“三个代表”重要思想、科学发展观一道确立为党的行动指南。准确把握习近平新时代中国特色社会主义思想的核心要义和丰富内涵，具有极其重大的现实意义和深远的历史意义。

习近平新时代中国特色社会主义思想最重要、最核心的内容就是“八个明确”，这“八个明确”，高度凝练、提纲挈领，构成了系统完备、逻辑严密、内在统一的科学体系。而“十四个坚持”则系统阐述了新时代坚持和发展中国特色社会主义的基本方略。习近平新时代中国特色社会主义思想是指导思想层面的表述，侧重于理论与思想的要求，新时代坚持和发展中国特色社会主义的基本方略是习近平新时代中国特色社会主义思想的重要组成部分，是行动纲领层面的表述，侧重于方针和策略的实践要求。两者体现了理论与实践相统一、认识论和方法论相一致、战略与战术相结合的理论特色。同时必须认识到，中国特色社会主义是改革开放以来党的全部理论和实践的主题。党的十八大以来，我们党的全部理论和实践探索都是围绕这个主题来展开、深化和拓展的。正如习近平总书记指出的，“坚持和发展中国特色社会主义是一篇大文章，邓小平同志为它确定了基本思路和基本原则，以江泽民同志为核心的党的第三代中央领导集体、以胡锦涛同志为总书记的党中央在这篇大文章上都写下了精彩的篇章。现在，我们这一代共产党人的任务，就是继续把这篇大文章写下去。”

（三）我国社会的主要矛盾发生变化，但仍要坚定不移地把发展作为党执政兴国的第一要务。

党的十九大提出，我国社会主要矛盾发生变化，是人民日益增长的美好生活需要和不平衡不充分的发展之间的矛盾。这一变化是关系全局的历史性变化，是对未来中国发展方向、发展目标的精准定位，是我们党对中国特色社会主义进入新时代重要特征的科学概括，也是我们进入新时代的重要标志之一。

新中国成立以来，我们党对社会主要矛盾的判断有四次变化。第一次是 1956 年党的八大，指出主要矛盾是先进的社会制度同落后的社会生产力之间的矛盾。第二次是 1962 年党的八届十中全会，把无产阶级同资产阶级的矛盾确定为整个社会主义历史阶段的主要矛盾。第三次是 1981 年党的十一届六中全会，指出社会主要矛盾是人民日益增长的物质文化需要同落后的社会生产之间的矛盾。第四次就是2017年党的十九大。时隔36年后，我们党再提我国社会主要矛盾，从“人民日益增长的物质文化需要”到“人民日益增长的美好生活需要”，从“落后的社会生产”到“不平衡不充分的发展”。这样的判断，是基于中国国情的科学判断。一方面，人民美好生活需要日益广泛、愈益强烈，只讲“物质文化需要”，已经不能真实反映人民群众变化了的需求。另一方面，经过40年的改革开放，我国社会生产力水平总体上显著提高，社会生产能力在很多方面进入世界前列，再讲“落后的社会生产”，也不符合实际了。

但与发达国家相比，我国生产力发展在总体上依然处于中等水平，发展不平衡不充分的状态并没有根本改变。这种不平衡不充分表现为经济、政治、社会、文化和生态文明建设等领域发展不平衡，东中西部、城市与农村、发达地区与欠发达地区等区域发展不平衡，经营管理者、一线职工、农民工等不同社会群体在共享发展成果方面不平衡；这种不充分表现为整个社会的发展总量尚不丰富、发展程度尚不够高、发展态势尚不够稳固。发展不平衡不充分已经成为满足人民日益增长的美好生活需要的主要制约因素。这就要求必须坚定不移地把发展作为党执政兴国的第一要务，贯彻落实新发展理念，建设现代化经济体系，着力解决好发展不平衡不充分问题，大力提升发展质量和效益，努力实现更高质量、更有效率、更加公平、更可持续的发展，更好满足人民在经济、政治、文化、社会、生态等方面日益增长的需要，更好推动人的全面发展、社会全面进步。

（四）新时代推进中国特色社会主义伟大事业有了新的安排部署，但仍要坚持为中国人民谋幸福、为中华民族谋复兴的初心和使命。

党的十九大明确了实现第一个百年目标的战略重点，对第二个百年奋斗目标进行了战略规划，提出了两个重要时期、作出了两个阶段和“两步走”战略安排。基本实现社会主义现代化的主要目标要求是：

——在经济建设方面，我国经济实力、科技实力将大幅跃升，跻身创新型国家前列。我国经济将保持中高速增长、产业迈向中高端水平，经济发展实现由数量和规模扩张向质量和效益提升的根本转变。社会主义市场经济体制将更加完善，全面开放新格局加快构建，经济活力明显增强。形成若干世界级先进制造业集群，全要素生产率明显提升，基本建成现代化经济体系。发展空间格局得到优化，以城市群为主体、大中小城市和小城镇协调发展的城镇化格局基本形成，基础设施体系更加完备，城市品质明显提升。科技创新能力持续增强，在2020年建成创新型国家之后，到2035年跃升至创新型国家前列。

——在政治建设方面，人民平等参与、平等发展权利得到充分保障，法治国家、法治政府、法治社会基本建成，各方面制度更加完善，国家治理体系和治理能力现代化基本实现。党的领导、人民当家作主、依法治国达到高度有机统一。人民民主更加充分发展，人民代表大会和人民政协制度更加完善，民主选举、民主协商、民主决策、民主管理、民主监督得到有效落实，人权得到充分保障，人民积极性、主动性、创造性进一步发挥。政府公信力和执行力大为增强，人民满意的服务型政府基本建成。依法治国得到全面落实，科学立法、严格执法、公正司法、全民守法的局面基本形成。

——在文化建设方面，社会文明程度达到新的高度，国家文化软实力显著增强，中华文化影响更加广泛深入。中国梦和社会主义核心价值观深入人心，爱国主义、集体主义、社会主义思想广泛弘扬，全体人民的文化自信、文化自觉和文化凝聚力不断提高。重视社会公德、职业道德、家庭美德、个人品德的社会风尚基本养成，人民思想道德素质、科学文化素质、健康素质明显提高。公共文化服务体系、现代文化产业体系和市场体系基本建成，中外文化交流更加广泛，中华文化走出去达到新水平。

——在民生和社会建设方面，人民生活更为宽裕，中等收入群体比例明显提高，城乡区域发展差距和居民生活水平差距显著缩小，基本公共服务均等化基本实现，全体人民共同富裕迈出坚实步伐。实现幼有所育、学有所教、劳有所得、病有所医、老有所养、住有所居、弱有所扶的美好愿景，实现更高质量和更充分就业。我国进入高收入国家行列，人口预期寿命和国民受教育程度达到世界先进水平。现代社会治理格局基本形成，社会充满活力又和谐有序。政府治理和社会调节、居民自治良性互动，公平正义充分彰显，人民获得感、幸福感、安全感更加充实、更有保障、更可持续。

——在生态文明建设方面，生态环境根本好转，美丽中国目标基本实现。清洁低碳、安全高效的能源体系和绿色低碳循环发展的经济体系基本建立，生态文明制度更加健全。绿色发展的生产方式和生活方式基本形成，能源、水等资源利用效率达到国际先进水平。大气、水、土壤等环境状况明显改观，生态安全屏障体系基本建立，生产空间安全高效、生活空间舒适宜居、生态空间山青水碧的国土开发格局形成，森林、河湖、湿地、草原、海洋等自然生态系统质量和稳定性明显改善。我国碳排放总量将在 2030 年左右达到峰值后呈现下降态势，在应对全球气候变化和促进绿色发展中发挥重要作用。

从改革开放后的“三步走”战略到新时代的“两个阶段”战略安排，从温饱、小康、全面小康、基本实现社会主义现代化，到建成社会主义现代化强国，发展阶段和具体任务不断调整变化，但为中国人民谋幸福、为中华民族谋复兴的初心和使命贯穿始终，没有也不会变。正如习近平总书记指出的，“事业发展永无止境，共产党人的初心永远不能改变”。这是激励中国共产党人不断前进的根本动力。2017 年 10 月 31 日，党的十九大闭幕仅一周，习近平总书记就带领新一届中央政治局常委开始了一趟初心之旅，专程前往上海和浙江嘉兴瞻仰上海中共一大会址和浙江嘉兴南湖红船，回顾建党历史，重温入党誓词，宣示新一届党中央领导集体的坚定政治信念。这充分展示了新一届中央领导集体时刻不忘初心、矢志永远奋斗的坚定决心，彰显了新一届中央领导集体为实现十九大提出的目标任务而奋斗的责任感和使命感。

（五）我们党面临新的执政环境和条件，但仍要坚持党的领导、加强党的建设的决心和意志。

当前，我们党面临的执政环境和条件都发生了很大改变，影响党的先进性、弱化党的纯洁性的因素复杂，执政考验、改革开放考验、市场经济考验、外部环境考验的长期性和复杂性，精神懈怠危险、能力不足危险、脱离群众危险、消极腐败危险的尖锐性和严峻性，都对党的建设提出了新的更高要求。

围绕新时代共产党人的新使命，党的十九大提出了新时代党的建设总要求，第一次把党的政治建设纳入党的建设总体布局，强调以党的政治建设为统领，进行具有许多新的历史特点的伟大斗争，深入推进党的建设新的伟大工程，推进中国特色社会主义伟大事业。这充分展示了我们党以永不懈怠的精神状态和一往无前的奋斗姿态，毫不动摇坚持和完善党的领导、毫不动摇把党建设得更加坚强有力的信心和决心，证明了我们党是始终走在时代前列、人民衷心拥护、勇于自我革命、经得起各种风浪考验、朝气蓬勃的马克思主义执政党。

三、在推动工会工作创新发展中牢牢把握工人运动时代主题

党的十九大描绘的决胜全面建成小康社会、夺取新时代中国特色社会主义伟大胜利的宏伟蓝图，为工会组织发挥作用提供了有利机遇和广阔舞台。中国工会十七大召开后，习近平总书记同全国总工会新一届领导班子集体谈话时强调，我国广大职工要牢牢把握为实现中国梦而奋斗的时代主题，为各级工会完成党的十九大提出的目标任务，充分发挥工人阶级主力军作用指明了方向，明确了要求。把握为实现中华民族伟大复兴的中国梦而奋斗这一我国工人运动的时代主题，是工人阶级发挥主力军作用、展现主人翁风采的重要体现，是工会组织围绕中心服务大局、体现价值彰显作为的重要途径。按照习近平总书记的重要讲话精神，中国工会十七大再次强调，新的历史条件下，工会组织必须从服务党和国家工作大局上考虑工会工作怎么样紧跟中国特色社会主义进入新时代，团结动员广大职工走在新时代的前列。要按照党的十九大的战略部署和工会十七大提出的目标任务，找准工会贯彻落实的切入点着力点落脚点，推动新时代工会工作创新发展，不断展现新作为、展示新气象、再上新台阶。

（一）坚持走中国特色社会主义工会发展道路。

中国特色社会主义是改革开放以来党的全部理论和实践的主题，中国特色社会主义道路是实现社会主义现代化、创造人民美好生活的必由之路。落实在我们工会工作中，就是必须坚持中国特色社会主义工会发展道路。中国特色社会主义工会发展道路是中国特色社会主义发展道路的重要组成部分，深刻地反映了中国工会的性质和特点，是工会组织和工会工作始终沿着正确方向前进的重要保证。要强化党的领导的观念，党是领

导一切的。工会自觉地接受党的领导，这是中国特色社会主义工会发展道路的核心，是工会工作的政治生命线。要通过扎实有效的工作，把坚持党的领导和社会主义制度落实到广大职工群众中去，把包括农民工在内的更多的职工群众吸引到工会中来，引导工人阶级听党话、跟党走，不断巩固和发展党执政的阶级基础和群众基础。

（二）团结动员广大职工为决胜全面建成小康社会、奋力夺取新时代中国特色社会主义伟大胜利建功立业。

要牢牢把握为实现中华民族伟大复兴的中国梦而奋斗这一我国工人运动的时代主题，担负起引导职工群众听党话、跟党走的政治责任，激发广大职工主人翁精神，发挥工人阶级主力军作用，在新征程的伟大实践中锐意进取、埋头苦干，不断作出新贡献。工会干部既要有热心肠，又要有真本领，能干会做，善作善成。要把握稳中求进工作总基调，树立新发展理念，引导职工以国家重大战略、重大工程、重大项目、重点产业等为主攻方向，以“当好主人翁、建功新时代”为主题，广泛深入持久开展多种形式的劳动和技能竞赛，建设知识型、技能型、创新型劳动者大军。扎实推进产业工人队伍建设改革，推动完善产业工人技能形成和提升体系，改进技能评价方式，畅通产业工人发展通道，培养更多高技能人才，造就一支有理想守信念、懂技术会创新、敢担当讲奉献的宏大的产业工人队伍。加强对职工的思想政治引领，推动广大职工把践行社会主义核心价值观作为情感认同和行为习惯。大力弘扬劳模精神和工匠精神，深入开展“中国梦·劳动美”主题宣传教育活动，进一步叫响做实“大国工匠”品牌，培养和造就更多的工匠人才，努力营造劳动光荣的社会风尚和精益求精的敬业风气，以劳动托起中国梦。

（三）切实维护好、发展好职工群众利益。

要贯彻落实以人民为中心的发展思想，坚持党的全心全意依靠工人阶级方针，切实维护好职工各项权益。健全以职工代表大会为基本形式的企事业单位民主管理制度，保障职工的知情权、参与权、表达权、监督权。维护职工就业创业权利，促进高校毕业生等青年群体、农民工多渠道就业创业，推动实现更高质量和更充分就业。推动完善政府、工会、企业共同参与的协商协调机制，构建和谐劳动关系。加强供给侧结构性改革中的职工维权服务力度，解决好就业安置、职业培训、工资报酬、安全生产、社会保障等职工群众最关心最直接最现实的利益问题。把打赢脱贫攻坚战作为工会一项重要任务，继续加大城市困难职工帮扶力度，加强困难职工帮扶中心、职工服务中心和站点建设，确保到2020年广大职工同步迈入小康社会。深入推进“互联网+”工会普惠性服务，打造方便快捷、务实高效的服务职工新通道。落实意识形态工作责任制，加强阵地建设和管理，牢牢掌握意识形态工作领导权。加强工会维稳和防抵渗透工作，坚持防范在前、关口前移、直面问题，有力有效应对各种风险挑战，坚决反对、遏制和依法打击所谓的“独立工会”“民间工会”，坚决维护职工队伍和工会组织的团结统一。

（四）努力开创工会系统改革的新局面。

要以更大力度更实举措推动工会改革向基层延伸。要把保持和增强政治性、先进性、群众性贯穿深化工会改革全过程，采取更加具体、更加有力、更加有效的措施，在建机制、强功能、增实效上下功夫，巩固全总改革试点成果，拓展工会改革的深度和广度，努力开创工会工作新局面。着力扩大工会组织和工会工作有效覆盖，深入开展“强基层、补短板、增活力”行动，加强基层工会规范化建设，进一步增强基层工会吸引力凝聚力战斗力。继续加大工作力度，持之以恒推进农民工入会工作，最大限度把农民工组织到工会组织中来。夯实工会基层基础，着力指导基层工会抓好帮扶解困、企业民主管理、推进平等协商签订集体合同等工作，引导工会干部勤奋学习，既要敢于讲政治，又要善于讲政治，既做实干家，也做宣传家，真正使基层工会强起来、活起来。

（五）推动工会系统全面从严治党向纵深发展。

要层层落实管党治党的政治责任，抓住主体责任这个关键，坚持“一岗双责”，拧紧管党治党的螺丝，增强自觉性，提高执行力。把党的政治建设摆在首位，坚定执行党的政治路线，严格遵守政治纪律和政治规矩，在政治立场、政治方向、政治原则、政治道路上同以习近平同志为核心的党中央保持高度一致。把思想建设作为基础性建设，推进“两学一做”学习教育常态化、制度化，坚持“三会一课”制度，教育引导工会系统党员干部牢记党的宗旨，挺起共产党人的精神脊梁。加强工会系统党风廉政建设和反腐败工作，持之以恒正风肃纪，巩固和拓展落实中央八项规定精神成果，继续整治“四风”问题，强化监督执纪问责，加强纪律教育和警示教育，让党员干部知敬畏、存戒惧、守底线，习惯在受监督和约束的环境中工作生活。坚持严管与厚爱结合、激励与约束并重，落实好干部标准，建设高素质专业化干部队伍，为推进工会工作创新发展提供坚强的组织保障。

坚持以职工为本　履行工会基本职责

王晓华

中国工会第十七次全国代表大会通过的《中国工会章程（修正案）》将中国工会基本职责修改为“维护职工合法权益、竭诚服务职工群众”，明确了中国工会以忠诚党的事业、竭诚服务职工为己任，并增加中国工会“构建联系广泛、服务职工的工作体系，增强团结教育、维护权益、服务职工的功能”“坚持服务职工群众的工作生命线”，以及基层工会“重视人文关怀和心理疏导”“推动落实职工福利待遇”“职业病防治”等重要内容，进一步突出工会维权服务的职能，明确新时代工会基本职责定位。深刻领会把握工会基本职责修改的重要意义，必须坚持以习近平新时代中国特色社会主义思想为指导，紧紧围绕党和国家工作大局和工会工作全局，坚定不移走中国特色社会主义工会发展道路，更好地发挥工会的桥梁和纽带作用，维护职工权益、服务职工群众，履行好引导广大职工听党话、跟党走的政治责任，为实现中国梦展现新作为、作出新贡献。

一、坚持以习近平新时代中国特色社会主义思想为指导，准确把握工会基本职责，在履行工会政治责任中展现新作为

2018 年 10 月 29 日，习近平总书记在同全国总工会新一届领导班子集体谈话中明确指出，工会要坚持以职工为中心的工作导

向，抓住职工群众最关心最直接最现实的利益问题，认真履行维护职工合法权益、竭诚服务职工群众的基本职责，把群众观念牢牢根植于心中，哪里的职工合法权益受到侵害，哪里的工会就要站出来说话。这些重要论述，为工会按照工会章程的规定要求，切实履行好基本职责提供了强大的理论依据和思想动力。这次工会章程对中国工会基本职责的定位，既是贯彻落实习近平总书记重要讲话精神的重大举措，又是工会理论创新和发展的重大成果，为做好新时代工人运动和工会工作指明了方向。

（一）对工会基本职责进行修改，是深入贯彻落实党的十九大精神的重要体现。

党的十九大是在全面建成小康社会决胜阶段、中国特色社会主义进入新时代的关键时期召开的一次十分重要的大会。党的十九大确立习近平新时代中国特色社会主义思想为我们党在新时代必须长期坚持的指导思想，是我们做好新时代各项工作的思想指南和行动纲领。党的十九大报告通篇贯穿了以人民为中心的发展思想，提出“坚持在发展中保障和改善民生”“必须多谋民生之利、多解民生之忧，在发展中补齐民生短板、促进社会公平正义，在幼有所育、学有所教、劳有所得、病有所医、老有所养、住有所居、弱有所扶上不断取得新进展”“保证全体人民在共建共享发展中有更多获得感，不断促进人的全面发展、全体人民共同富裕”。这些重要论述充分展示了我们党不忘初心、为人民谋幸福的宗旨意识和执政取向，对推进新时代工会工作创新发展指明了前进方向，提供了强大动力。此次《中国工会章程》修改，将“维护职工合法权益，竭诚服务职工群众”作为工会基本职责，要求强化“坚持服务职工群众的工作生命线”“构建联系广泛、服务职工的工作体系，增强团结教育、维护权益、服务职工的功能”，充分体现了工会紧扣中国特色社会主义进入新时代的时代主题，顺应我国社会主要矛盾的新变化和职工群众对美好生活的新期待，聚焦工会维权服务的主责主业，将推动解决职工群众最关心最直接最现实的利益问题，作为保障和改善民生的关键环节与工会工作的生命线，进一步明确了新时代工会推动完善保障民生制度，完善服务职工群众体系，保障职工群众基本生活，不断满足人民日益增长的美好生活需要，不断促进社会公平正义的职责任务，更好地发挥团结凝聚职工群众的作用，使工会工作自觉融入到党和国家工作大局之中，凝聚起广大职工为实现中国梦而努力奋斗的磅礴力量。

（二）对工会基本职责进行修改，是贯彻落实习近平总书记关于工人阶级和工会工作的重要论述的重大举措。

党的十八大以来，以习近平同志为核心的党中央高度重视工人阶级和工会工作。习近平总书记指出：“工会要把做好新形势下职工群众工作、调动职工群众积极性和创造性作为中心任务，把巩固党执政的阶级基础和群众基础作为政治责任，竭诚为职工群众服务，切实维护职工群众权益，不断焕发工会组织的生机活力。”这些重要论述为做好新时代工会工作指明了前进方向。此次工会章程修改深入贯彻落实习近平总书记强调的“保障职工群众经济、政治、文化、社会权益是我国社会主义制度的根本要求，是党和国家的神圣职责，也是发挥广大职工群众积极性、主动性、创造性最重要最基础的工作。工会要赢得职工群众信赖和支持，必须做好维护职工群众切身利益工作，促进社会公平和正义”的重要论述，充分发挥工会组织离职工最近、联系职工最直接、服务职工最具体的优势，进一步推进各级工会不断创新群众工作方法，着力扩大覆盖面，增强代表性；着力强化服务意识，提高维权能力；着力加强队伍建设，提升保障水平，不断增强工会的吸引力、凝聚力、战斗力。

（三）对工会基本职责进行修改，是适应新的历史方位、与时俱进、开拓创新的客观需要。

一直以来，工会始终将党的历史方位作为自己的历史方位，带领职工群众努力完成各个时期党的历史任务。工会基本职责始终是由工会所处的历史方位决定的。不同时期、不同历史方位中工会承担的历史任务不同，其基本职责和工作重点也有所不同，与我们党的历史方位相适应。在新民主主义革命时期，工会在党的领导下，组织发动广大工人群众，为推翻帝国主义、封建主义和官僚资本主义的统治，夺取全国政权进行不屈不挠的斗争。在社会主义革命和建设时期，工会带领广大职工以主人翁的姿态，为恢复和发展国民经济、加快社会主义建设艰苦创业，工会的维权工作主要是帮助职工改进生产条件，改善生活福利。在改革开放时期，工会组织引导广大职工积极支持和投身改革与建设，努力保护、调动和发挥广大职工的积极性、创造性，工人阶级在深化改革、促进发展、保持稳定中主力军作用得到较好发挥。在发展中国特色社会主义市场经济过程中，由于经济关系、劳动关系发生深刻变化，利益格局深刻调整，工会维权工作强调要全面履行各项社会职能、突出维护职能，将维护职工合法权益作为工会的基本职责，做到主动维权、依法维权、科学维权等。当前，我国处在全面建成小康社会的关键阶段，随着我国社会主要矛盾转化为人民日益增长的美好生活需要和不平衡不充分的发展之间的矛盾，工会工作对象、重点、内容、方式、途径等发生了一系列新变化，劳动关系领域新情况新问题不断出现。这些对工会工作提出了新的要求，要求中国工会始终坚持从我国经济社会实际出发，紧紧抓住职工最直接最迫切最现实的利益诉求，着力解决职工群众面临的最困难最操心最忧虑的实际问题，善于运用协调劳动关系机制，着力解决劳动关系矛盾，并自觉围绕党和国家工作大局，积极丰富工会工作内容，拓展服务职工群众的载体和手段，增强服务职工群众的效果，为工会在全面建成小康社会的伟大征程中不辱使命提供有力支撑。

（四）对工会基本职责进行修改，是履行中国工会社会职能、切实发挥工会组织作用的现实需要。

工人阶级是党最坚实最可靠的阶级基础，是改革开放和社会主义现代化建设的主力军。中国工会是党联系职工群众的桥梁和纽带，是国家政权重要的社会支柱。中国工会只有自觉坚持中国共产党的领导，才能真正做好职工群众利益的代表者和维护者。当前，工会工作的内外部环境更加复杂多样，这就需要各级工会组织和广大工会干部坚持用习近平新时代中国特色社会主义思想武装头脑，进一步增强政治敏锐性，增强为党的工运事业不懈奋斗的责任感和使命感，切实加强工会组织建设，认真履行维护职工合法权益、竭诚服务职工群众的职责，耐心细致做好群众思想工作，着力解决职工群众存在的各种困难，充分激发职工群众的劳动热情和创造活力，动员广大职工建功立业，为全面建成小康社会、坚持和发展中国特色社会主义做出新贡献。

二、坚定不移走中国特色社会主义工会发展道路，更好地维护职工权益、服务职工群众，不断增强工会组织的吸引力凝聚力战斗力

2005 年 7 月，全总第十四届六次主席团会议审议通过了《关于坚持走中国特色社会主义工会发展道路的决议》。2008 年 10 月召开的中国工会十五大，肯定中国工会十四大以来工会理论的创新成果，进一步丰富完善了“中国特色社会主义工会发展道路”

理论，形成了中国特色社会主义工会发展道路的理论体系。

中国工会基本职责的丰富发展，既是始终坚持走中国特色社会主义工会发展道路的客观要求，也是不断丰富和发展中国特色社会主义工会发展道路的重要体现。纵观中国工会基本职责的发展变化，是一个继承发展、与时俱进的过程。毛泽东同志指出:“工会是保护工人利益的堡垒。”邓小平同志指出：“工会必须密切联系群众，使广大工人都感到工会确实是工人自己的组织，是工人信得过的、能替工人说话和办事的组织。”江泽民同志指出：“工会肩负着维护职工群众合法权益的基本职责。”胡锦涛同志指出：“要切实把表达和维护广大职工群众的利益作为一切工会工作的出发点和落脚点。”习近平同志强调：“要把竭诚为职工群众服务作为一切工作的出发点和落脚点，全心全意为广大职工群众服务，认真倾听职工群众呼声，维护好广大职工群众包括农民工合法权益，扎扎实实为职工群众做好事、办实事、解难事，不断促进社会主义和谐劳动关系。”2003年9月22日召开的中国工会第十四次全国代表大会审议通过《中国工会章程（修正案）》，将维护职工合法权益由工会的“主要社会职能”确定为“基本职责”，明确表述“中国工会的基本职责是维护职工合法权益”。2006年12月，全总十四届十一次主席团会议形成了“以职工为本，主动依法科学维权”的中国特色社会主义工会维权观和“促进企业发展、维护职工权益”的企业工会工作原则。应当说，从“组织起来、切实维权”工会工作方针到坚持走中国特色社会主义工会发展道路；从“促进企业发展、维护职工权益”的企业工会工作原则到“以职工为本、主动依法科学维权”的工会维权观，中国工会基本职责从“维护职工合法权益”修改为“维护职工合法权益，竭诚服务职工群众”，是中国工会坚持实事求是、与时俱进的思想路线，始终紧扣时代主题，不断丰富和发展中国特色社会主义工会发展道路，推动工会事业创新发展的重要体现。认真履行工会基本职责，应当把握以下几个方面工作。

一是坚持在党的领导下履行基本职责。中央党的群团工作会议对群团组织保持和增强政治性、先进性、群众性提出了明确要求。加强政治性，就要始终坚持党对工会工作的正确领导，坚持走中国特色社会主义工会发展道路，把党的理论和路线方针政策贯彻落实到工会工作各方面、全过程。坚持自觉接受中国共产党的领导，是做好工会工作的根本政治原则和根本政治保证。历史证明，任何时候只有自觉接受党的领导，维护党的领导核心地位，中国工会才能朝着正确方向前进，才能成为推动社会主义事业的重要力量，工会事业才能蓬勃发展。在党的正确领导下，开展工会维权服务工作，正确处理长远利益和眼前利益、整体利益和局部利益的关系，是中国工会增强政治性的必然要求和时代使命。

二是在坚持走中国特色社会主义工会发展道路中履行基本职责。"组织起来、切实维权"的工作方针，"以职工为本，主动依法科学维权"的中国特色社会主义工会维权观，是中国特色社会主义工会发展道路的基本内涵。中国工会是职工合法权益的代表者和维护者，要始终坚持主动依法科学维权，旗帜鲜明地维护职工合法权益。新时代要适应职工队伍不断发展变化、思想多元化、诉求多样化的特点，表达职工利益诉求，反映职工意愿呼声，千方百计为职工群众办实事好事，叫响做实"职工有困难找工会"。

三是在坚持以职工为中心的工作导向中履行基本职责。习近平总书记多次提出，"全党必须牢记，为什么人的问题，是检验一个政党、一个政权性质的试金石"。"人心向背"是一个政党、一个组织兴衰存亡的决定性因素。坚持以人民为中心的发展思想，要求我们必须坚持以职工为中心的导向，多谋职工群众之利，多解职工群众之忧。坚持以职工为本，一切依靠职工群众，一切为了职工群众，把密切联系职工群众作为工会工作的生命线，把竭诚为职工群众服务作为工会工作的出发点和落脚点，把职工群众愿意不愿意、答应不答应、满意不满意作为衡量工作成效的重要依据。

站在新的历史起点上，工会坚持走中国特色社会主义工会发展道路，就必须贯彻落实“组织起来、切实维权”的工会工作方针，竭诚服务职工群众，建立健全科学有效的利益协调机制、诉求表达机制、矛盾调处机制、权益保障机制。实践证明，各级工会履行基本职责越到位，越能调动起广大职工群众筑梦圆梦的巨大热情和无穷力量，越能体现出新时代的显著特征和丰富内涵。

三、认真履行工会基本职责，不断推动职工权益保障工作创新发展

职工权益包括经济权益、政治权益、精神文化权益、社会权益等多个方面。工会权益保障的工作重点是维护职工的劳动经济权益。具体来说，主要通过不断强化四个方面工作，推进职工劳动经济权益的实现。

（一）坚持“源头参与、制度保障”的工作主线。

2013 年 10 月 23 日，习近平总书记在同全总领导班子成员集体谈话时指出：要“更好维护和发展职工群众利益。”“要推动发展和谐劳动关系，代表职工群众主动参与立法和政策制度，从制度上源头上保障职工群众利益、发展职工群众利益。”各级工会要把职工权益保障工作主动纳入党和国家权益保障工作大

局考虑，从强化参与制度建设着手，以保障全体职工的合法权益为出发点落脚点，通过参与政策法律制定，推动政策法律的贯彻落实，从制度上保障职工权益。

（二）进一步夯实新时期职工权益保障工作的基础。

进一步健全完善职工权益保障工作机制，充分发挥整个保障系统的功能作用，建立起运转顺畅的工作机制，形成上下协调推进维权服务的工作体系。建立健全各级工会源头参与制度，充分发挥部际联席会议和各级政府联席会、协调劳动关系三方机制及人大代表、政协委员作用，畅通参政议政渠道。建立完善各级权益保障调查研究机制，嫁接社会资源，强化权益维护能力建设。完善职工帮扶（服务）中心建设，进一步明确帮扶中心功能定位和发展方向，把帮扶中心打造成工会服务职工的综合性平台，成为工会延伸服务手臂和触角的执行部门。强化帮扶中心枢纽型功能，引入外部资源和社会力量，为职工提供更加专业更加有效的服务。

（三）扎实抓好工会权益保障重点工作。

一是进一步加强工会就业服务工作，努力推动实现更高质量、更加充分就业。就业是民生之本，各级工会要高度重视促进就业工作，积极参与就业工作协调机制，会同有关部门制定出台相关政策文件，推动党和国家各项促进就业政策的落实。各级工会努力发挥密切联系企业和职工的优势，切实加强工会就业指导服务工作，积极引导帮助职工进入公共就业服务体系。围绕高质量就业，积极开展就业质量评估，为基层工会和企业工会提供简洁实用、可操作性强的就业质量评估工具，为有效推动高质量就业政策实施提供现实依据。继续抓好去产能职工安置等重点工作任务，继续关注去产能职工安置问题，要加强对新技术、新经济、新业态就业问题的调查研究，对规范新就业形态发展、维护职工权益提出意见和建议。同时，继续落实国家区域发展战略，加大东北地区就业援助力度，推动经济转型发展。

二是积极推动收入分配制度改革，促进形成公平合理的分配格局。工资收入是民生之源。各级工会要积极参与和推动国家收入分配政策制定实施，进一步加强对收入分配领域理论和实践问题的研究，努力推动政府完善工资决定机制、正常增长机制和支付保障机制，落实促进低收入群体增收的各项政策，切实保障职工劳动报酬权益，增加职工获得感、幸福感。各级工会要坚持以工资集体协商制度作为工会参与企业收入分配的重要切入点，推动形成共商共决的企业工资分配机制。积极参与指导各地最低工资标准调整工作，加大力度协助政府部门做好全面治理拖欠农民工工资工作，推动“治欠保支”各项工作落到实处，切实保证劳动者实现劳有所得。密切关注经济增速放缓对收入分配的影响，关注经济结构不断资本密集化、技术密集化对非技能劳动力的就业和收入增长的冲击，化解过剩产能以及环境整治过程中带来的就业和收入分配问题。

三是按照“兜底线、织密网、建机制”的基本要求，确保职工享有充分的社会保障。社会保障是民生安全网、社会稳定器，与人民幸福安康息息相关，关乎职工的切身利益和长远利益。各级工会要按照党的十九大报告提出的“全面建成覆盖全民、城乡统筹、权责清晰、保障适度、可持续的多层次社会保障体系”的要求，积极协助政府扎实推进全面实施全民参保计划，重点关注困难企业和中小企业员工、农民工、灵活就业人员和新就业形态人员等群体。进一步推动完善社会保险制度，密切关注在推进养老保险改革、深化医保制度改革、完善失业工伤保险、社会救助、社会福利、慈善事业等制度过程中，对职工利益格局的影响，积极反映职工诉求，确保让改革发展成果更多更公平地惠及职工群众。同时，要加强监督社会保险法律法规贯彻落实，推动社保各项政策惠及职工群众，维护职工社会保险权益。

四是进一步做好新时代工会集体协商、协调劳动关系工作。围绕党的十九大报告提出的“完善政府、工会、企业共同参与的协商协调机制，构建和谐劳动关系”要求，进一步深化集体协商工作，在进一步巩固提高建制率的基础上，不断增强集体协商的实效性，提高职工的参与度与满意度。推动完善集体协商相关法律政策制度，加快制定出台《工资集体协商条例》等法律法规，为基层工会开展集体协商提供政策支持。大力开展集体协商质效评估工作，把“职工认可不认可、满意不满意”作为核心评价标准，对集体协商质效进行考核评估和奖惩激励。以提质增效为目标，进一步增强集体协商的灵活性、针对性和有效性。进一步加强对基层工会集体协商工作的指导服务，通过购买社会服务等手段，加快行业工种劳动定额、工时工价的制定，积极开发集体协商工具包和职工代表培训模块，为基层工会开展集体协商提供便利工具。努力做好新时代协调劳动关系各项工作，重点推动完善劳动合同、集体合同制度和三方协商协调机制建设，加强劳动关系发展态势监测和分析研判机制建设，进一步加强工会协调劳动关系能力建设，积极做好劳动关系的调处工作。进一步深化和谐劳动关系创建活动，推动创建活动的深入发展。

五是统筹推进工会服务农民工工作。农民工是产业工人的重要组成部分。各级工会要高度重视服务农民工工作，密切关注新时代农民工新期盼和新需求，围绕实现缩小城乡发展差距和基本公共服务均等化、促进农民工市民化、提高农民工教育培训水平、促进农民工就业创业、推动农民工自身发展、解决农村“三留守”问题、为农民工提供心理服务等方面努力开展工作。进一步提高农民工组织化程度，创新农民工入会方式方法，拓宽职工便捷入会渠道，深化“互联网+”工会普惠性服务工作，逐步实现农民工会员管理的实名制、信息化。要强化对农民工的思想引领，积极参与涉及农民工切身利益的法律法规和重大政策的制定并推动实施，切实维护好农民工的劳动经济权益，着力推进农民工享受城镇均等化社会服务。重点关注以新生代农民工为主体的新产业、新业态、新模式下从业者的劳动经济权益问题，推动相关政策落实。

六是加快推进困难职工解困脱困。经过各级工会的不懈努力，工会建档立卡的困难职工已经由 2013 年 6 月的 489 万户下降到 2018 年 1 月的 247 万户，各级工会累计筹集帮扶资金 200 亿元，帮助 242 万户困难职工家庭脱困。到 2020 年，这些贫困职工都要脱困清零，必须下大力气按时完成。当前要做好精准识别困难职工的状况、状态和需求，实现困难职工数据和社会救助信息进行比对，对困难职工状况进行核查，为实现精准帮扶提供技术支撑。同时，各级工会要把困难职工解困脱困工作纳入脱贫攻坚大局统筹考虑，进一步完善社会救助体系，出台专项帮扶政策，搭建社会资源和困难职工需求精准对接平台，运用公益性捐赠税前列支的有利政策，引导大中型企业等设立专项公益基金，汇聚公益慈善、企业社会责任、职工互助等诸多资源，集中到困难职工身上，确保困难职工能够得到工会的帮扶，让他们切身感受到党和政府及工会组织的温暖，感受到社会主义制度的优越性。

坚持自觉接受党的领导 坚定不移走中国特色社会主义工会发展道路

张　广

中国工会第十七次全国代表大会通过的《中国工会章程（修正案）》，坚持开宗明义表明"中国工会是中国共产党领导的职工自愿结合的工人阶级群众组织，是党联系职工群众的桥梁和纽带"。工会章程修改过程中，增写"中国工会坚持自觉接受中国共产党的领导，承担团结引导职工群众听党话、跟党走的政治责任，巩固和扩大党执政的阶级基础和群众基础"，"中国工会落实新时代党的建设总要求，以党的政治建设为统领，全面加强党的建设，增强政治意识、大局意识、核心意识、看齐意识，坚定道路自信、理论自信、制度自信、文化自信，坚决维护习近平总书记党中央的核心、全党的核心地位，坚决维护党中央权威和集中统一领导，在思想上政治上行动上同以习近平同志为核心的党中央保持高度一致"，"工会各级领导机关，加强对下级组织的领导和服务"等内容。这是中国工会站在新的历史起点上，立足自身性质特点，着眼工会组织创新发展，充分体现新时代新要求，坚定不移走中国特色社会主义工会发展道路的郑重宣示，对于各级工会和广大工会干部进一步把握正确政治方向，开创新时代工会工作新局面，具有重要的理论和实践意义。

一、中国工会坚持自觉接受党的领导的必要性和重要性

中国工会90多年的发展和实践探索充分证明，中国工会坚持自觉接受党的领导，是中国工会由小到大、由弱到强，不断发展壮大的重要法宝，归根到底是由中国共产党和中国工会的性质决定的，是历史形成并经历史证明的正确选择，是推进新时代工会工作发展的必由之路。

（一）中国共产党和中国工会的性质决定了中国工会必须坚持自觉接受党的领导。

工会同党的关系，本质上是工人阶级先锋队同本阶级群众之间的关系。马克思主义认为，工人阶级要完成自己的崇高使命，必须靠工人阶级政党来加强领导，必须靠工会来巩固团结。工会和工人阶级政党都是工人阶级组织，有着共同的阶级基础，是工人运动的产物，是工人阶级和劳动群众的工具，致力于实现工人阶级利益。工会是工人阶级联合的初级形式，是先于工人阶级政党出现的工人阶级最广泛的群众组织；工人阶级政党则是工人阶级联合的最高形式，是由工人阶级中最富有觉悟的先进分子组成，以科学理论武装、具有极严格的铁的纪律的工人阶级先锋队，负有在政治上统一领导工会等工人阶级组织的重要责任。中国共产党是中国工人阶级的先锋队，代表中国最广大人民的利益，除了工人阶级和最广大人民群众的利益，没有自己特殊的利益。中国工会是职工自愿结合的工人阶级群众组织，是会员和职工利益的代表。中国共产党、中国工会与中国工人阶级具有高度的利益共同性和目标一致性，这就使得中国工会自然要选择与我国工人阶级的先锋队——中国共产党相

结合。中国共产党自成立之日起，始终把建立和领导工会工作作为自己的一项重要任务；中华全国总工会则自诞生之日起，就将自己同党的事业紧密相联。在不同历史时期，坚持自觉接受党的领导，以党的基本理论和路线方针政策为指导，确定自己的工作方针和任务，并通过加强工会系统党的建设，充分发挥各级工会党组织作用，推动引领各级工会始终沿着正确道路前进，促进了我国工会的发展壮大和持续健康发展。

（二）历史经验表明中国工会必须坚持自觉接受党的领导。

坚持中国共产党的领导，是中国工会的政治优势和优良传统，是区别于资本主义国家工会组织的鲜明标志。这是历史形成的，是历史的必然选择。在历史上，凡是进步的、革命的工会，都必然靠近并且自觉接受无产阶级政党的领导。这是因为无产阶级政党是工人阶级的先锋队组织，是用马克思主义武装起来的党，能够真正代表广大工人阶级的根本利益和意愿，代表了人类社会历史发展的前进方向，具有远大的前途。但是，二者关系的密切程度如何，则因各国具体历史条件的不同而有很大的差别。一个国家共产党和工会的建立先后对二者的相互关系有相当程度的影响。欧洲一些国家的工会先于工人阶级的政党而建立，曾长期受到资产阶级或小资产阶级政党的影响，所以有的工会与工人阶级政党的关系不够密切。而在中国，虽然早期工会萌芽于辛亥革命，五四运动前后出现过少量现代工会组织，但革命工会则是在中国共产党的领导下建立和发展起来的。中国工会的发展史表明，资产阶级招牌工会等其他形形色色的工会，都被历史无情地淘汰了，只有中国共产党领导下的革命工会虽历经挫折，却日益发展壮大，在我国革命、建设、改革的不同历史时期作出了重大贡献。由此可见，中国工会的前途命运是与中国共产党的前途命运紧密联系在一起的，只有始终坚持自觉接受党的领导，工会工作才能方向明确、不走偏路，才能做得有声有色、扎实有效，中国工会事业才能欣欣向荣、蒸蒸日上。

（三）中国工会坚持自觉接受党的领导是推进新时代工会工作的必然要求。

党的十九大对决胜全面建成小康社会、开启全面建设社会主义现代化国家新征程、推进新时代中国特色社会主义伟大事业和党的建设新的伟大工程作出了全面部署。实现党的十九大提出的目标任务，需要全党全国各族人民汇聚起团结奋进的磅礴伟力。中国工会是党联系职工群众的桥梁和纽带，是国家政权的重要社会支柱，肩负着团结引导广大职工为实现中华民族伟大复兴的中国梦而奋斗的重要使命。新时代新使命要求中国工会必须进一步做好新时代的工会工作。习近平总书记指出，中国特色社会主义最本质的特征是中国共产党领导，中国特色社会主义制度的最大优势是中国共产党领导，党是最高政治领导力量。要建立健全坚持和加强党的全面领导的组织体系、制度体系、工作机制，切实把党的领导落实到改革发展稳定、内政外交国防、治党治国治军等各领域各方面各环节。习近平总书记强调，工会工作做得好不好、有没有取得明显成效，关键看有没有坚持正确政治方向。坚持正确政治方向，就是要坚持中国共产党领导和社会主义制度。由此可见，中国工会坚持中国共产党的领导是中国特色社会主义的内在要求，自觉接受中国共产党的领导是中国工会的生命线，是做好工会工作的根本政治原则和根本政治保证。新时代各级工会只有坚持自觉接受党的领导，才能始终保持正确政治方向，统筹做好工会各项工作，在党和国家工作大局中更好地发挥工会组织的作用。

二、新时代中国工会坚持自觉接受党的领导必须把握的主要原则

工会坚持自觉接受党的领导既是一个理论问题也是一个实践问题，需要全面地、历史地、辩证地看待和分析有关问题，在积极探索中不断丰富和完善有关理论和实践。在中国特色社会主义进入新时代的历史条件下，关键要把握好以下几个原则。

（一）旗帜鲜明地坚持党的领导。

工会不同于一般的社会组织，是重要的政治组织。纵观世界各国，尽管有的工会组织公开宣称自己是独立的，不受任何政党的影响和控制，但事实上工会组织仍与政党之间存在着千丝万缕的联系，甚至十分紧密的关系。比如，英国工会与英国工党的关系就十分紧密。在我国，党政军民学，东西南北中，党是领导一切的。中国工会接受中国共产党的领导既是工人阶级政党和工会的性质使然，更深深根植于中国大地，有着丰富的历史文化土壤。中国工会在产生、地位、职能、组织体制等方面，都有自身特点，与其他国家工会特别是西方工会有着本质区别和显著不同。中国工会 90 多年的历史充分说明，中国工会自觉接受中国共产党的领导是历史的选择，也是决定中国工运前途命运的正确选择。新中国成立后，我国《宪法》《工会法》《中国工会章程》对此一直都有明确规定和体现。特别是进入 21 世纪以来，随着工会理论和实践的发展，坚持自觉接受党的领导已经成为中国特色社会主义工会发展道路的核心，成为中国工会沿着正确道路前进，始终保持生机和活力的根本政治保证。新时代，广大工会干部务必牢记，自觉接受党的领导是中国工会的显著特点和光荣传统，是中国工会的政治优势和根本政治原则。在这个问题上，必须旗帜鲜明、毫不含糊，理直气壮、始终坚持。

（二）不断夯实思想政治基础。

政治上的坚定来自理论上的清醒。只有理论上清醒，才能在面对来自国际国内的有关置疑和攻击时，保持头脑清醒、立场坚定，坚持工会自觉接受党的领导不动摇；才能从中国工会的性质和特点出发，着眼完成新的使命任务，坚持加强工会系统党的建设不停步。广大工会干部要坚持不懈、一以贯之地加强思想理论武装，用马克思主义工运理论和党的工运理论武装头脑、指导实践、推动工作，特别是要用习近平新时代中国特色社会主义思想统领新时代的工会工作。党的十八大以来，习近平总书记对党的工运事业和工会工作高度重视，深刻阐明了工会工作的地位作用、目标任务、实践要求，科学回答了工人阶级和工会工作的一系列方向性、根本性、战略性重大问题，形成了习近平总书记关于工人阶级和工会工作的重要论述。这些重要论述涵盖了工会工作各领域、各方面，把我们党对工运事业和工会工作的规律性认识提升到一个新高度，是对马克思主义劳动学说和工运学说的传承和升华，是习近平新时代中国特色社会主义思想的重要组成部分，是新时代工运事业和工会工作创新发展的理论指导与行动指南。各级工会和工会干部要深入学习这一重要论述，特别是关于工会自觉接受党的领导的论述，注意划清中国特色社会主义工会发展道路与西方工会理论的界限，进一步增强政治性、先进性、群众性，保证工会紧扣党和国家工作大局、紧跟时代节拍，团结引导广大职工群众听党话、跟党走，充分发挥工人阶级的主力军作用。

（三）以党的政治建设为统领全面加强党的建设。

工会坚持自觉接受党的领导是现实的、具体的，不仅要体现在思想上、政治上，更要体现在行动上。党对工会的领导是政治领导、思想领导、组织领导，主要是政治领导。基本实现途径是在工会中设置党组、建立基层党组织、发展党员，并发挥其作用。这就必然要求全面推进工会系统党的政治建设、思想建设、组织建设、作风建设、纪律建设，把制度建设贯穿其中，深入推进反腐败斗争，不断提高党的建设质量，从而充分发挥工会中党组织的领导核心作用、战斗堡垒作用和党员的先锋模范作用，使工会在政治上坚持党指引的方向，在思想上以党的理论武装头脑，在组织上接受党的领导，并通过工会的决议、政策等，把党的理论和路线方针政策以及党委决策部署真正转化为工会组织与广大职工的自觉行动。而要加强工会系统党的建设，必须以党的政治建设为统领。这是因为，党的政治建设是党的根本性建设，决定党的建设方向和效果，不抓党的政治建设或背离党的政治建设指引的方向，党的其他建设就难以取得预期成效。在党的建设总体布局中，党的政治建设是“灵魂”和“根基”，是管总、管根本的，党的其他建设都要围绕党的政治建设来进行，都要服从、服务于党的政治建设，都要体现和反映党的政治建设的要求。党的其他建设的成效，最终要以政治建设的实际效果作为检验标准。如果党的政治建设不力，党的其他建设就会失去根基、迷失方向，提高党的建设质量就会成为一句空话。中国工会是中国共产党领导的职工自愿结合的工人阶级群众组织，这就决定了中国工会必须认真贯彻落实新时代党的建设总要求，以高度的政治自觉、思想自觉、行动自觉，坚定不移推进工会系统党的政治建设。只有把党的政治建设摆在首位，旗帜鲜明讲政治，才能以党的建设的实际成效保障和促进工会更好地坚持自觉接受党的领导，坚定不移地走中国特色社会主义工会发展道路。

（四）把坚持党的领导同依法依章程开展工作紧密结合起来。

坚持自觉接受党的领导是工会的政治立场和政治原则，也是工会的工作准则和具体要求，必须始终不渝予以坚持。党的领导有多种实现形式，从法律的角度讲，法律是人民意志的体现，同时也是党的路线方针政策的法律化的表现形式，工会依照宪法和相关法律法规以及工会章程开展工作，其实质也就是接受党的领导。在中国特色社会主义国家中，党组织要发挥总揽全局、协调各方的领导作用，党对工会的领导主要是政治领导，不必也不可能包办工会的所有工作。工会有自身的性质和特点，有健全完善、自成体系的组织系统，有不同于其他社会组织的活动方式和工作规律，需要把对党负责和对职工群众负责紧密结合起来，把贯彻党的主张和反映职工群众的愿望结合起来，从职工群众的具体实际和自身的特殊性出发，扎实有效地开展工作，从而把职工群众最广泛最紧密地团结在党的周围，把党的政策主张落到实处。因此，各级工会要在坚持党的领导原则下，依照宪法和相关法律法规以及工会章程的有关规定，紧密结合工会和职工队伍实际，积极主动、独立自主、创造性地开展工作。只有这样，工会工作才能既把正政治方向，又贴近职工群众，取得让党组织放心，让职工群众满意的成效，从而充分发挥党联系职工的桥梁和纽带作用，把广大职工和自己的先锋队紧密联系在一起，使党的领导具体而深入地落实到职工群众中去。

三、新时代中国工会坚持自觉接受党的领导必须做好的重点工作

坚持自觉接受党的领导，是新时代中国工会坚定不移走中

国特色社会主义工会发展道路，开创工会工作新局面面临的首要课题和重大任务。2018 年 10 月 29 日，习近平总书记同全国总工会新一届领导班子集体谈话时明确指出，工会要忠诚党的事业，通过扎实有效的工作把坚持党的领导和我国社会主义制度落实到广大职工群众中去。各级工会必须认真学习领会习近平总书记重要讲话精神，着眼新的形势和任务，高度重视，统筹谋划，突出重点，扎实推进有关工作。

（一）用习近平新时代中国特色社会主义思想武装广大职工和工会干部头脑。

坚持自觉接受党的领导，必须以科学理论武装广大干部头脑。各级工会要把深入学习贯彻习近平新时代中国特色社会主义思想，学习贯彻习近平总书记关于工人阶级和工会工作的重要论述，作为当前和今后一个时期工会组织的首要政治任务，真正学深悟透，并贯穿到学习贯彻工会十七大精神，推进新时代工会工作的具体实践中。要建立健全长效化、常态化制度机制，在现有基础上往深里学、往实里做，深入持久广泛地开展学习，深刻领会其时代背景、科学体系、精神实质、实践要求和重大意义。要健全完善传达学习制度，及时传达习近平总书记重要讲话和党中央重要会议、指示精神，使各级工会干部在第一时间了解和学习。建立完善日常学习制度，通过制度化举办专题培训班、研修班、集中轮训等方式，有计划、有步骤、分专题地开展学习。要不断拓展载体方式，把学习贯彻习近平总书记关于工人阶级和工会工作的重要论述作为加强工会系统党的建设的重要内容，贯穿到“三会一课”、主题党日等活动中去。通过举办报告会、开设辅导讲座、开展班组学习、举办知识问答，用好工会报刊、工会院校、工人文化宫、职工书屋和微博、微信、客户端等传播平台，进行立体化、互动式理论宣讲，增强学习实效。要分类、分层次、有重点地抓好工会干部和职工群众的学习，工会领导干部要发挥示范和表率作用，带头学习、先学一步、学深一些。要组建劳模代表宣讲团，组织劳动模范和基层工会干部积极参加宣讲活动，让身边人讲身边事，提高学习的感染力和针对性。要进一步深化对习近平总书记关于工人阶级和工会工作的重要论述的研究阐释，不断夯实学习贯彻工作的思想理论基础。通过切实强化习近平新时代中国社会主义思想在工会工作中的指导地位，聚焦习近平总书记关于工人阶级和工会工作的重要论述这一主线，深刻汲取其理论营养，把学习成果转化为增强“四个意识”、坚定“四个自信”的政治自觉，转化为牢记党的宗旨、坚定理想信念的思想自觉，转化为改造主观世界、锤炼坚强党性的行动自觉。使习近平新时代中国特色社会主义思想始终成为引领工会前进的思想旗帜、精神旗帜，推动各级工会贯彻落实新时代党的建设总要求，提高政治站位、保持战略定力，提升政治能力、强化责任担当，推进全面从严治党向纵深发展，不断提高工会系统党的建设质量。坚持自觉接受党的领导，坚定不移走中国特色社会主义工会发展道路，确保工会工作的正确政治方向。牢牢把握工人阶级和工会组织的新使命，认真谋划、精心部署，扎实推进新时代工会工作。

（二）建立健全坚持自觉接受党的领导的体制机制。

坚持自觉接受党的领导，必须坚持思想建党和制度治党相结合，建立健全相关的组织体系、制度体系、工作体制。要按照《中共中央关于加强和改善党对工会、青年团、妇联工作领导的通知》《中共中央关于加强和改进党的群团工作的意见》等文件要求，实行好工会受同级党组织和上级工会双重领导，以同级党组织领导为主的体制。坚持工会工作中的重大问题及时向党组织汇报，提请党组织研究决定。建立健全工会向同级党组织请示、报告重要工作制度，切实做到职工队伍重大情况、工会重要工作第一时间向党组织请示、报告。建立完善上级工会定期听取下级工会工作汇报和意见建议制度，推动解决工会工作重大问题，形成更加有效的各级工会协同联动和运转机制。加强与有关党组织的联系沟通，切实履行协管工会干部职责，不断加大协管工作力度，配合相关党委（党组）共同做好工会干部管理工作，选优配强各级工会领导班子，推进工会领导干部队伍建设。加强工会系统党组织建设，充分发挥工会中党组织的领导核心作用、战斗堡垒作用和党员的先锋模范作用。根据党章赋予党组领导机关和直属单位党组织工作职责的新变化、新要求，进一步发挥工会领导机关党组的领导核心作用，全面加强对机关党建工作的领导，大力支持机关党委和各级党组织的工作。建立健全党建工作领导小组，坚持谋全局、议大事、抓落实，充分履行研究议事、组织协调、制度规范的职责，领导和协调各成员单位积极发挥作用，推进党建工作决策部署的贯彻落实。机关党委、机关纪委要充分发挥组织领导、教育引领、督促检查、监督管理等作用，各基层党组织要切实担负起全面从严治党的主体责任。要进一步健全完善党建责任体系，明确工作职责，落实“一岗双责”，坚持党建与业务工作同部署、同推进、同检查、同考核。探索建立党建工作考核评价机制，进一步规范党建工作考核的形式、内容、指标，形成科学完备的考核评价体系。把党建工作作为考核评价领导班子和领导干部的重要标准，切实增强落实党建工作责任制的导向性和权威性。

（三）突出抓好工会系统党的政治建设。

以党的政治建设为统领，全面加强工会系统党的建设，是把党的领导落到实处的重要政治保证。各级工会党组织要认真学习贯彻新时代党的建设总要求，落实管党治党政治责任，突出抓好工会系统党的政治建设。要认真落实《中共中央政治局关于加强和维护党中央集中统一领导的若干规定》精神，增强“四个意识”，坚定“四个自信”，做到“四个服从”，坚决维护习近平总书记党中央的核心、全党的核心地位，坚决维护党中央权威和集中统一领导。坚定执行党的政治路线，严守党的政治纪律和政治规矩，在政治立场、政治方向、政治原则、政治道路上始终同以习近平同志为核心的党中央保持高度一致。坚持政治高标准、党性严要求，严格落实党内政治生活若干准则、党内监督条例等党内政治生活制度，坚持民主集中制，坚持“三会一课”制度，开展民主生活会、组织生活会、主题党日等活动，把党内政治生活作为锤炼党性的熔炉、强化纪律的训练场，不断增强党内政治生活的政治性、时代性、原则性、战斗性。结合推进“两学一做”学习教育常态化制度化，系统学习党章，把学习贯彻党章作为党员干部学习培训和民主生活会、组织生活会的重要内容，让党章深深刻印在每个党员干部的心里，引导党员干部自觉尊崇党章，坚决贯彻党章，全面维护党章。按照党中央统一部署，认真开展工会系统“不忘初心、牢记使命”主题教育，教育引导党员干部用习近平新时代中国特色社会主义思想武装头脑，践行党的宗旨，加强党性修养，解决好世界观、人生观、价值观这个“总开关”问题。充分运用中国工会的光荣历史和优良传统作风，讲好中国工人阶级和中国工会故事，大力弘扬忠诚老实、公道正派、实事求是、清正廉洁等价值观，为加强和规范党内政治生活，构建风清气正的政治生态营造良好氛围。各级工会领导机关要按照党中央的要求，在深入学习贯彻习近平新时代中国特色社会主义思想上作表率，在始终同以习近平同志为核心的党中央保持高度一致上作表率，在坚决贯彻落实党中央各项决策部署上作表率，成为让党委放心、让职工群众满意的模范机关。

（四）持之以恒推进工会党风廉政建设。

推进党风廉政建设，是把党的领导具体而深入地落实到工会工作全过程各方面的重要保障。各级工会党组织要按照中央要求，认真履行“两个责任”，不断增强抓党风廉政建设的政治自觉。要保持定力、久久为功，认真落实中央八项规定精神及其实施细则，坚决防止“四风”反弹回潮，坚决纠正形式主义和官僚主义，不断巩固拓展工作成果。要聚焦职工群众的切身利益问题，扑下身子、沉到一线，深入企业、走进职工，深入开展调查研究，发现解决实际问题，总结基层工作经验，为做好新时代工会工作提供重要支撑。要进一步健全联系服务职工长效机制，推动完善基层联系点、与职工结对子同劳动、职工需求调查和效果评价等常态化联系职工群众制度，面对面、心贴心、实打实做好职工群众工作。要以强化政治纪律、组织纪律为重点，开展经常性的纪律教育，使铁的纪律转化为党员干部的日常习惯和自觉遵循。坚持把纪律和规矩挺在前面，深化运用监督执纪“四种形态”，加强对党员的日常管理和监督，提高监督执纪水平。严格纪律执行，加强巡视督查，用强有力的问责推动基层党组织落实管党治党责任。工会各级党组织、纪检组织要强化日常监督管理，加强对重点岗位、重点领域、关键环节的监督检查。督促有关部门落实监督职责，充分发挥党内监督、审计监督、群众监督和舆论监督的作用，形成监督的整体合力。加强对拟提拔干部的廉洁审查，坚持“逢提必核”。严格规范评比表彰、工程建设项目，落实扶贫领域专项治理工作。加强对工会经费、工会资产的审查审计和监督，严格规范管理，堵住漏洞，严防黑洞。落实《基层工会经费收支管理办法》，管好用好工人文化宫、工会院校、疗休养院等阵地和资产，持续抓好清理整改工作。

（五）坚持不懈强化工会基层党组织建设。

基层党组织是党的全部工作和战斗力的基础，是推动党中央决策部署贯彻落实的神经末梢和执行终端。各级工会党组织要牢固树立党的一切工作到基层的鲜明导向，认真学习宣传贯彻《中国共产党支部工作条例（试行）》，把抓好党支部作为组织体系建设的基本内容，不断扩大覆盖面，着力提高组织力和领导力，突出政治功能，强化政治引领，推动党支部担负好直接教育党员、管理党员、监督党员和组织群众、宣传群众、凝聚群众、服务群众的职责。选好配强基层党组织领导班子，抓好党组织书记队伍建设，优化党支部、党小组设置，创新党支部运行机制、活动载体、活动方式，坚持“三会一课”制度，发挥组织生活会、民主生活会作用，用好批评和自我批评利器，把工会基层党组织建设成为宣传党的主张、贯彻党的决定、领导基层工会、团结动员职工、推动改革发展的坚强战斗堡垒。加强基层党组织制度建设，完善基层党组织理论学习、决策议事、激励考评、工作保障等制度机制，切实做到用制度管人管事、用制度规范约束党员行为，进一步强化党组织的战斗堡垒作用和党员的先锋模范作用，推动基层党组织设置从“有形覆盖”向“有效覆盖”转变，组织活动从“偏于形式”向“突出作用”转变。

坚持党的全心全意依靠工人阶级的根本指导方针 凝聚新时代工人阶级奋斗伟力

彭 恒 军

中国工会十七大通过的《中国工会章程（修正案）》，贯彻落实习近平总书记关于工人阶级和工会工作的重要论述，增写中国工会“把握为实现中华民族伟大复兴的中国梦而奋斗的工人运动时代主题”“大力弘扬劳模精神、劳动精神、工匠精神”“加强产业工人队伍建设改革”“立足本职岗位建功立业”等内容，贯彻党的全心全意依靠工人阶级的根本指导方针，对于充分发挥工人阶级在改革开放和社会主义现代化建设中的主力军作用，团结动员广大职工以主人翁姿态建功新时代，为实现中华民族伟大复兴的中国梦贡献力量，具有重要意义。

一、充分认识党的全心全意依靠工人阶级的根本指导方针的历史意义、现实意义和长远意义

坚持全心全意依靠工人阶级是我们党的一贯主张。中国共产党的阶级基础是工人阶级，工人阶级孕育了中国共产党。我们党自成立之日起，就把自己定性为工人阶级政党。在新的历史条件下坚持党的全心全意依靠工人阶级的根本指导方针，关系到巩固党的阶级基础和执政地位，关系到中国特色社会主义

事业兴衰成败，也关系到中国工运事业的未来发展。全心全意依靠工人阶级要把准政治方向。党的十八大以来，习近平总书记多次强调，工人阶级是我国的领导阶级，是中国先进生产力和生产关系的代表，是我们党最坚实最可靠的阶级基础，是全面建成小康社会、坚持和发展中国特色社会主义的主力军；要大力弘扬工人阶级的主人翁精神，焕发蕴藏于工人阶级的无穷创造力，把工人阶级的智慧和力量凝聚到推动各项事业上来，实现党和国家确立的发展目标。习近平总书记指出："不论时代怎样变迁，不论社会怎样变化，我们党全心全意依靠工人阶级的根本方针都不能忘记、不能淡化，我国工人阶级地位和作用都不容动摇、不容忽视。"习近平总书记的重要论述，为坚持党的全心全意依靠工人阶级的根本指导方针指明了前进方向。

全心全意依靠工人阶级要解决认识问题。在当代中国，包括广大知识分子在内的工人阶级和广大劳动群众始终是推动我国经济社会发展、维护社会安定团结的根本力量。那种无视我国工人阶级成长进步的观点，那种无视我国工人阶级主力军作用的观点，那种以为科技进步条件下工人阶级越来越无足轻重的观点，都是错误的、有害的。当前，因为加快转变经济发展方式、促进经济结构战略性调整、化解过剩产能等原因，一些企业和职工遇到了种种困难，越是这样，越要发挥职工群众主人翁作用，越要关心职工群众生产生活和职业发展，把党的全心全意依靠工人阶级的根本指导方针落实好。

全心全意依靠工人阶级要解决实践问题。2016 年 10 月 10 日，习近平总书记在全国国有企业党的建设工作会议上强调："坚持全心全意依靠工人阶级的方针，是坚持党对国有企业领导的内在要求。"各级党委和政府要把全心全意依靠工人阶级方针贯彻到经济、政治、文化、社会、生态文明建设以及党的建设各方面，维护和发展劳动者的利益，保障劳动者的权利，坚持社会公平正义，排除阻碍劳动者参与发展分享发展成果的障碍，努力让劳动者实现体面劳动、全面发展。全心全意依靠工人阶级，要在政治上保证、制度上落实、素质上提高、权益上维护，不能只当口号喊、标签贴，而要贯彻到经济、政治、文化、社会、生态文明建设以及党的建设各方面，落实到党和国家制定政策、推进工作全过程，体现到企业生产经营各环节。要发挥社会各方面作用，激发全社会活力，群众的事同群众多商量，大家的事人人参与。要不断营造环境、搭建平台、畅通渠道、创新方式，为广大职工成长成才、就业创业、报效国家、服务社会创造更多机会，为广大职工参与企事业单位民主管理、参与国家治理和社会治理打开更广阔的通道。

二、深刻理解把握我国工人阶级作为全面建成小康社会、坚持和发展中国特色社会主义主力军作用的重要内涵

工人阶级是最先进的阶级，与最先进的经济形式相联系，力量最集中，掌握先进技术知识最多，代表着新的生产力和生产关系；工人阶级是具有远大前途的阶级，大工业越是发展，工人阶级队伍力量也越强大；工人阶级是最革命、最坚决、最彻底的阶级，觉悟程度最高，在斗争中勇往直前，不仅是资本主义制度的埋葬者，而且是社会主义、共产主义社会的创建者；工人阶级是最有组织性、纪律性的阶级，具有大公无私、团结互助的优良品质。中国工人阶级除具备上述特点外，还具有独特的优点，是近代以来我国最先进的伟大阶级，是我国的领导阶级，是我国先进生产力和生产关系的代表，是我们党最坚实最可靠的阶级基础，是全面建成小康社会、坚持和发展中国特

色社会主义的主力军。实现中华民族伟大复兴的中国梦根本上要靠包括工人阶级在内的全体人民的劳动、创造奉献。在我们党团结带领人民进行革命、建设、改革各个历史时期，工人阶级从来都具有走在前列、勇挑重担的光荣传统，工人运动从来都同党的中心任务紧密联系在一起。工人阶级在社会变革大潮中诞生成长，在推动中国社会进步中发展壮大。作为一支独立的政治力量，工人阶级一登上历史舞台，就显示出推动社会前进的巨大历史作用。在自己的先锋队中国共产党领导下，工人阶级积极投身革命、建设、改革的时代洪流，始终坚定地走在全民族伟大奋斗的最前列，作出了彪炳史册的杰出贡献。

改革开放以来，我国工人阶级队伍不断壮大，素质全面提高，结构更加优化，面貌焕然一新，先进性不断增强。坚持全心全意依靠工人阶级，充分发挥工人阶级主力军作用，把广大职工群众紧紧团结在党和政府周围，这是我们党的一个突出政治优势，也是中国特色社会主义的一个鲜明特点。党的十八大以来，以习近平同志为核心的党中央坚持以人民为中心的发展思想和全心全意依靠工人阶级的方针，推出一系列重大战略举措，出台一系列重大方针政策，推进一系列重大工作，我国职工队伍总体规模不断发展壮大。工人阶级围绕“一带一路”建设、京津冀协同发展、长江经济带发展等国家战略，积极参加劳动和技能竞赛、技术革新、技术协作、发明创造、合理化建议等活动，为推动经济保持中高速增长、产业迈向中高端水平建功立业。

习近平总书记强调，坚持不忘初心、继续前进，就要坚定共产主义远大理想和中国特色社会主义共同理想，不断把为崇高理想奋斗的伟大实践推向前进。党的十九大提出，到 2020 年全面建成小康社会，实现第一个百年奋斗目标，是我们党向人民、向在不同所有历史作出的庄严承诺。2020 年全面建成小康社会后，全党全国各族人民要为实现第二个百年奋斗目标而努力，踏上建设社会主义现代化国家新征程，让中华民族以更加昂扬的姿态屹立于世界民族之林。新的使命和担当，为工人阶级提供了更加壮阔的历史舞台。作为党领导的工人阶级群众组织，必须坚持党的全心全意依靠工人阶级的根本指导方针，在实现中国梦的伟大历史进程中充分发挥工人阶级主力军作用。

三、始终坚持党全心全意依靠工人阶级的根本指导方针，团结动员亿万职工为实现中华民族伟大复兴的中国梦不懈奋斗

2018 年 10 月 29 日，习近平总书记同全国总工会新一届领导班子集体谈话时明确指出，完成党的十九大提出的目标任务，必须充分发挥工人阶级主力军作用。中国工会十七大报告指出，我国工人运动的时代主题，是为实现中华民族伟大复兴的中国梦而奋斗。把握这一主题，是工人阶级发挥主力军作用、展现主人翁风采的重要体现，是工会组织围绕中心服务大局、体现价值彰显作为的重要途径。根据大会提出的要求，在团结动员广大职工以主人翁姿态建功新时代过程中，要着重把握好以下几个方面。

（一）激发亿万职工做新时代的奋斗者。

2018 年 3 月，在第十三届全国人民代表大会第一次会议上，习近平总书记鲜明指出，中国人民是具有伟大奋斗精神的人民，世界上没有坐享其成的好事，要幸福就要奋斗，只要 13 亿多中国人民始终发扬这种伟大奋斗精神，就一定能达到创造人民更加美好生活的目标。2018 年“五一”国际劳动节来临之际，习近平总书记给中国劳动关系学院劳模本科班学员回信，强调“劳动最光荣、劳动最崇高、劳动最伟大、劳动最美丽”，勉励

大家“珍惜荣誉、努力学习，在各自岗位上继续拼搏、再创佳绩，用你们的干劲、闯劲、钻劲鼓舞更多的人，激励广大劳动群众争做新时代的奋斗者”。这是向全体中国人民发出的新时代的集结号和动员令，点燃了工人阶级同心共筑中国梦的精神火炬，激发了工人阶级建功新时代的奋斗伟力。工会要把为实现中华民族伟大复兴中国梦而奋斗作为新时期我国工人运动时代主题，激励广大职工进一步焕发历史主动精神和伟大创造力量，踊跃投身社会主义经济建设、政治建设、文化建设、社会建设和生态文明建设，始终做坚持中国道路的柱石、弘扬中国精神的楷模、凝聚中国力量的中坚。

大力开展劳动和技能竞赛。组织职工积极参加以“践行新理念、建功“十三五”为主题的劳动和技能竞赛。适应职工队伍变化新特点，创新竞赛形式，丰富竞赛内容，努力使竞赛工作常赛常新，引导更多企业开展竞赛，吸引更多职工参加竞赛。组织职工积极参与、支持、推动供给侧结构性改革，踊跃投身大众创业、万众创新，积极参加技术革新、技术协作、发明创造、合理化建议等活动，焕发广大职工劳动热情、释放创造潜能，创造流的工艺、一流的质量、一流的管理、一流的服务，使创新智慧竞相迸发、创新能量充分释放、创新成果大量涌现。

加强职工思想政治引领。深入开展中国特色社会主义理想信念教育，积极培育和践行社会主义核心价值观，深化“中国梦·劳动美”主题教育，通过教育引导、舆论宣传、文化熏陶、行为实践、制度保障，引导广大职工进一步增强中国特色社会主义道路自信、理论自信、制度自信、文化自信，坚定不移跟党走。加强群众性精神文明建设，开展以职业道德为重点的“四德”教育，进一步提高职工岗位奉献和成才意识。动员职工群众广泛参与家庭文明建设，注重家庭家教家风，弘扬中华优秀传统文化。创新职工思想政治工作，准确把握职工思想脉博，加强人文关怀和心理疏导，打造健康文明、昂扬向上的职工文化，不断满足广大职工群众精神文化需求。

提升职工技术技能素质。把提高职工队伍整体素质作为一项战略任务抓紧抓好，发挥工会“大学校”作用加强职工职业技能培训，深入实施职工素质建设工程，帮助职工学习新知识、掌握新技能、增长新本领，拓展广大职工和劳动者成长成才空间。创新职工培养培训、评价选拔、激励使用机制，畅通职工成长成才渠道，厚植工匠文化，恪尽职业操守，崇尚精益求精，奋力追求卓越，练就一身真本领，掌握一手好技术，争做各行各业拔尖人才，打造更多“大国工匠”，叫响做实“大国工匠”品牌。

（二）推进产业工人队伍建设改革。

产业工人是工人阶级中发挥支撑作用的主体力量，是创造社会财富的中坚力量，是创新驱动发展的骨干力量，是实施制造强国战略的有生力量。产业工人队伍建设改革，从党和国家性质着眼，是巩固党的执政基础和阶级基础的内在要求；从促进经济社会持续健康发展着眼，是实施制造强国战略、振兴实体经济的现实需求；从产业工人素质着眼，是维护产业工人合法权益、实现全面发展的迫切需要。置身经济全球化深入发展、新兴经济体快速崛起的时代，是否拥有一支高素质的产业工人队伍，直接关系到我国能否在新一轮科技革命和产业变革中抢占先机、赢得主动。同时，我国产业工人队伍在技术技能、素质结构、体制机制等方面也遇到一系列障碍，这使推进产业工人队伍建设改革，已经成为一项重要而紧迫的战略任务。

党的十八大以来，以习近平同志为核心的党中央坚持以人民为中心的发展思想和全心全意依靠工人阶级的根本指导方针，围绕提高产业工人队伍整体素质、发挥产业工人骨干作用、维护产业工人合法权益、保障产业工人主人翁地位等，作出重要制度安排，制定一系列政策措施，产业工人队伍建设取得新的进展。习近平总书记高度重视工人阶级，时刻牵挂着广大产业工人。习近平总书记亲临全总机关与劳模代表座谈，同全总领导班子面对面集体谈话，每到地方考察总要深入基层看望劳模、慰问产业工人，多次就全心全意依靠工人阶级、推进产业工人建设发表重要讲话、作出重要指示，提出了一系列新思想新观点新要求，为推进产业工人队伍建设改革指明了方向。2017 年 2 月 6 日，习近平总书记主持召开中央全面深化改革领导小组第三十二次会议，审议通过《新时期产业工人队伍建设改革方案》（以下简称《改革方案》），明确提出要把产业工人队伍建设作为实施科教兴国战略、人才强国战略、创新驱动发展战略的重要支撑和基础保障，纳入国家和地方经济社会发展规划，造就一支有理想守信念、懂技术会创新、敢担当讲奉献的宏大的产业工人队伍。《改革方案》发出了推进产业工人队伍建设改革的动员令。站在新的历史起点上，必须坚持以人民为中心的发展思想和全心全意依靠工人阶级的方针，以推进产业工人队伍建设改革为契机，破除思想观念、能力素质、体制机制等方面的障碍，促进职工队伍全面发展，在实现“两个一百年”奋斗目标、实现中华民族伟大复兴中国梦中充分发挥工人阶级主力军作用。

《改革方案》提出的 5 个方面 25 条改革举措，涉及产业工人思想引领、技能提升、作用发挥、支撑保障等方面的体制机制，关系到党委、人大、政府、政协和工会等多个部门，许多工作都与工会有关。《改革方案》明确提出，“建立贯彻落实协调机制，由全国总工会牵头、各相关部门参与，加强对产业工人队伍建设改革的宏观指导、政策协调和组织推进，实现产业工人队伍建设与宏观政策、产业政策、就业政策、社会政策联动，打破部门界限，形成整体合力，勇于责任担当，提高产业工人队伍建设科学化水平”。按照《改革方案》要求，全国总工会要切实履行宏观指导、政策协调、组织推进、督促检查的职责，发挥好牵头作用。各地方、各产业工会和基层工会也要在同级党委领导下，按照统一部署，积极参加贯彻落实协调机制，搞好协调配合，主动开展工作，努力推动改革举措落地见效。同时，各级工会要立足职能定位，结合工作实际，着重做好以下几个方面的工作。

一是团结动员产业工人围绕党和国家的中心任务建功立业，充分发挥主力军作用。经济建设是工会工作主战场，调动职工群众积极性主动性创造性是工会工作的中心任务。要围绕实现“十三五”规划目标任务，服务区域发展总体战略和京津冀协同发展、长江经济带发展、“一带一路”建设等国家战略，深入推进重大战略、重大工程、重大项目、重点产业劳动和技能竞赛，加强和改进组织协调、示范引领、检查评估、评比表彰、宣传推广等，提高产业工人参与率和受益度；要在产业工人中广泛开展技术革新、技术协作、小发明小创造等职工技术创新活动，开展先进操作法总结、命名和推广，发挥职工创新工作室、劳模创新工作室的示范带动作用；要深入实施职工素质建设工程，整合工会职工技能培训资源，发挥工会职工教育阵地优势，发展职工在线教育和网上练兵，加强和改进“职工书屋”建设，引导产业工人提高技术技能素质，培育更多“大国工匠”；要发挥工会民间外交优势，加强产业工人技能国际交流与合作，组织产业工人积极参与参加国际性的产业工人技能交流活动，服务走出去战略和“一带一路”建设。

二是引导产业工人自觉践行社会主义核心价值观，汇聚实现中国梦的强大正能量。工会肩负着引领广大职工听党话、跟党走的政治责任。要把思想政治工作贯穿到产业工人队伍建设改革各项工作中，改进和创新工作方式，从产业工人的实际出发，通过务实管用的载体，深化群众性精神文明创建活动，教育引导广大产业工人自觉践行社会主义核心价值观，不断增强中国特色社会主义道路自信、理论自信、制度自信、文化自信，真正成为党执政的坚实依靠力量、强大支持力量、深厚社会基础；要以职业道德为重点，在广大产业工人中开展社会公德、职业道德、家庭美德、个人品德教育，发挥劳模、道德模范、“最美职工”等先进人物的示范带动作用，打造健康文明、昂扬向上的职工文化；要在产业工人中大力弘扬劳模精神、劳动精神、工匠精神，深化“中国梦·劳动美”主题教育实践，丰富内容、强化实践，抓好重大节日、重要时点主题活动；要加强工会网上舆论阵地和网宣队伍建设，对模糊认识进行引导，对错误言论进行驳斥，亮出工会旗帜，发出工会声音，表明工会立场，在产业工人队伍中弘扬主旋律、传播正能量。

三是强化服务意识、提升服务能力，满腔热情地做好联系服务产业工人工作。密切联系群众是群团组织建设的永恒主题。要建立健全联系产业工人的长效机制，推动下基层活动常态化、制度化，教育广大工会干部养成深入一线产业工人的习惯和自觉，争当全心全意为人民服务宗旨的忠实践行者、党的群众路线的坚定执行者、党的群众工作的行家里手；要构建覆盖广泛、快捷有效的服务职工工作体系，为基层工会和产业工人提供项目式、订单式服务，明确服务对象、服务项目、服务流程、服务标准，提高服务工作精准、精细度和项目运作制度化、规范化水平；要大力推进“互联网 +”工会普惠性服务，加大对困难产业工人解困脱困工作力度，帮助他们解决实际困难；要把工作重心更多地放在一线产业工人特别是农民工身上，深入推进农民工入会和服务双提升工作，最大限度把广大农民工吸收到工会组织中来，提高服务农民工工作实效，多为他们办实事、解难事、做好事，促进农民工融入城市，均等享有基本公共服务。

四是旗帜鲜明维护产业工人合法权益，让改革发展成果更多更公平惠及广大产业工人。工会要赢得广大产业工人的信赖和支持，必须做好维护产业工人切身利益工作，促进社会公平正义。要坚持以人民为中心的发展思想和全心全意依靠工人阶级的方针，坚持把工会维权工作纳入党政主导的维护群众权益机制，高度关注和深入调研钢铁煤炭等行业化解过剩产能、企业兼并重组和处置“僵尸企业”中产业工人权益问题，着力解决就业培训、劳动报酬、社会保障、安全生产等产业工人普遍关心的问题，扩大产业工人对改革的获得感；要推动企业落实以职工代表大会为基本形式的民主管理制度，推进厂务公开、业务公开，坚持企业在重大决策上听取产业工人意见，涉及产业工人切身利益的重大问题必须经过职代会审议，坚持和完善职工董事制度、职工监事制度，鼓励产业工人代表有序参与公司治理；要加大参与立法和制定政策的力度，推动完善协调劳动关系三方机制、政府与工会联席（联系）会议制度，依法代表产业工人与企业普遍开展集体协商特别是行业工资集体协商，加强调查研究，把产业工人队伍状况搞清楚，在参与各项改革中充分反映产业工人利益诉求，努力从源头上保障产业工人的利益。

（三）建设知识型、技能型、创新型劳动者大军。

习近平总书记指出，劳动者素质对一个国家、一个民族发展至关重要，一个国家发展能否抢占先机、赢得主动，越来越取决于国民素质特别是广大劳动者素质，要建设宏大的知识型、技能型、创新型劳动者大军。新时代要深入实施科教兴国战略、人才强国战略、创新驱动发展战略，抓紧抓好提高职工队伍整体素质这项战略任务，拓展广大职工成长成才空间，引导广大职工树立终身学习理念。广大职工要不断学习新知识、掌握新技能、增长新本领，成为知识型、技能型、创新型劳动者，在千帆竞发、百舸争流的时代洪流中勇立潮头，在不进则退、不强则弱的激烈竞争中赢得优势，在报效祖国、服务社会的精彩人生中有所作为。

要引导广大职工努力成为知识型劳动者。有数据显示，我国制造业职工平均受教育年限为12.7年，其中具有大学及以上文化程度的仅占16.4%，与发达国家有明显差距。要引导广大职工要养成勤于思考、刻苦钻研的习惯，主动学习、善于学习，既学习科学文化知识，又学习专业技术知识，使二者相互促进、相互提高，在增长知识上下功夫。

要引导广大职工努力成为技能型劳动者。目前，我国职工队伍整体素质特别是技术技能素质仍然存在不足。全国就业人员7.7亿人，技术工人仅有1.65亿人，技术工人占就业人员比重只有约20%，与市场需求有很大差距。广大职工要勤学苦练、刻苦钻研，掌握新技能、练就新本领，抓住上海成功申办第46届世界技能大赛的契机，利用好企业行业劳动和技能竞赛、合理化建议活动、岗位练兵和网上练兵等平台，在生产实践中快速成长成才，在提升技能上下功夫。

要引导广大职工努力成为创新型劳动者。当前，我国企业创新能力存在多重短板，创新型人才队伍结构性不足，重大科研和工程领域的领军型人才、一流工程师、优秀技术工人等各类型高层次人才严重短缺，一线职工的创新意愿、创新动力、创新能力还不强，还不能很好适应建设创新型国家的需要。广大职工要牢固树立创新意识，培养创新思维，激发创新才智，发挥劳模工匠人才创新工作室的示范作用，积极参与企业技术革新，用好国家和企业鼓励支持创新的各项政策条件，在提高创新能力上下功夫。

深入推进工会改革创新
把工会组织建设得更加充满活力
更加坚强有力

王　英

中国工会十七大通过的《中国工会章程（修正案）》，以习近平新时代中国特色社会主义思想为指导，认真总结在以习近平同志为核心的党中央坚强领导下，工会工作和工会改革取得的理论创新、实践创新和制度创新成果，全面反映基层工会和职工群众创造的新鲜经验。对《中国工会章程》进行修改，为深入推进工会改革创新，把工会组织建设得更加充满活力、更加坚强有力，开创新时代工会工作新局面提供了基本遵循。

一、充分认识新时代深入推进工会改革创新的重要意义

工会改革创新，对于焕发工会组织新的生机和活力，巩固党执政的阶级基础和群众基础，团结引导广大职工群众为决胜全面建成小康社会、实现中华民族伟大复兴的中国梦作贡献，具有重大而深远的意义。

（一）深入推进工会改革创新是贯彻落实习近平新时代中国特色社会主义思想和党的十九大精神的具体实践。

习近平总书记指出，时代在发展，事业在创新，工会工作

也要发展、也要创新；加强和改进新形势下工会工作，最重要的是要保持和增强政治性、先进性、群众性。在建机制、强功能、增实效上下功夫，创新组织体制、运行机制、活动方式、工作方法，让职工群众真正感受到工会是“职工之家”、工会干部是最可信赖的“娘家人”、贴心人，把工会组织建设得更加充满活力、更加坚强有力。这些重要论述，为深入推进工会改革创新指明了方向，提供了强大思想武器，是引领工会谱写新时代工会改革创新新篇章的科学指南。

（二）深入推进工会改革创新是全面深化改革的重要组成部分。

全面深化改革是“四个全面”战略布局中具有突破性和先导性的关键环节。党的十九大和十九届三中全会对全面深化改革提出了新任务。工会工作是党的群团工作、群众工作的重要组成部分，是党治国理政的一项经常性、基础性工作。将工会改革作为全面深化改革的有机组成部分，有利于工会完善组织体制、管理模式，改进运行机制、活动方式，在统筹推进“五位一体”总体布局和协调推进“四个全面”战略布局中更好地发挥作用；有利于进一步增强工会组织的吸引力凝聚力战斗力，把广大职工更加紧密地团结在党的周围；有利于工会组织更好发挥密切联系职工群众的优势，引导广大职工群众投身全面深化改革的洪流，积极参与支持推进改革，夯实改革的群众基础。

（三）深入推进工会改革是坚持群众路线的内在需要。

群众路线是党的生命线和根本工作路线，也是工会工作的生命线和根本工作路线。贯彻落实党的群众路线，要把竭诚为职工群众服务作为工会一切工作的出发点和落脚点，实现好、维护好、发展好职工群众的根本利益。随着经济社会的发展，职工队伍发生深刻变化，农民工已经成为产业工人的主体，职工需求更趋多元，对差异化、精准化服务的需求更加迫切，特别是新生代职工视野更加开阔、自主意识更强，维护自身权益、实现自身价值的呼声日益突出。职工群众对工会组织的迫切需要，既是推动工会工作的重要动力，也是工会改革的努力方向。

（四）深入推进工会改革创新是工运事业和工会工作保持生机活力的内在要求。

近年来，我国经济发展方式加快转变，新的增长动力正在孕育形成，经济运行的新常态特征更加明显，经济社会发展面临一些突出矛盾和问题。与形势任务的要求相比，与党的要求和职工群众的期待相比，工会组织还存在着不适应，工会工作还存在一些亟待解决的问题，影响了工会职能的发挥和工作水平的提升，制约了工会工作的深入开展。只有通过改革，转变思想观念、调整思维方式、创新运行机制和工作方法，努力破解制约工会工作创新发展的制度性障碍，才能不断增添工会工作新活力，把工会工作提高到新水平。

二、在工会章程修改中充分体现工会改革的创新成果

2015 年 7 月，中央召开党的群团工作会议，并决定在全总开展中央群团机关改革试点。全总认真贯彻落实党中央的决策部署，按照增“三性”、去“四化”、强基层、促创新的改革总体思路，认真制定了《全国总工会改革试点方案》，有序有力有效推进改革试点工作。经过近一年的努力，改革试点方案提出的 7 个方面 27 条改革举措均如期完成，原定制订 25 项制度文件而实际出台了 35 项，改革试点工作实现了既定目标，取得了阶段性成果。与此同时，全总坚持以上带下，指导各级工会主动对接、及时跟进，整个工会系统改革全面展开、态势良好。

2017年2月6日，习近平总书记主持召开中央全面深化改革领导小组第三十二次会议，听取了全总、上海、重庆群团改革试点工作总结报告，充分肯定试点工作取得的明显成效，明确要求要继续在建机制、强功能、增实效上下功夫，巩固改革成果。

（一）贯彻落实深化工会改革创新的总体要求。

《中国工会章程》在总则中增写中国工会“保持和增强政治性、先进性、群众性”“坚持自觉接受中国共产党的领导”“承担团结引导职工群众听党话跟党走的政治责任，巩固和扩大党执政的阶级基础和群众基础”“把握为实现中华民族伟大复兴的中国梦而奋斗的工人运动时代主题”等内容，充分体现了深化工会改革创新的总体要求。各级工会组织要全面贯彻党的十九大和十九届三中全会精神，以习近平新时代中国特色社会主义思想为指导，紧紧围绕统筹推进“五位一体”总体布局和协调推进“四个全面”战略布局，牢固树立和贯彻落实新发展理念，落实以人民为中心的发展思想，坚持全心全意依靠工人阶级的方针，坚定不移走中国特色社会主义工会发展道路，紧紧围绕保持和增强政治性、先进性、群众性这条主线，以更大力度、更实举措推进工会改革创新，着力解决“机关化、行政化、贵族化、娱乐化”等问题，在实现国家治理体系和治理能力现代化中更好地发挥工会组织的重要作用。

（二）充分体现深化工会改革创新的基本原则。

一是坚持正确政治方向。《中国工会章程》规定：“中国工会坚持自觉接受中国共产党的领导。”这要求各级工会要增强“四个意识”，坚定“四个自信”，坚决维护习近平总书记党中央的核心、全党的核心地位，坚决维护党中央权威和集中统一领导，在思想上、政治上、行动上同以习近平同志为核心的党中央保持高度一致，要把党的领导、党对职工群众的关心关怀、党中央对工会工作和群团改革等各项要求落到实处。

二是坚持职工主体地位。《中国工会章程》对我国工人阶级性质、地位和作用作出了阐述，增写了“是中国共产党最坚实最可靠的阶级基础”。这要求各级工会在工作中，要尊重和落实职工主体地位，保障会员权利，把广大职工满意不满意、答应不答应、赞成不赞成作为检验深化工会改革创新的根本标准，增强职工对工会改革创新的获得感和满意度。

三是坚持激发基层活力。《中国工会章程》规定：“各级工会领导机关坚持把工作重点放在基层”，并增写了“三个着力”的要求以及增强基层工会的“吸引力凝聚力战斗力”等内容。这要求各级工会要坚持眼睛向下、面向基层，把发挥基层工会作用，打通服务职工“最先一公里”“最后一公里”作为攻坚克难的关键，在力量配备、服务资源等方面向基层倾斜，进一步焕发基层工会的生机和活力。

四是坚持突出问题导向。《中国工会章程》每处的修改内容针对性、实效性都很强，真正体现了改革由问题倒逼而产生，又在不断解决问题中深化。强化问题意识，聚焦工会工作突出问题，通过改革创新破解工会工作中的难点，始终保持改革力度不减，创新动力不衰，坚持以问题为导向，深化工会改革创新，才能产生实实在在的效果，提高创新的整体效益。

（三）进一步明确工会改革创新的目标任务。

《中国工会章程》围绕增“三性”、去“四化”，深化机关改革，推进改革向基层延伸，优化管理模式、创新运行机制、改进活动方式，更好地适应基层和职工需要等方面都做出了必要的规定，还增写了“构建联系广泛、服务职工的工作体系，增强团结教育、维护权益、服务职工的功能”等内容。这些都是深化工会改革创新的重要任务，是深化工会改革创新的“路线图”“目标地”。只有在改革创新中，把这些目标任务一个一个地加以实现，才能在改革创新的征途上取得新突破、做出新成绩。

三、贯彻落实工会章程，深入推进新时代工会工作改革创新

坚定不移推进工会改革，是贯彻落实党中央加强和改进新形势下党的群团工作的重要举措，是工会必须完成的一项重要政治任务。2018 年 10 月 29 日，习近平总书记同全国总工会新一届领导班子集体谈话时强调，工会改革是全面深化改革的重要组成部分。工会要按照党的十九届三中全会对群团组织改革提出的新要求，认真贯彻落实，构建联系广泛、服务职工的工会工作体系。按照党的十九届三中全会审议通过的《深化党和国家机构改革方案》，群团组织改革要认真落实党中央关于群团改革的决策部署，健全党委统一领导群团工作的制度，紧紧围绕保持和增强政治性、先进性、群众性这条主线，强化问题意识，以更大力度、更实举措推进改革，着力解决“机关化、行政化、贵族化、娱乐化”等问题，把群团组织建设得更加充满活力、更加坚强有力。这些重大决策部署，对推进工会改革指明了方向，提出了要求。中国工会十七大报告要求，各级工会要聚焦增强政治性、先进性、群众性，进一步优化工会的组织体制、运行机制、管理模式和工作方式，将工会改革进行到底。

（一）全面强化党对工会工作的领导。

一是用习近平新时代中国特色社会主义思想武装头脑。各级工会要把深入学习贯彻习近平新时代中国特色社会主义思想，学习贯彻习近平总书记关于工人阶级和工会工作的重要论述，作为当前和今后一个时期工会组织的首要政治任务，真正学深

悟透，贯穿到学习贯彻工会十七精神，贯穿到推动工会改革创新的全过程和各方面。在学习宣传的过程中，要坚持原原本本学，吃透精神实质，读原著、学原文、悟原理，做到学深悟透甚解；要坚持深入系统学，做到融会贯通，全面学、系统学、延伸学，深刻理解、全面领会、准确把握；要坚持联系实际学，认真对标对表，坚持问题导向，精学细照笃行。

二是自觉接受中国共产党的领导。推动工会改革创新，必须引导各级工会组织和广大工会干部强化责任担当，提高政治站位，增强政治意识、大局意识、核心意识、看齐意识，坚定道路自信、理论自信、制度自信、文化自信，坚决维护习近平总书记党中央的核心、全党的核心地位，坚决维护党中央权威和集中统一领导，在思想上、政治上、行动上同以习近平同志为核心的党中央保持高度一致，确保工会工作的正确政治方向，切实把党的领导和党的意志贯彻落实工会工作的各方面和全过程。在具体工作中，要坚决贯彻落实以习近平同志为核心的党中央的决策部署，进一步健全党组请示、报告重要工作制度，制定重要工作情况的报送清单，切实做到职工队伍重大情况、工会重要工作第一时间请示、报告。

三是全面加强工会系统党的建设。落实新时代党的建设总要求，以党的政治建设为统领，切实增强政治能力，压实党建工作责任制，进一步完善组织架构、明确职责任务、规范制度程序，全面提高党的建设质量。要健全工会系统的各级党组织，强化党建基础工作，落实“三会一课”等党的组织生活制度，加强基层党组织队伍建设。坚持涉及工会工作的重大问题、干部任用等，由同级党委（党组）统一研究，发挥好党组织把方向、管大局、保落实的领导核心作用。进一步健全完善上级工会与下级工会同级党委、协调推进工会工作制度，共同研究解决工会工作遇到的问题。

四是加强工会系统党风廉政建设。深入推进工会系统党风廉政建设和反腐败工作，定期召开工会党风廉政建设工作会议，严格遵守中央八项规定及其实施细则精神。认真贯彻落实党内重要法规政策，坚持把政治纪律和政治规矩挺在前面，加强和规范党内政治生活、加强党内监督，净化党内政治生态。深入推进“两学一做”学习教育制度化常态化，引导广大党员做“四讲四有”合格党员。

（二）深化领导机构改革。

一是提高统筹协调能力。各级工会要密切上下级工会关系，上级工会依法依章程加强对下级工会的领导，健全完善定期报告工作、重大事项请示报告、信息报送、工作通报、指导服务等制度，形成整体联动态势。加强工会领导机关部门、产业、直属单位工作统筹，集中力量和资源推进基层工会建设、维权服务、职工思想政治工作、信息化建设等重点工作。推进扁平化管理，探索建立专项小组开展工作，对重要工作可打破部门职能职责编制界限，统筹调配使用干部力量。

二是创新运行机制。研究制定基层工会各项业务工作模块手册（指引、指南），对工会经常性工作的要求、流程等进行标准化规范，各级工会结合实际落实，同时更多采取案例形式总结推广基层经验做法。加强工作规划管理，统筹安排调研活动，提高机关运行规范性。推进办公自动化系统、视频会议系统建设，统筹建设上下级工会之间公文、信息、数据流通平台和保密网络，提高反应速度，增强联动能力。

三是强化工作督导。健全完善工作督查机制，就贯彻落实党中央决策部署和上级工会工作安排开展定期督查，就重点工作推进情况开展专项督查，完善督查结果通报制度，把督查结果作为考核工会组织和工会干部的重要依据，提高督查实效。加强工会领导机关对下的指导服务，及时研究解决工作中的实际问题。

四是探索创新产业工会工作。对接政府机构改革、国有企业改革，调整相关产业工会设置，根据产业发展实际建立健全产业工会组织体系。理顺地方工会与产业工会、领导机关部门与产业工会、企业集团工会与地方工会及产业工会关系，调整和优化产业工会委员单位组成，适当扩大非公有制企业、社会组织委员名额比例，增强代表性，扩大覆盖面。加大对产业工会工作的支持保障力度。支持产业工会结合产（行）业实际，积极主动参与产业、行业政策以及涉及产业职工切身利益的法规政策制定，开展国家重点工程和重大项目劳动竞赛、职工技能竞赛、培育大国工匠、职业技术培训、中心城市及县（区）范围内的行业集体协商等具有产（行）业特色的工作，更好发挥产业工会调查研究、源头参与、协调劳动关系、服务产业职工、促进产业发展等作用。

五是加强工会经费和资产管理。按照事权和财权统一的原则，明确各级工会领导机关经费支出责任，改革现行预算分配办法，深入推进全面预算管理，盘活地方工会存量资金。加强工会经费审查监督，推进工会内部审查、国家审计、社会审计和职工会员监督相结合的经审监督体系建设。健全完善工会资产监督管理组织体制，持续深入推进工人文化宫（俱乐部）、工人疗休养院清理整改工作，依法合规建好管好工人文化宫（俱乐部）、工人疗休养院、工会院校等阵地，突出公益性服务性功能，充分发挥服务基层、服务职工作用。

六是争取更多资源手段。在同级党委统一领导下，推动把企业建会率、集体合同签订率、以职工代表大会为基本形式的企事业单位民主管理制度建制率等纳入党委、政府年度考核指标体系。推动把依法建会、支持工会依法规范开展工作作为对企业所有者和经营管理人员进行政治安排、评先表彰的必要条件。推动把适合工会承担的公共管理和服务职能交予工会承接，与工商联、企协、商会、行业协会等合作，开展企业所有者和经营管理人员工会工作基本知识培训，使其更多了解和支持工会工作。

（三）优化强化工会职能。

一是加强职工思想政治引领。坚持用中国特色社会主义共同理想激励凝聚职工，坚持把职工思想政治工作融入日常，与推动解决职工面临的实际困难、丰富职工精神文化生活结合起来，筑牢亿万职工团结奋斗的共同思想基础。创新新时代职工思想政治工作，运用新媒体搭建新平台新载体，提高思想政治工作实效。深化“中国梦·劳动美”主题教育，引导职工自觉践行社会主义核心价值观，弘扬中华民族伟大创造、奋斗、团结、梦想精神，弘扬劳模精神、劳动精神、工匠精神，加强以职业道德为重点的“四德”建设，建设健康向上的职工文化。加强“职工书屋”制度化规范化建设，加大投资力度，扩大服务辐射面，发挥其在提升职工思想道德素质、技术技能素质等方面的作用。

二是提高职工技术技能素质。贯彻落实产业工人队伍建设改革方案，建设知识型、技能型、创新型劳动者大军。广泛深入持久开展劳动和技能竞赛，完善技能导向的激励机制，组织动员职工开展岗位练兵、技术比武和“小发明、小创造、小革新、小设计、小建议”等群众性技术创新活动。深化劳模和工匠人才创新工作室创建，推动实施新型学徒制，培养选树工匠人才和技能带头人。督促企业履行技能培训主体责任，加大职工在岗培训力度，建立终身职业技能培训制度，健全完善技能提升与工资增长、技术等级晋级挂钩的管理制度。建设公共技能学习平台，引导职工树立终身学习理念，提高创新能力和水平。

三是健全完善工会维权机制。提升研究能力，加大源头参与力度，推动涉及职工切身利益的劳动就业、收入分配、社会保障、劳动安全卫生、劳动标准、职业发展、职工福利、女职工特殊权益保护等法律法规政策的制定修订。进一步推动和参与人大劳动法律法规执法检查、政府劳动监察、政协专题视察，落实职工法定权益。推动完善政府、工会、企业共同参与的协商协调机制，加强劳动合同、集体合同和协调劳动关系三方机制建设，研究制定工会推进完善劳动关系协商协调机制意见，建立健全集体协商质效评估体系，推动集体协商提质增效。深入研究、积极应对新产业、新模式、新业态劳动关系新情况，建立健全劳动关系监测研判机制，推动构建和谐劳动关系。

四是强化维护职工队伍稳定工作。坚持“巩固基础、拓展职能、提升水平”总体要求，强化防抵渗透工作，坚持防范在先，下好先手棋，加强管控、处置能力建设，更好发挥有关机制作用。加强工会信访工作，提高专业化、信息化、法治化水平。加强对劳动关系领域社会组织的政治引领、示范带动、联系服务，接长手臂、形成链条，把购买社会组织服务作为工会联系引导社会组织的重要手段，促进其健康有序发展。定期摸排劳动关系领域矛盾风险隐患，建立劳动争议处理联动机制，做好风险研判和化解工作，防止出现“独立工会”“民间工会”，坚决维护职工队伍和工会组织团结统一，坚决维护社会大局稳定。

五是积极参与协商民主建设。促进提高一线职工、工会工作者在党代表、人大代表、政协委员中的比例，通过提交议案提案、参加执法检查和监督等多种形式，充分发挥他们的作用。积极参与人民团体协商，反映职工意见，代表和组织职工参与管理国家事务和社会事务、管理经济和文化事业。推动健全完善政府与同级工会、政府有关部门与相关产业工会联席会议制度，推动政府在制定涉及职工切身利益的政策时听取工会的意见建议，研究解决劳动关系领域和工会工作中的突出问题。健全以职工代表大会为基本形式的企事业单位民主管理制度，推进厂务公开制度化规范化，提升公有制企业制度运行质量，扩大非公有制企业建制覆盖面。

六是提升工会工作法治化水平。加强工会干部法治教育，树立宪法法律至上、法律面前人人平等基本法治观念，增强运用法治思维和法治方式开展工作的能力。建立工会工作法治化建设考核评价制度，建立健全工会工作重大决策合法性审核机制。

（四）健全服务职工工作体系。

一是拓展服务阵地建设。推动工人文化宫（俱乐部）、疗休养院、职工服务中心（困难职工帮扶中心）等与基层工会服务站点、职工之家建立联系，明确职责定位，做好业务衔接，发挥协同效应。推进在职工聚集的乡镇（街道）、开发区（工业园区）、村（社区）建设工会服务职工站点、爱心驿站、企业女职工休息哺乳室等，可由工会单独建设，也可在党群服务站、社区服务站开设工会服务窗口，或者与其他群团组织联合建设，提高服务一线职工的便捷性、普惠性、精准性、常态性。

二是创新服务方式。工会活动特别是基层工会开展活动，要听取职工意见、请职工参与设计、让职工当主角，更多采用项目化方式，增强吸引力，扩大参与面。把准职工需求，拓展服务内容，广泛开展线上线下普惠性、精准化服务，通过工会自供和购买形式为职工提供高质量的专业服务，吸引所有会员参与到工会活动中来。整合服务资源，规范服务流程，确保普惠性服务项目的成长性和可持续性。提升职工服务中心（困难职工帮扶中心）综合服务功能，从大处着眼、小处着手，为职工提供多层次菜单式物质性、精神性、文化性、发展性服务。

三是突出服务重点。加大困难职工脱贫解困力度，推进困难职工帮扶与政府救助体系、社会慈善公益力量有效衔接，实现帮扶送温暖常态化、经常化、日常化。坚持职工互助保障活动的非营利公益性方向，在全民医保的整体框架下开展活动，科学制定职工互助保障计划，加强规范管理，充分发挥职工互助保障作用。积极为供给侧结构性改革中离岗转岗职工提供就业援助、技能培训、权益维护等服务。依法维护农民工劳动经济权益，加强对农民工的思想引导、人文关怀和心理疏导，促进农民工社会融合。推动建立律师服务团，选派律师深入工会服务站点，为职工提供法律咨询、法律援助等服务，引导职工依法、理性表达利益诉求。

（五）不断夯实工会基层基础。

一是明确基层建设重点。坚持哪里有职工，哪里就要有工会组织，重点指导城镇和开发区（工业园区）做好工会组建和会员发展工作，大力推进非公有制经济组织、社会组织建会，瞄准货车司机等群体，聚焦建筑项目、物流（快递）业、家庭服务业、农民专业合作组织等领域（行业），做好服务业职工和农民工入会工作。健全完善大中型企业工会组织，抓好分工会、工会小组建设。加强“小三级”工会建设，把工作重心下移到乡镇（街道）、开发区（工业园区）、村（社区）、企业工会，发挥好专兼职工会干部、社会化工会工作者、工会积极分子和志愿者等力量协同作用。

二是创新建会方式。根据企业职工人数和产（行）业分布实际，采取企业工会、工会联合会、联合工会等多种形式建会，加强基层工会规范化建设，扩大对中小微企业和服务业职工的有效覆盖，构建纵横交织的网络化工会组织体系。完善工会联合会组织架构，加强领导班子建设和工作指导，做到建起来、转起来、活起来，实现从组织覆盖到工作覆盖。调动职工入会积极性，推广职工企业外单体入会、网上申请入会等做法，倒逼企业依法建会。指导基层工会和企业工会加强会员会籍管理，推进工会组织和工会会员实名制工作全覆盖。

三是壮大基层工作力量。在企业中大量发展和培养工会积极分子，更多依靠积极分子和职工志愿者开展工作。建立健全企业兼职工会干部工作补贴制度。加强社会化工会工作者队伍建设，完善选聘、使用、考核、退出等机制，做好对社会化工会工作者的政治教育、业务培训、监督管理，通过多种方式搭建成长成才发展路径，提高其政治待遇、经济待遇、社会待遇。

四是活跃基层工会工作。对基层工会工作实施权责清单管理和绩效考核制度，提升工作效能。实行开门办会，基层工会活动开展、经费使用、权益维护、表彰帮扶、参与民主管理等会务定期向会员或会员代表公开，吸引更多职工了解支持参与工会工作，密切与职工联系。深化会员评家工作，总结推广职工对工会工作定期开展满意度评价的经验做法，把工会真正建成职工信赖的“职工之家”。

（六）推动构建智慧工会。

《中国工会章程（修正案）》中鲜明提出构建智慧工会的要求，充分反映了近年来工会工作和工会改革的创新实践成果。智慧工会是指工会组织通过运用互联网、大数据、云计算、人工智能等先进信息技术构建的工会智能化服务职工体系。近年来，全总和各级工会组织在工会改革过程中着力抓好网上工会工作，打造工会网上工作平台，积极推进“智慧工会”建设，大力开展“互联网+”普惠服务，积累了经验做法，取得了明显成效，对于持续推进“互联网+”工会建设，打造网上网下深度融合、互相联动的服务职工新格局具有重要的指导意义。按照构建智慧工会的要求，各级工会要突出工会干部的主观能动性和工会工作的精神文化层面，为职工群众提供普惠性、便捷性、精准性、常态化服务，更加高效便捷地服务职工群众。

一是推进工会网上工作。把网上工作作为工会联系职工、服务职工的重要领域，走好网上群众路线，在实体工会架构上，充分运用现代网络技术和手段，充分激发工会干部的智慧和能力，以“四个一”（一片心、一叠卡、一张网、一个家）为抓手，打造工会工作升级版。调整机构职能，优化、创新组织分工和工作流程，做好统筹规划，加大投入力度，配备精干力量，把网上工作平台建设成为与职工交流沟通的新载体、为职工排忧解难的新途径、推进会务公开的新渠道，打造网上网下相互促进、有机融合的工作新格局。各级工会干部特别是领导干部要主动适应信息化要求、强化互联网思维，自觉学网、懂网、用网，不断提高对互联网规律的把握能力、对网络舆论的引导能力、对信息化发展的驾驭能力、对网络安全的保障能力。

二是加快建设网上工作平台。各级工会要探索建立工会网上工作平台，满足工会网上办公、业务工作、服务职工需求。门户网站承担信息发布、政策解读、办事服务等功能，“两微一端”突出技能培训、维权服务等功能。强化网上工作平台大数据分析处理和综合利用，建立配套的网上服务意见反馈渠道和绩效评估机制，通过生动丰富的内容和高黏性、高频度精准普惠性服务聚合职工，增强互动性、即时性，提高传播力、吸引力。加强对网上工作平台建设、数据安全的督促检查，及时更新内容，切实发挥作用。

三是改进网上宣传引导。整合工会新媒体阵地，做强网上正面宣传，把握好网上舆论引导的时、度、效，亮出工会组织旗帜，积极开展网上舆论斗争，统一发声、主动亮剑，提高重大舆情反应处置能力，构建网络清朗空间。建设高素质、专业化的工会网宣队伍，培养一批工会网宣专家。

此外，还要围绕创新工会干部选拔管理制度、提升工会干部专业素养能力、完善工会干部保护机制等三个方面建设高素质专业化工会干部队伍。

深入推进基层工会组织改革创新 充分发挥基层工会作用

孟　未

中国工会十七大通过的《中国工会章程（修正案）》，贯彻落实习近平总书记关于工人阶级和工会工作的重要论述，按照习近平总书记关于基层工会建设“三个着力”的重要指示精神，对加强基层工会建设提出了明确要求，增写了“着力扩大覆盖面、增强代表性，着力强化服务意识、提高维权能力，着力加强队伍建设、提升保障水平”“增强基层工会的吸引力凝聚力战斗力”“把工会组织建设得更加充满活力、更加坚强有力”等内容，并在工会基层委员会的基本任务中，充实完善了“在公司制企业落实职工董事、职工监事制度”“技能培训”“培育工匠人才”“加强对职工的政治引领和思想教育，开展法治宣传教育，重视人文关怀和心理疏导”“职业病防治”“推动落实职工福利待遇”等内容，为新时代深入推进基层工会组织改革创新、充分发挥基层工会作用提供了重要依据。

一、充分认识深入推进基层工会组织改革创新的重要意义

（一）深入推进基层工会组织改革创新是贯彻落实习近平新时代中国特色社会主义思想和党的十九大精神的必然要求。

党的十九大确立习近平新时代中国特色社会主义思想为我

们党必须长期坚持的指导思想，对决胜全面建成小康社会、开启中国特色社会主义新时代作出了一系列重大战略部署，为做好新时代工会工作指明了前进方向。在加强基层工会建设方面，习近平总书记强调，要积极扩大工会工作覆盖面，努力把工作做到所有职工群众中去，把更多职工群众吸引到工会中来、吸引到工会活动中来；要把工会组织建设成为广大职工群众信赖的“职工之家”、把工会干部锤炼成听党话、跟党走、职工群众信赖的“娘家人”；要“着力扩大覆盖面、增强代表性，着力强化服务意识、增强维权能力，着力加强队伍建设、提升保障水平”。贯彻落实习近平总书记的重要论述，必须通过基层工会把职工群众组织起来，充分履行好忠诚党的事业、竭诚服务职工的使命和担当，通过有声有色、精耕细作、富有成效的工作，把党的意志和主张具体而深入地落实到广大职工群众中去，把广大职工群众紧密团结在党的周围。维护职工群众合法权益，帮助职工群众排忧解难，当好知心人、贴心人、“娘家人”，引导职工群众听党话、跟党走，不断厚植党执政的阶级基础和群众基础。

（二）深入推进基层工会组织改革创新是深化工会系统改革，推动改革成果向基层延伸的重要举措。

2015 年，党中央决定在全总开展中央群团机关改革试点工作，在上海市和重庆市开展地方群团改革试点工作。改革试点的主线是增强工会组织的政治性、先进性、群众性，其关键是增强基层工会活力，发挥基层工会作用。2017 年中央深改组第三十二次会议充分肯定了全总改革试点工作，强调要继续在建机制、强功能、增实效上下功夫，巩固和扩大改革成果。基层工会距离职工最近，联系职工最直接，服务职工最具体，是工会工作的基础和关键，是落实工会各项工作的组织者、推动者和实践者。我们要增强工作责任感和使命感，把工会系统改革向纵深推进，把更多资源往基层倾斜，把更多精力投入基层一线，努力解决基层工会基础薄弱问题，进一步激发基层工会活力，真正把基层工会建设成为职工群众信赖的“职工之家”，增强职工群众对工会改革的获得感，推动改革成果向基层延伸，向实处拓展。

（三）深入推进基层工会组织改革创新是夯实基层基础，补齐工会工作短板的迫切需要。

工会建设的关键在基层，工会工作的新鲜经验也来自基层，工会基层工作点多面广线长，千头万绪，情况复杂、任务艰巨，是一项涉及方方面面的系统工程。近年来，各级工会把加强基层工会建设摆在突出位置，坚持眼睛向下、工作下沉，探索了许多新鲜经验，工作取得了积极进展。但基层工会建设还存在一些短板，仍然是工会建设的薄弱环节。基础不牢，地动山摇，基层工会工作事关工运事业的兴衰成败、事关工会工作的长远发展，只有加强基层工会建设，持续提升基层工会工作质量和效能，补齐补足补好制约基层工会发挥作用的短板，才能把基层工会建设得更加充满活力、更加坚强有力。要努力把基层工会打造成在广大职工中培育和弘扬社会主义核心价值观、坚定理想信念的平台，团结动员广大职工在建设和改革中发挥工人阶级主力军作用的平台，参与国家和社会事务管理、单位民主管理的平台，维护和发展职工合法权益提供组织保障的平台，服务职工群众、帮助职工群众解决实际困难的平台。

（四）深入推进基层工会组织改革创新是适应新时代发展要求，增强工会组织吸引力凝聚力战斗力的重要部分。

当前，我国经济发展进入新常态，新技术、新业态、新模式不断涌现，尤其在互联网信息技术的催化融合下，传统行业转型升级，新兴产业快速发展，需要各级工会领导机关把工会基层工作关注的目光投向新兴产业，创新工作思路和工作方法，实现工会组织对新兴产业的有效覆盖，不断提高工会组建率。随着大众创业、万众创新局面的形成，就业形式进一步多样化，新增就业人数将不断增加，面对职工队伍的发展壮大和结构的变化，需要认真分析研究职工分布流向的新变化，确定不同时期组建工会的重点领域和发展会员的重点对象，创新会员会籍管理方式，最大限度地把包括农民工在内的广大职工组织到工会中来，不断提高职工入会率；随着供给侧结构性改革的不断深化，如转变发展方式、调整经济结构、化解过剩产能、淘汰落后产能等，必然会影响到部分职工的就业和收入，面对职工生产生活出现的新问题，需要工会充分发挥在协调劳动关系中的“润滑剂”和“稳定阀”作用，推动建立科学有效的社会矛盾预警机制、利益表达机制、协商沟通机制、救济救助机制，通过广泛多层制度化协商，促进妥善解决劳动就业、收入分配、社会保障、劳动安全卫生等涉及职工切身利益的重大问题，最大限度减少劳动关系矛盾和不和谐因素，促进企业和社会健康稳定发展。

二、总结把握深入推进基层工会组织改革创新的特点规律

实践证明，只有推动改革创新，基层工会建设才能焕发蓬勃发展的新局面。在推进基层工会组织改革创新中，要把理论研究与实践探索结合起来，尊重基层工会首创精神，在充分吸收基层实践经验的基础上，不断深化基层工会组织建设规律性的认识和把握。

（一）必须坚持党的领导，确保正确政治方向。

各级工会在推进基层工会改革创新中，必须始终把保持和

增强政治性放在第一位，把保持和增强先进性作为着力点，把保持和增强群众性作为工会工作生命线，确保改革创新始终沿着正确政治方向前进。各级工会要坚持以习近平新时代中国特色社会主义思想为指导，深入学习贯彻习近平总书记关于工人阶级和工会工作的重要论述，推动各级工会认真贯彻落实习近平总书记关于加强基层工会建设“三个着力”重要批示精神，自觉接受党的领导，坚持党建带工建，加强对广大职工的思想政治引领，坚定维护工会组织和职工队伍的团结统一，坚决防止出现“第二工会”“民间工会”。实践证明，在基层工会组织建设改革创新实践中，只有坚持和加强党的领导，才能统一思想、坚定信心，统筹协调、攻坚克难，为改革创新提供根本政治保证，最广泛地把职工群众组织到工会中来、吸引到工会活动中来，将广大职工凝聚在中国特色社会主义旗帜下。

（二）必须狠抓落实，持续用力。

基层工会是工会全部工作的基础，是落实工会各项工作的实践者。推进基层工会改革创新，夯实工会基层基础，是工会改革的内在要求。各级工会必须把推进基层工会改革纳入工会改革的大盘子，把增“三性”、去“四化”、强基层、促创新作为工会改革的总体思路，要把做实基层工会工作、增强基层工会活力作为改革创新的重要任务，一级抓一级、层层抓落实。持续深化推进基层工会建设，按照“一分部署、九分落实”的要求，统筹安排、突出重点，崇尚实干、埋头苦干，增强工作的针对性、实效性，加大工会资源向基层倾斜力度，夯实工会工作的基层基础，真正把各项任务落到实处。实践证明，只有以钉钉子精神抓好改革各项任务的落实落地，坚持持续用力、久久为功，才能为基层工会组织建设改革创新注入源源不断的动力。

（三）必须坚持问题导向，不断研究新问题、解决新问题。

回顾近年来各级工会加强基层工会建设的实践历程可以看出，发现问题、研究问题、解决问题，始终是推动基层工会工作向前发展的重要动力，强化问题意识、坚持问题导向已成为基层工会组织建设改革创新的鲜明特色。各级工会要坚持从制约工会组织建设最突出的矛盾入手，从职工群众反映最强烈的问题改起，在重点领域和关键环节改革上持续用劲发力，争取实质性进展。事实证明，问题是实践的起点、创新的起点，抓住新问题，研究解决新问题，才能抓住基层工会组织建设创新发展的“牛鼻子”。

（四）必须坚持职工主体地位，充分激发广大职工的内在动力。

在推进基层工会改革创新中，各级工会要紧紧把握职工所思所想、所需所求，把实现与职工需求的“无缝对接”作为重要原则，依靠职工、开门办会。要继续广泛开展“互联网+”工会普惠服务和“争创模范职工之家、争做职工信赖娘家人”活动，进一步提高工会工作的吸引力凝聚力战斗力。扎实开展“会员评家”活动，尊重会员的主体地位，把职工群众的满意度作为评价职工之家建设工作的重要标尺，增强工会基层组织建设创新发展的内生动力。健全联系基层、服务职工制度，完善机关干部直接联系职工群众和基层联系点制度，建立“下基层周”制度，将联系职工群众情况列入干部考核的重要内容。尊重职工主体地位，建立职工群众参与工会活动设计、工作安排、先进表彰、评价监督等工作制度。加强对基层工会的指导服务，减轻基层负担，让基层把更多时间和精力投入到联系服务职工中。实践证明，只有坚持人民立场、把职工当主体，坚持内生驱动、让职工当主角，坚持共享发展、让职工得实惠，基层工会组织建设改革创新才能永葆生机活力、持续向前推进。

三、明确新时代深入推进基层工会组织改革创新的工作思路

深入推进新时代基层工会组织改革创新，必须坚持以习近平新时代中国特色社会主义思想为根本遵循，贯彻落实习近平总书记关于工人阶级和工会工作的重要论述，认真学习领会习近平总书记同全国总工会新一届领导班子集体谈话中关于“要树立大抓基层的鲜明导向，坚持眼睛向下、面向基层，把力量和资源向基层投放”的重要讲话精神，正确认识和把握工会工作特别是基层工会组织建设面临的新形势、新任务、新要求，坚持问题导向、强化责任担当，在新的起点上推进基层工会组织建设创新取得新进步，努力开创新时代基层工会组织建设新局面。

（一）加强领导，形成工会一切工作到基层的鲜明导向。

党的十九大报告指出，“坚持党对一切工作的领导”。要在党的统一领导下，积极配合政府有关部门加强对劳动关系领域和涉及职工问题的研究解决，接长工会工作的手臂。要强化组织领导，全会一盘棋，一张蓝图绘到底，继续加大力度推动工会工作重心下移，加强基层工会建设。推动各级工会领导机关，落实领导责任，坚持眼睛向下、面向基层，适应经济关系、劳动关系和职工队伍的新变化，适应互联网条件下新经济新产业新业态不断涌现的新情况，创新工会组织体制、运行机制和活动方式，减少中间层次，做到力量配备、服务资源向基层倾斜，把工会的“神经末梢”搞敏感、“毛细血管”搞畅通，把更多的职工群众吸引到工会中来，增强工会组织的广泛性和代表性。

（二）突出重点，全面推进基层组织建设创新发展。

党的十九大报告强调："创新群众工作体制机制和方式方法，推动工会、共青团、妇联等群团组织增强政治性、先进性、群众性，发挥联系群众的桥梁纽带作用，组织动员广大人民群众坚定不移跟党走。"要继续按照增"三性"、去"四化"、强基层、促创新的思路，围绕建机制、强功能、增实效的要求，持续开展"强基层、补短板、增活力"活动，直面突出问题，采取有力措施，敢于攻坚克难，不断夯实工会工作基层基础。坚持统筹兼顾突出重点，在建会的工作指导上，既注重扩大工会组织覆盖面，又重视其作用发挥，努力实现建会与作用发挥良性互动。针对重点难点任务，实行全会合力攻坚，在合力破解难题中实现基层工会组织建设创新发展。对乡镇（街道）工会、行业工会的定位以及企业集团工会的管理等涉及工会组织体制的亟待明确的问题，在加强调查研究的基础上，尽快出台相关的意见。

（三）依法依规，推进基层工会改革健康有序发展。

党的十九大报告指出："全面依法治国是国家治理的一场深刻革命，必须坚持厉行法治，推进科学立法、严格执法、公正司法、全民守法。"要毫不动摇地坚持依法建会、依法管会、依法履职、依法维权，积极主动地运用工会法律和章程的精神，应对新的时代特征下基层工会建设面临的新问题、新挑战，运用法治思维和法治方式思考谋划工作。加强源头参与，为组建工会、发展会员提供更好的法律保障。依法宣传发动，增强职工的工会意识，启发职工自愿建会、自觉入会。依法与企业行政沟通协商，争取行政支持工会工作。依法深入企业工会帮助指导，推进基层规范建立工会组织，充分依靠法律法规开展工会工作。

（四）拓宽思路，不断在新的起点上持续推进基层工会改革。

党的十九大报告强调：“全面推进党的政治建设、思想建设、组织建设、作风建设、纪律建设。”要坚持以加强党的建设的新成效带动基层工会改革创新。用好政府与工会联席会议制度，在党的统一领导下，加强和政府部门、社会各方的沟通协调，为基层工会提供更好的工作环境。积极联系政府有关部门和社会资源，从源头上打造工会服务职工的制度机制和平台载体，为基层工会各项工作创造良好的社会条件。积极运用工会自身会员众多的优势，依靠广大会员的力量，开创工会组织、联系和服务职工的新局面。

（五）加强联动，形成推进基层工会改革创新的最大合力。

党的十九大报告指出：“统筹推进政党协商、人大协商、政府协商、政协协商、人民团体协商、基层协商以及社会组织协商”，“进一步完善政府、工会、企业共同参与的协商协调机制，构建和谐劳动关系”。要通过多层级、多维度的相互贯通、相互联结，形成上下互联互动、共建共融的工作整体合力。强化县级工会统筹协调功能，充分发挥县级工会的统筹谋划、综合协调、督促落实作用，实现干部队伍共育共管、工作经费联筹统用。畅通县以下工会各层级之间的互通联动，最大限度地凝聚推进基层工会改革创新的合力，实现基层工会共建共融共享。

四、深入推进基层工会组织改革创新应着重把握的几个方面

中国工会十七大报告指出，必须以职工为中心、让职工当主角，眼睛向下、面向基层，力量配备、服务资源向基层倾斜，

切实增强工会组织的吸引力凝聚力战斗力。同时，还强调，树立大抓基层的鲜明导向，坚持落实到基层、落实靠基层的理念，把工作力量、经费使用等进一步向基层倾斜，实现依法建会、开门办会、从严治会、人才兴会。深入推进基层工会组织改革创新，重点要做好以下几方面工作。

（一）健全完善工会组织体系，扩大有效覆盖。

积极适应职工就业、生活、聚集方式的新变化，在巩固已有组织网络的基础上，重点向新经济组织、新社会组织、新兴领域、新兴群体等延伸，着力推进新经济组织、新社会组织工会组织建设，加大对职工群众的有效覆盖。重点做好在各类企事业单位特别是非公有制经济组织、社会组织中的工会组建和会员发展工作，深化农民工入会工作，灵活入会方式，最大限度地把职工群众吸收组织到工会中来。积极发挥“小三级”工会作用，加强乡镇（街道）、开发区（工业园区）工会组织的规范化建设，加强县以下区域性、行业性基层工会联合会和联合基层工会的建设，配强工会干部，落实工作经费，因地制宜开展工作，努力发挥承上启下的作用。针对非公有制经济组织、社会组织大量聚集于商务楼宇、产业园区、商圈市场的实际，推动建立联合基层工会和基层工会联合会等形式的基层组织，实现有效覆盖。

（二）加大资源和力量倾斜，强化工作保障。

摸索解决基层工会有人干事的办法，推动解决符合条件的企业配备专职工会干部问题；推动解决乡镇（街道）、开发区（工业园区）工会的机构设置、工作人员配备等问题；推动解决基层工会联合会专职工作人员问题；规范工会社会化工作者的选聘、使用、退出。做好对基层工会干部的激励和保障，推动基层工会主席享受同级党政副职待遇，推动实行工会委员会委员工作津贴制，健全完善工会主席合法权益保护机制，使基层工会干部特别是兼职干部和积极分子在政治上有地位、经济上有补贴、履职上有保障、职业上有发展，保护和激发他们的工作积极性。工会经费要向基层倾斜，向基层职能性工作资金缺口倾斜。严格基层工会经费预算制度、经费使用由工会委员会讨论决定制度、经费使用情况向会员报告制度，提高经费管理的透明度和使用效率。

（三）突出维权服务，增强职工群众获得感。

紧紧围绕履行工会基本职责，着力解决好广大职工最关心、最直接、最现实的利益问题，职工群众面临的最困难、最操心、最忧虑的实际问题，切实为职工办实事、做好事、解难事。引导和支持基层工会运用法治思维和法治方式加强维权工作，重点维护好职工劳动经济权益。着眼于满足职工群众多层次需求，努力构建服务职工工作体系。发挥基层工会贴近群众的特点优势，按照“会、站、家”一体化的思路，打造基层服务平台，完善服务网络，夯实服务基础，全面提升基层工会服务职工群众的能力。加强职工互助服务工作，运用社会化方式、提高专业化水平、发挥规模化优势，探索运用现代金融工具和大数据技术，整合工会内外资源，推进“互联网+”工会普惠性服务工作，为全体会员提供普惠性服务。要改进服务职工的方式方法，坚持统一性服务和差异化服务相结合，充实服务内容，满足不同职工群体的需求，提高职工群众的参与度和获得感。

（四）加强“职工之家”建设，激发基层工会活力。

以推进“六有”工会建设为抓手，制定落实规划，有重点、分层次、分类别地加以推进，持续深入开展建设职工之家活动，做实叫响“职工之家”品牌。在基层工会广泛开展“争创模范职工之家、争做职工信赖娘家人”活动；坚持把组建工会、创办职工服务站（中心）、建设职工之家有机结合起来，推进“会、站、家”一体化建设；规范基层工会民主选举，进一步完善会员（代表）大会制度，落实会员群众的知情权、参与权、选举权、监督权。突出会员群众在建家活动中的主体地位，推动基层工会普遍开展会员评议职工之家工作，促使基层工会把对上负责与对职工群众负责一致起来，探索建立职工之家监督考评和退出机制。不断丰富建家内涵、创新建家形式，着力打造服务型“职工之家”，推动基层工会建起来、转起来、活起来、强起来。

（五）扎实推进民主管理，着力构建和谐劳动关系。

健全以职代会为基本形式的企事业民主管理制度，提高制度运行质量、增强实效性。积极稳妥推动职工人数较多的非公有制企业普遍建立职代会，探索符合各类非公有制企业特点的职代会制度建议；在中小微型企业集中的地方，推动建立区域（行业）职代会制度。推进非公有制企业厂务公开制度建设，完善公开程序，充实公开内容，创新公开形式，加大有效覆盖。推动企业普遍开展工资集体协商，加大推行行业（区域）工资集体协商工作力度。引导企业建立健全劳动关系预警、预判、预报和紧急处置机制，加强劳动争议特别是集体劳动争议调处，畅通职工利益诉求表达渠道，及时化解劳动关系矛盾。开展创建和谐劳动关系活动，维护职工队伍和社会和谐稳定。推动在公司制企业建立职工董事、职工监事制度，支持职工参与管理，通过开展形式多样积极有效的活动，为企业健康发展提供持久广泛的力量支持。加强对企业经营者的引导，与有关方面协调合作，推动建立企业经营者履行社会责任激励引导机制，为基层工会工作争取更多资源，创造良好环境。

（六）提升基层工会干部素质，增强履职能力。

加强基层工会干部队伍建设，加大基层工会干部培训工作力度，改进培训方法，注重培训实效，帮助基层工会干部坚定信念、熟悉业务、提高素质，强化服务意识，提高维权能力。规范和指导基层工会选拔配备好主席、副主席和工会干部，建设一支专职、兼（挂）职相结合的基层工会干部队伍，不断壮大基层工会工作积极分子和志愿者队伍。各级工会要定期分层级组织对规模以上企业工会主席、乡镇（街道）工会主席、各类基层工会联合会主席进行轮训；积极参加工会网络教育，提高基层工会干部的实际工作能力。

坚持产业和地方相结合的组织领导原则深入推进产业工会工作创新发展

刘建新

中国工会第十七次全国代表大会通过了新修订的工会章程修正案。从产业工会来看，要进一步理解中国工会坚持产业和地方相结合的组织领导原则，推进产业工会工作创新发展。

一、理解把握工会产业和地方相结合的组织领导原则

产业与地方相结合的工会组织领导原则，一是按照产业原则，把同一企业、事业单位、机关和其他社会组织中的会员，组织在一个工会基层组织中，而不是在一个单位中按工种、按职业组成若干个职业工会；二是同一行业或性质相近的几个行业可以根据需要建立全国的或者地方的产业工会组织，开展适合产业特点的活动，反映和解决本产业职工需要解决的共同性问题。三是按行政区划，在省、自治区、直辖市，设区的市和自治州，县（旗）、自治县、不设区的市和市辖区建立各级地方总工会，作为当地地方工会和产业工会地方组织的领导机关。产业与地区相结合的原则，集中了产业的长处，发挥了地区的优势，使得工会系统在组织领导关系上更加完善，更加符合我国工会工作的实际。有的产业工会由于生产、管理高度集中，工会组织的领导关系实行产业工会与地方工会双重领导，以产

业工会领导为主，如中华全国铁路总工会和中国民航工会、中国金融工会等；有的产业工会实行由地方工会领导为主，如中国教科文卫体工会、中国机械冶金建材工会等，这样从实际情况出发确定产业工会的组织形式和领导关系，是完全符合我国国情的。

从国际工运史来看，工会诞生初期是按行业组织起来的，后来各国一般按职业原则建立工会组织。为了有利于整个工人阶级团结、统一，列宁提出了按产业原则组织工会。中国工会同世界各国工会一样，也经历了由职业原则到产业原则的历程。同时，中国工会借鉴了国际工人运动的经验，结合中国工人运动的实际，在中国工会八大上，确立了按产业和地方相结合的工会组织领导原则，并写进了《中国工会章程》。1958 年 3 月的中共中央“成都会议”讨论通过了《关于工会组织问题的意见》，提出：“各级工会组织应以同级党委领导为主，同时接受上级工会的领导。”根据中央“成都会议”精神，各级地方工会联合会改为地方总工会，统一领导本地区产业工会和地方工会。1978 年，中国工会九大再次确认和重申了工会实行产业与地方相结合的组织领导原则。1983 年中国工会十大时，在总结历史经验的基础上，就产业与地方相结合的组织领导原则，在《中国工会章程》中做出了比较完整的、切合实际的规定。从此，产业和地方相结合的工会组织领导原则，进一步得到确立和完善，成为确立中国工会组织体制的重要组织领导原则。这是中国工会历经坎坷得出的经验原则，也是指导我国工会运动沿着中国特色社会主义道路发展的一条重要原则。

坚持产业和地方相结合的组织原则建立工会，可以有效地兼顾产业和地方的特点。这是因为，同一行业的职工由于具有大体相同的生产环境和条件，面临着一些需要解决的共同性问题，有着共同的利益要求，产业建立工会有利于代表和反映本产业职工的利益和要求；产业工会组织设置和领导体制与经济发展结构模式有着密切联系。产业分工、产业的生产特点和产业职工队伍，是不以政府部门的存在而存在的；市场经济条件下，产业特殊性问题特别是涉及职工切身利益的特殊性问题更加突出，需要产业工会发挥自身的优势，代表和维护本产业职工的利益；加强分类指导，使工会的重点工作能在基层具体化。

二、深入推进产业工会工作创新发展

（一）产业工会的职责定位和工作重点。

明确产业工会的职责定位。产业工会是我国工会全面履行各项社会职能、突出维护职能的重要组织力量，是工会在党和国家工作大局中充分发挥作用的重要组织平台，是产业职工合法权益的代表者和维护者、产业劳动关系的协调者、产业经济持续健康发展的促进者，在维护产业职工合法权益、协调产业劳动关系、加强产业职工队伍建设、促进产业改革发展中具有重要地位和不可替代的作用。

突出产业工会的工作重点。调查研究和反映本产业改革发展重大问题和职工特殊利益问题，参与涉及本产业职工切身利益的法律法规和政策的制定，维护本产业职工合法权益；推动建立科学合理的产业（行业）劳动标准，开展行业工资集体协商，推动建立企业职工工资决定机制、正常增长机制和支付保障机制，构建和谐劳动关系；推动建立健全以职工代表大会为基本形式的企事业单位民主管理制度，推进厂务公开、业务公开，落实职工群众知情权、参与权、表达权、监督权，坚持和完善职工董事制度、职工监事制度；围绕产业经济发展，组织开展具有产业特点的示范性、引领性劳动和技能竞赛、安全生产等建功立业活动，积极推荐和评选本产业的先进典型和劳动模范；以社会主义核心价值观为引领，深入实施产业职工素质建设工程，建设知识型、技术型、创新型产业职工队伍，培养产业“大国工匠”，提高产业职工队伍素质；总结经验，推广典型，指导产业所属基层工会工作。

全国产业工会、省级产业工会、城市产业工会、县级产业（行业）工会应立足实际、突出重点，有所侧重开展工作，体现层次性、差异性和灵活性。

（二）健全产业工会组织体系。

科学合理设置产业工会。产业工会组织应本着有利于加强党对工会工作的领导，有利于推动产业改革发展，有利于维护产业职工合法权益、服务产业职工，着眼有效扩大工作覆盖面，从实际出发，根据不同区域的经济特征、产业结构调整变化、产业经济和职工集聚程度，灵活合理地设置产业工会，健全产业工会组织体系。对本地区经济结构中的主导产业、形成集群化发展的产业、职工队伍比较集中的产业建立健全产业工会；在节能环保、生物技术、信息技术、智能制造、高端装备、新能源等具备一定规模的新兴产业和现代服务业中，加大产业工会组建力度；对一时建立不起来的，建立有效的工作联系渠道，形成自上而下、工作贯通、覆盖不同所有制企事业单位和相关社会组织的产业工会组织体系。条件成熟的产业工会工作委员会应逐步过渡为产业工会委员会。在工会改革中，要科学设置、调整规范产业工会，不得随意撤销产业工会组织。

产业工会全国组织的设置，由全国总工会根据需要确定。铁路、民航、金融实行垂直领导的产业工会地方组织的设置，由相关全国产业工会提出意见，报全国总工会批准。地方产业工会组织的设置，由同级地方总工会根据本地区实际情况确定。

省级产业工会根据省（区、市）产业经济发展和产业职工队伍变化实际，可以建立驻会产业工会，也可以依托行政主管部门或骨干企业集团等设立产业工会。结合省级工会改革，逐步规范理顺省级产业工会组织。

城市产业工会应根据城市产业结构变化，及时调整产业工会设置，重点在产业特征明显、职工集聚度高的产业建立产业工会组织，扩大产业工会覆盖面。在市级总工会的领导下，可以在行业协会组织健全、发育成熟的行业，已经形成以骨干企业为龙头的上下游产业链、企业联系紧密的行业，政府行政约束力强、管理规范的行业开展建立市级行业工会联合会试点工作，已经建立的要注重加强规范性建设。

在县以下产业经济发展较好、产业职工较多的地方，按照地域相近、行业相同、管理服务便捷的原则，采取联合制、代表制方式，积极推进建立县（区）、乡镇（街道）或工业园区等行业工会联合会，接长产业工会手臂、延伸工作触角，覆盖不同所有制企事业单位和相关社会组织。覆盖的企事业单位工会组织领导关系、经费收缴渠道保持不变。地方工会要加强对行业工会联合会的领导，给予人力、物力、财力等支持保障。

（三）完善产业工会工作制度。

完善产业联席（联系）会议制度。产业工会应与对口产业管理部门、行业协会建立联席（联系）会议制度，参与制定涉及本产业改革发展的法规政策；对涉及职工切身利益的全局性、政策性重大问题，提出产业工会的意见和主张，维护产业职工合法权益；与政府有关部门、行业协会等联合开展具有本产业特色的重点工作和活动。

完善协调劳动关系机制。推动建立健全产业协调劳动关系三方机制，对于涉及产业、行业职工权益实现的普遍性问题、产业劳动关系存在的突出矛盾，通过协商协调沟通的办法推动解决问题；加强行业集体协商特别是行业工资集体协商制度建设，开展对行业劳动定额、行业劳动标准、行业人工成本、行业工资指导价位等方面问题的研究，推动相关部门及时发布具有行业指导意义的参考标准；推动建立劳动关系预警、重大突发性事件报告、劳动关系矛盾调处机制，维护产业职工合法权益，促进产业劳动关系和谐稳定。

完善工作议事制度。研究制定本产业工会主席办公会决策议事规则、常务委员会议事规则、委员会全体会议议事规则；明确产业工会兼（挂）职副主席和干部的职责任务、选派程序、日常管理、考核评价等办法。

完善联系基层和产业职工制度。进一步转变思想观念，强化宗旨意识、群众意识和服务意识，建立健全密切联系产业职工的长效机制，完善产业工会直接联系产业职工和基层联系点制度。坚持深入基层，倾听职工群众呼声，反映职工群众诉求，切实帮助本产业职工解决困难和问题，让产业职工真正感受到产业工会是“职工之家”，产业工会干部是最可信赖的“娘家人”。

完善工作汇报制度。建立向同级工会和上级产业工会报告工作制度，做到日常工作定期汇报，重点工作和重要信息及时汇报，保证工作动态及时上传。

（四）创新产业工会工作方法和活动方式。

各级产业工会应根据形势任务变化，坚持在继承中发展创新，不断改进服务职工、指导基层的工作方法和活动方式。

改进服务方式。把竭诚服务产业职工作为工作生命线，构建服务产业职工体系，面向广大产业职工开展普惠性服务，加强对产业困难职工的帮扶，创新服务手段，提高服务产业职工的精准化水平；探索运用社会化方式为基层提供项目化、专业化、订单式的服务，增强服务基层的针对性和实效性。

加强工作指导。突出产业特色，把产业工会业务工作骨干、专兼职工会干部等组织起来，在组建行业工会联合会、开展行业工资集体协商、协调行业和企业劳动关系、开展行业劳动和技能竞赛等方面，提供工作指导、政策咨询、人员培训。

构建智慧工会。结合产业特点，制定和实施产业工会“互联网+”行动计划，依托产业信息网络技术，创建产业工会内部、产业工会与基层工会等网络共享互动平台，打造网上网下相互促进、有机融合的工作新格局。

善于借势借力。广泛吸引产业职工群众和基层力量、相关社会组织、志愿者广泛参与产业工会工作，激发自身活力，不断壮大产业工会工作的组织基础和社会基础。

（五）进一步理顺产业工会组织领导关系。

理顺产业工会与地方工会的关系。各产业工会的领导体制，由全国总工会确定。铁路、民航、金融行政管理体制实行垂直管理的产业，其产业工会实行产业工会和地方工会双重领导，以产业工会领导为主。其他产业工会均实行以地方工会领导为主，同时接受上级产业工会领导的体制，与上一级相关产业工会不易对应的，由性质相近的产业工会或由同级地方总工会明确一个职能部门负责联系和协调工作。属于工会统一要求和地区性问题，主要由地方工会负责，产业工会支持配合；属于产业特色的工作和特殊性问题，产业工会有条件、有优势做的，主要由产业工会来做，地方工会给予支持，避免职责交叉、工作重复。实行垂直领导的产业工会要加强与地方工会的联系与沟通，所属基层工会应当主动向所在地方工会报告工作，接受工作指导。产业工会在开展特色工作时，同级工会职能部门要提供具体指导、支持和服务。

理顺产业工会与中央企业、企业集团及其所属企业工会的关系。在京的中央企业工会，按照行业分类，原则上由相应的全国产业工会领导。京外的中央企业工会和地方企业集团所属基层工会，按照属地管理原则，一般接受所在地地方工会领导。其所在地建立相应产业工会的，工作接受所在地产业工会指导，不改变企业工会组织关系和经费管理体制。

理顺产业工会与机关所属企事业单位工会的关系。党委、政府等机关所属企事业单位的工会，按照属地管理原则，一般由地方工会或相关产业工会领导。机关工会原则上不代行产业工会职责。

（六）切实加强对产业工会工作的领导。

高度重视产业工会工作。各级地方工会要切实承担起加强产业工会工作的责任，加大对产业工会的领导力度，把推进产业工会发展列入重要议事日程，纳入工会总体工作一起部署、一起推进、一起考核。建立定期听取产业工会工作汇报制度，每年至少听取一次产业工会工作汇报或召开一次产业工会工作专题会议，研究部署产业工会工作。积极探索研究产业工会工作遇到的新情况新问题，及时解决产业工会工作中面临的突出矛盾和困难，总结推广加强产业工会建设、发挥产业工会作用等方面的经验做法。注重培育具有时代特色和产业特征的先进典型，发挥示范引领作用。

切实加强产业工会党的建设。各级产业工会党组织要深入贯彻落实党的十八届六中全会精神，落实全国国有企业党的建设工作会议精神，切实履行主体责任，坚持全面从严治党，把严肃党内政治生活、净化党内政治生态作为全面从严治党的根本性基础工作，严格党的组织生活，严明党的纪律，认真落实党内监督责任，强化监督执纪问责。深入推进党风廉洁建设和反腐败工作，持之以恒落实中央八项规定精神，坚决反对“四风”，锲而不舍抓好作风建设，把党要管党、从严治党落到实处，充分发挥党组织领导核心作用和党员先锋模范作用。

推进产业工会领导班子和干部队伍建设。按照“信念坚定、为民服务、勤政务实、敢于担当、清正廉洁”的好干部标准，选优配强产业工会领导班子，加强产业工会干部队伍建设，注重培养和使用产业工会干部，加大轮岗交流力度，推进各级产业工会委员会机关和委员、常委单位干部交流，互派挂职干部。加强对产业工会干部培训，提升其综合素质和工作能力，使之真正成为熟悉产业经济发展、产业职工队伍、产业劳动关系的行家里手。

调整改善产业工会委员会委员、常委会委员结构。提高劳模和一线职工比例，增设兼职副主席，注重把新兴产业、有代表性的非公有制企业的工会负责人吸纳进来，提高产业工会领导机构组成人员的广泛性和代表性。建立完善代表委员参与决策、发挥作用的机制。

加大对产业工会工作的支持保障力度。赋予产业工会更多的资源手段，评选表彰全国和地方五一劳动奖，名额分配要充分考虑产业工会；开展干部培训、职工疗休养、困难职工帮扶等工作，适当向产业工会倾斜；按照经费保障与事责匹配的原则，加大项目化定向补助，使产业工会的重点工作有充足的经费保障。

加强对涉及产业工会理论性、实践性问题的专题研究。坚持勇于实践、勤于研究，准确把握新形势下产业工会工作发展规律，提出具有针对性、前瞻性、突破性的思路和办法，注重从制度机制上破解工作中遇到的重点和难点问题，推动产业工会工作理论创新和实践创新。充分发挥我国产业工会的政治优势、组织优势和工作优势，研究借鉴国外产业工会的有益经验，探索形成具有中国特色的产业工会工作新格局。

三、充分发挥产业工会在推进产业工人队伍建设中的独特优势和作用

2016 年 10 月，全国总工会召开了全国产业工会工作会议，全国总工会党组书记、副主席、书记处第一书记李玉赋出席会议并讲话。2016 年 11 月，全国总工会印发了《中华全国总工会关于深入推进产业工会工作创新发展的意见》，从 7 个方面明确了深入推进产业工会创新发展的具体要求，推动各级工会把推进产业工会工作创新发展作为重要责任，加强组织领导，加大支持保障，为产业工会工作创造有利条件。

2017 年 4 月，中共中央、国务院印发了《新时期产业工人队伍建设改革方案》，就产业工人队伍建设改革专门进行谋划和部署，明确提出要创新面向产业工人的工会工作，认真抓好各项政策措施的落实，这为产业工会发挥作用搭建了新舞台、提供了新载体、带来了新契机。

2017 年 12 月 26 日，全国总工会在京召开产业工会工作座谈会，全国总工会党组书记、副主席、书记处第一书记李玉赋出席会议并讲话，强调要深入学习贯彻习近平新时代中国特色社会主义思想和党的十九大精神，从政治和大局出发，统一思想、提升站位，明确方向、强化担当，以求实的精神、扎实的作风、务实的举措，持续加大《新时期产业工人队伍建设改革方案》的落实力度，深入推进新时代产业工会工作创新发展。

充分发挥产业工会的优势和作用，要坚持聚焦重点、突破难点，找准产业工会体现价值的着力点，充分展示产业工会新

的形象和作为。要坚持产业和地方相结合，健全组织体系；突出产业工会工作重点，切实履行职责；把握产业工会特点和规律，完善制度机制；拓展产业工会工作平台，创新方式方法；准确把握产业工会职能定位，做到与地方工会优势互补、与基层工会密切联系，彰显独特作用。

产业工人队伍建设改革是一项系统工程，需要统筹各方力量，协同推进改革。产业工会与对口部门、行业协会、科研院校等联系紧密，沟通顺畅，要进一步加强与他们的联系沟通与合作，形成推进产业工人队伍建设改革的整体合力。要充分发挥产业工会对口联系的报纸、刊物、电台、电视台、网站等载体及“两微一端”新媒体平台作用，强化产业工人思想引领，开展社会主义核心价值观教育，形成正面宣传的强势，不断增强产业工人先进性。要积极协调有关方面，推动建立社会多元投入机制，促进加大对产业工人培养的投入力量，推动政府有关部门和行业组织改进产业工人技能评价方式，完善职业技能等级认定和晋升政策，拓展产业工人发展空间。健全完善产业工会联席（联系）会议制度、产业协调劳动关系三方机制建设，充分发挥产业工会系统中的人大代表和政协工会界委员作用，畅通建言献策渠道，加大源头参与力度，切实维护产业工人合法权益。借助各类社会资源力量，加强产业工人队伍建设理论政策研究，为加强产业工人队伍建设提供智力支持。加强对外交流与合作，组织产业工人积极参与实施走出去战略和“一带一路”建设，促进中外产业工人在友好交流中互学共进。

产业工会在了解产业发展全局、掌握产业结构调整趋势、熟悉本产业职工队伍等方面具有自身的优势。要围绕国家重大战略、重大工程、重大项目和重大活动等，组织开展具有产业特点的示范性、引领性劳动和技能竞赛，广泛开展“安康杯”

安全生产竞赛等活动，充分调动广大产业职工的积极性和创造性。要深化群众性技术创新活动，开展行业先进操作法总结、命名和推广，组织产业工人立足本职岗位，开展“五小”等活动，推动大众创业、万众创新蓬勃发展。深入实施产业工会“互联网+”行动，打造“互联网+”职工素质提升平台，组织开展网上练兵、闯关比武、技术交流、创新成果展示等活动，满足产业工人个性化学习需求，畅通产业工人发展新通道。加强行业劳模和工匠人才创新工作室建设，培养造就更多更优秀的本产业“大国工匠”。积极参与推荐评选本产业的先进典型和劳动模范，向主流媒体宣传推介先进事迹，跨行业开展劳模精神、劳动精神、工匠精神宣传推介活动，发挥示范引领作用。要利用专业优势，深入研究行业人工成本、行业工资指导价位等方面问题，会同有关方面制定科学合理的产业（行业）劳动定额、劳动标准，从产业层面为广大职工提供维权服务。

产业工会联系基层最紧密，指导企业最直接，服务职工最便捷。要进一步完善产业工会联系基层工作制度，加强与产业职工的联系沟通，坚持深入产业一线，倾听职工呼声，反映职工诉求，切实帮助本产业职工解决困难和问题，为基层提供及时有效的支持和帮助。要探索在行业组织健全、发育成熟的行业，通过主体依托、龙头挂靠、地方兼容等方式，组建上下游产业链、产业集群、工业园区等行业工会联合会，以“上代下”“上参下”方式开展行业工资集体协商，建立行业企业职工工资决定机制、正常增长机制和支付保障机制。在条件具备的地区，建立行业职代会并依法履职尽责，确保涉及产业工人的合法权益得到有效保障和落实。要组织开展面向全行业的健康文明、向上向善的职工文化活动，树立先进典型，探索总结经验，加强分类指导，提高工作实效。

努力建设高素质专业化工会干部队伍为推进新时代工会工作创新发展提供组织保证

全总组织部课题组

中国工会十七大工会章程修正案贯彻落实习近平总书记提出的“好干部标准”，围绕党的十九大提出的“建设高素质专业化干部队伍”要求，适应新时代发展需要，对工会干部的能力素质提出了新的要求，增写了学习“习近平新时代中国特色社会主义思想”和“政治、历史、文化、科技”等知识，强调“提高政治能力，增强群众工作本领”，做到“信念坚定”“敢于担当”“增强群众意识和群众感情”等内容。站在新的历史起点上，建设高素质专业化工会干部队伍是各级工会组织工作的基础性、先导性、战略性工程，只有大力推进工会干部队伍高质量发展，才能为推进新时代工会工作创新发展提供强有力的组织保证。

一、充分认识建设高素质专业化工会干部队伍的现实意义

党的十九大鲜明提出建设高素质专业化干部队伍的战略部署和具体要求，强调注重培养专业能力、专业精神，增强干部队伍适应新时代中国特色社会主义发展要求的能力。2018 年 10

月29日，习近平总书记同全国总工会新一届领导班子集体谈话时再次强调，推动建设一支高素质专业化的工会干部队伍，支持工会依法依章程创造性开展工作。站在党长期执政的高度，提出全面增强执政本领，要求既要政治过硬，也要本领高强，强调必须增强“八个本领”。要增强学习本领，在全党营造善于学习、勇于实践的浓厚氛围，建设马克思主义学习型政党，推动建设学习大国。增强政治领导本领，坚持战略思维、创新思维、辩证思维、法治思维、底线思维，科学制定和坚决执行党的路线方针政策，把党总揽全局、协调各方落到实处。增强改革创新本领，保持锐意进取的精神风貌，善于结合实际创造性推动工作，善于运用互联网技术和信息化手段开展工作。增强科学发展本领，善于贯彻新发展理念，不断开创发展新局面。增强依法执政本领，加快形成覆盖党的领导和党的建设各方面的党内法规制度体系，加强和改善对国家政权机关的领导。增强群众工作本领，创新群众工作体制机制和方式方法，推动工会、共青团、妇联等群团组织增强政治性、先进性、群众性，发挥联系群众的桥梁和纽带作用，组织动员广大人民群众坚定不移跟党走。增强狠抓落实本领，坚持说实话、谋实事、出实招、求实效，把雷厉风行和久久为功有机结合起来，勇于攻坚克难，以钉钉子精神做实做细做好各项工作。增强驾驭风险本领，健全各方面风险防控机制，善于处理各种复杂矛盾，勇于战胜前进道路上的各种艰难险阻，牢牢把握工作主动权。2018年5月20日，中共中央办公厅印发了《关于进一步激励广大干部新时代新担当新作为的意见》，提出要着力增强干部适应新时代发展要求的本领能力。要按照建设高素质专业化干部队伍要求，强化能力培训和实践锻炼，提高专业思维和专业素养，涵养干部担当作为的底气和勇气。要加强专业知识、专业能力培训，促使广大干部全面提高学习本领、政治领导本领、改革创新本领、科学发展本领、依法执政本领、群众工作本领、狠抓落实本领、驾驭风险本领。要注重培养专业作风、专业精神，引导广大干部坚持理论联系实际，干一行爱一行、钻一行精一行、管一行像一行。要突出精准化和实效性，围绕贯彻落实新发展理念、推动高质量发展和建设现代化经济体系、推进供给侧结构性改革、打好三大攻坚战等一系列重大战略部署，帮助干部弥补知识弱项、能力短板、经验盲区，全面提高适应新时代、实现新目标、落实新部署的能力。这些重要论述对党员干部加强读书学习、提高能力素质提出了明确要求，这也对广大工会干部的能力素质提出了新的更高要求。

（一）建设高素质专业化工会干部队伍是工会组织贯彻落实党的十九大精神，适应中国特色社会主义新时代的必然要求。

党的十九大报告指出，经过长期努力，中国特色社会主义进入新时代，这是我国发展新的历史方位。新时代中国共产党的历史使命，就是要实现中华民族伟大复兴这个近代以来中华民族最伟大的梦想。习近平总书记强调，实现伟大梦想，必须进行伟大斗争、建设伟大工程、推进伟大事业；同时，“四个伟大”紧密联系、相互贯通、相互作用，其中起决定性作用的是伟大工程。实现“四个伟大”所诠释的历史使命，需要全党付出更为艰巨、更为艰苦的努力，对干部的能力素养提出了新的更高要求，需要干部工作更加自觉融入党的建设新的伟大工程，结合伟大斗争、伟大事业、伟大梦想的实践找准坐标，把干部队伍建设得更有理想、更有力量、更有作为。党的十九大报告将“高素质专业化”作为新时代干部队伍建设的关键和要害，强调要增强干部队伍适应新时代中国特色社会主义发展要求的能力，体现了我们党对干部成长规律、领导班子建设规律、干部工作规律认识的不断深化。建设高素质专业化干部队伍，是不断提高党的长期执政能力和领导水平、推进国家治理体系和治理能力现代化的必然要求，是实现“两个一百年”奋斗目标、夺取新时代中国特色社会主义伟大胜利的重要组织保证，必须贯彻落实到干部队伍建设的各个环节、各项工作中去。

党的十八大以来，以习近平同志为核心的党中央高度重视工人阶级和工会工作，作出一系列重要论述，提出明确的工作要求，为工会工作指明了方向、提供了根本遵循。深入学习贯彻习近平新时代中国特色社会主义思想，团结动员广大职工不断焕发主人翁精神、发挥主力军作用、为实现中国梦而奋斗，是工会的庄严历史使命，也为工会在党和国家工作大局中发挥更大作用提供了宽广舞台。各级工会组织应认识新时代、立足新时代、奋斗新时代，更好地在大局下谋划和开展工会工作。全总十六届七次执委会议指出，要从严从实锻造高素质专业化工会干部队伍。坚持严管和厚爱结合、激励和约束并重，落实好干部标准，建设好干部队伍。加强工会干部教育培训，引导广大工会干部特别是领导干部增强“八种本领”，全面提升干部的素质和能力。建设高素质专业化工会干部队伍，不断提高工会干部适应新时代工运事业创新发展要求的能力，对于贯彻落实党的十九大精神、推进新时代工会工作创新发展具有重要的现实意义和深远的战略意义。

（二）建设高素质专业化工会干部队伍是工会组织贯彻落实新时代党的组织路线，高质量建设工会干部队伍的内在要求。

习近平总书记在全国组织工作会议上发表的重要讲话，立足党和国家事业发展全局，深刻阐明了新时代党的组织路线，对党的建设和组织工作作出新部署、提出新要求，为不断提高党的建设和组织工作质量、把党建设得更加坚强有力提供了根本遵循、指明了实践路径。新时代党的组织路线是：全面贯彻新时代中国特色社会主义思想，以组织体系建设为重点，着力培养忠诚干净担当的高素质干部，着力集聚爱国奉献的各方面优秀人才，坚持德才兼备、以德为先、任人唯贤，为坚持和加强党的全面领导、坚持和发展中国特色社会主义提供坚强组织保证。习近平总书记指出，贯彻新时代党的组织路线，建设忠诚干净担当的高素质干部队伍是关键，重点是要做好干部培育、选拔、管理、使用工作。要建立源头培养、跟踪培养、全程培养的素质培养体系，教育引导干部加强党性修养、筑牢信仰之基，加强政德修养、打牢从政之基，严守纪律规矩、夯实廉政之基，健全基本知识体系、强化能力之基，增强干部素质培养的系统性、持续性、针对性。要建立日常考核、分类考核、近距离考核的知事识人体系，强化分类考核，近距离接触干部，使选出来的干部组织放心、群众满意、干部服气。要建立以德为先、任人唯贤、人事相宜的选拔任用体系，坚持好干部标准，把政治标准放在第一位，坚持五湖四海、任人唯贤，广开进贤之路，坚持事业为上，以事择人、人岗相适。要建立管思想、管工作、管作风、管纪律的从严管理体系，加强全方位管理，加强党内监督，管好关键人、管到关键处、管住关键事、管在关键时，特别是要把一把手管住管好。要建立崇尚实干、带动担当、加油鼓劲的正向激励体系，树立体现讲担当、重担当的鲜明导向。要真情关爱干部，帮助解决实际困难，关注身心健康，对基层干部特别是困难艰苦地区和奋战在脱贫攻坚第一线的干部要给予更多理解和支持。政治路线确定之后，干部就是决定性的因素。党的干部是党和国家事业的中坚力量。干部工作是为政治路线服务的，时代的需要就是干部工作的方向。

（三）建设高素质专业化工会干部队伍是工会组织围绕中心、服务大局，开创新时代工会工作新局面的客观需要。

党的十八大以来，党中央带领全党全国各族人民坚定不移贯彻新发展理念，积极深化供给侧结构性改革，努力推动新型工业化、信息化、城镇化、农业现代化同步发展，加快建设创新型国家，实施区域协调发展战略，进一步完善社会主义市场经济体制。当前，我国经济已经由高速增长阶段转向高质量发展阶段。经济发展面临的主要矛盾和突出问题也在发生变化。发展方式粗放、创新能力不强、发展不平衡、资源环境约束趋紧等长期性问题仍然存在，产能过剩和需求结构升级矛盾突出，经济增长内生动力不足，金融风险有所积聚，部分地区困难增多。新经济组织和新社会组织大量涌现，社会结构深刻变动，利益群体不断增多，社会流动更加频繁，劳动关系领域利益诉求多元化复杂化。近年来，以“互联网+”为标志的新技术日新月异，带来了电子商务、跨境电商、微商微店、网络团购、网约服务等新模式、新业态的迅猛发展，催生了新的劳动方式和就业形态，比如快递小哥、外卖小哥、网约车司机、代驾、代购、淘宝店主等。有别于传统的“单位+职工”的用工方式，这些职业大多没有雇主即单位，也就没有劳动合同的约束，不同于传统意义上的劳动关系或雇用关系，通俗地说就是有劳动没关系，有收入没工资。同时，各类经济园区特别是国家级产业园区规模逐步扩大，承载能力持续增强，产业集中度越来越高，就业人口大量集中，企业园区化、园区社会化趋势越来越明显，对园区工会建设、开展工作和发挥作用提出不少课题。

根据全国总工会组织开展的第八次全国职工队伍状况调查表明，5年来，我国职工队伍总体规模不断发展壮大，职工队伍的内部结构、整体素质、权益保障等方面发生了许多新变化。非公单位就业职工比例明显增加；“70 后”“80 后”仍是职工队伍主体，“90 后”职工大幅增加，“00 后”也逐渐进入职工队伍。农民工作为职工队伍的重要成员继续壮大，主要集中在制造业、建筑业、批发和零售业、住宿和餐饮业、居民服务业等行业中。职工产业、行业分布结构持续优化，第一产业劳动者逐步向第二三产业转移，第三产业就业人数快速增加，成为吸纳就业主渠道。战略性新兴产业迅猛增长，就业职工人数也不断增加。职工队伍内部结构、就业形态的变化同时带来了职工技能素质、权益实现、利益诉求等方面的一些新情况新问题。产业结构、劳动关系、职工队伍发生的深刻变化，使得工会工作对象不断增加、工作范围不断拓宽，工作内容不断增多、工作任务不断加重。各级工会组织和广大工会干部作为落实工会各项工作的组织者、推动者和实践者，责任重于泰山。这就要求广大工会干部要加强学习，扎实工作，锤炼作风，增长才干，不断提高履职尽责能力，推动工会改革不断向纵深发展，努力开创新时代工会工作新局面。

（四）建设高素质专业化工会干部队伍是工会组织着力加强自身建设，在更高起点上推进工会工作的迫切要求。

工会干部是党的干部队伍的重要组成部分，是党的群众工作的一支重要的骨干队伍。习近平总书记高度重视工人阶级和工会工作，发表了一系列重要讲话，作出了重要指示，其中，关于群团干部特别是工会干部的重要论述，对加强工会干部队伍建设提出了明确要求。2018 年 4 月 30 日，习近平总书记在给中国劳动关系学院劳模本科班学员的回信中提到的“干劲、闯劲、钻劲”，又为工会干部队伍的高素质专业化要求注入了新的时代内涵。

党的十八大以来，在以习近平同志为核心的党中央坚强领导下，各级工会党组织深入学习贯彻习近平新时代中国特色社会主义思想和党的十八大、十九大精神，提高政治站位、履行政治责任、强化政治担当，全面落实新时代党的建设总要求，严格执行《党政领导干部选拔任用工作条例》，坚持新时期好干部标准，从严从实履行选人用人管人职责，努力建设高素质专业化工会干部队伍。各级工会领导班子和干部队伍结构进一步改善，干部队伍战斗力、凝聚力进一步加强，为推动工会工作创新发展、团结带领职工群众听党话跟党走提供了坚强组织保证。随着改革开放和社会主义现代化建设不断向前推进，工会工作对专业化、专门化、精细化提出了越来越高的要求。与党中央的要求，新时代新任务的需要和广大职工群众的期盼相比，工会自身还存在领导机构组成人员广泛性和代表性不够，基层基础工作比较薄弱、组织覆盖面不全，运行机制、活动方式存在一些形式主义等亟待解决的问题；工会干部队伍建设中还不同程度存在着干部来源渠道比较单一、考核激励机制不够健全、协管机制缺乏创新、挂职兼职干部作用发挥不够充分、管理监督有待加强等薄弱环节。这些问题和薄弱环节的存在，降低了工会组织对职工群众的动员力、号召力、影响力，影响了工会职能的发挥和工作水平的提升，制约了工会工作的健康发展。承担新使命新任务，应对新情况新挑战，破解新矛盾新问题，要求工会干部既要政治过硬，也要本领高强，增强“八种本领”、做到“五个过硬”，使工会干部的素质、能力与所承担的工作职责相匹配，从而更好承担起团结带领广大职工群众听党话、跟党走的政治责任，为做好新时代工会工作作出新贡献。

二、深刻领会建设高素质专业化工会干部队伍蕴含的时代内涵

建设高素质专业化干部队伍是习近平总书记选人用人思想的重要内容，是新时期好干部标准的具体实践，也是教育培养工会干部的主要标准。从理论维度看，专业化是高素质的重要组成，专业能力提升促进综合素质的提升。从标准维度看，“高素质”要求政治过硬、理论精深、知识丰富、品德高尚、作风正派，“专业化”应具有专业知识、专业能力、专业作风和专业精神。从内容维度看，党的干部既要政治过硬，也要本领高强，要有“八个素质”和“十种能力”。从方法维度看，要科学运用内外结合、人岗融合、动静平衡、学做联动的路径，锻造高素质专业化工会干部队伍。

（一）深刻领会“高素质”内涵——新时代工会干部的为政之魂。

强调“高素质”，概括地说，就是德才兼备，就是政治过硬、本领高强。

党的十八大以来，习近平总书记着眼于进行伟大斗争、建设伟大工程、推进伟大事业、实现伟大梦想，围绕培养选拔党和人民需要的好干部这条主线，提出了一系列选人用人的新思想新观点新论断新要求，形成了具有鲜明时代特色的选人用人思想，极大地丰富了党的干部路线的深刻内涵，为做好新时代干部选拔任用工作提供了根本遵循。在2013年全国组织工作会议上，习近平总书记明确提出了“信念坚定、为民服务、勤政务实、敢于担当、清正廉洁”20字好干部标准，赋予了好干部新的时代内涵，为党和人民需要的好干部画出了“标准像”，为干部选拔任用树立了风向标。2014年10月，习近平总书记提

出党员干部要“对党忠诚、个人干净、敢于担当”。2015 年 6 月，习近平总书记在会见全国优秀县委书记时，提出要“始终做到心中有党、心中有民、心中有责、心中有戒，努力成为党和人民信赖的好干部”。2015 年 12 月，习近平总书记在全国党校工作会议上，提出“培养造就一支具有铁一般信仰、铁一般信念、铁一般纪律、铁一般担当的干部队伍”。所有这些要求，与好干部标准是一脉相承的，贯穿其中的核心理念、价值追求、关键要素都是始终如一的，对党员干部的信仰、宗旨、担当、纪律等方面的要求都是一以贯之的。

（二）深刻领会“专业化”内涵——新时代工会干部的立身之本。

党的十九大报告明确指出，建设高素质专业化干部队伍，增强干部队伍适应新时代中国特色社会主义发展要求的能力，要“注重培养专业能力、专业精神”。这一部署和要求，紧扣新时代实践发展需要，直面当前影响干部队伍建设的两大“瓶颈”，抓住了新时代高素质专业化干部队伍建设的关键。

强调“专业化”，是习近平总书记对干部队伍的一贯要求。党的十八大以来，习近平总书记高度重视提高干部的专业化水平问题，在重大会议上多次强调，领导工作要有专业思维、专业素养、专业方法，要全面提高领导干部领导经济工作专业化水平，领导干部要成为经济社会管理的行家里手。2016 年 1 月，习近平总书记在省部级主要领导干部学习贯彻党的十八届五中全会精神专题研讨班上指出：“把握新发展理念，不仅是政治性要求，而且是知识性、专业性要求，因为新发展理念包含大量充满时代气息的新知识、新经验、新信息、新要求，如果只是泛泛知道其中一些概念和要求，而不注重构建与之相适应的知识体系，知其然不知其所以然，讲话做事就会缺乏专业水准。”

随着改革开放和社会主义现代化建设不断向前推进，各项工作对专业化、专门化、精细化提出了越来越高的要求，采取一般化、大呼隆、粗放型的领导方式和领导方法是完全不能适应的。要注重专业知识、专业能力、专业作风、专业精神的统一，努力打造又博又专、推陈出新的素养结构。

（三）高素质专业化工会干部队伍应具备的素养结构和基本特征。

工会干部队伍不仅包含工会专职干部，还包含广大挂职、兼职工会干部和社会化工会工作者。工会干部能力的高低，直接关系到工会工作的成效。工会干部既要符合党中央对“高素质专业化干部”的总体要求，也要符合党中央和广大职工群众对工会干部的特殊要求。

第一，坚定的政治素养是高素质专业化工会干部队伍的前提和保证。工会干部要做到政治过硬。坚持用习近平新时代中国特色社会主义思想武装头脑，在学懂弄通做实上下功夫，推动学习贯彻工作往实里走、往深里走、往心里走，增强“四个意识”，坚定“四个自信”，坚定维护习近平总书记党中央的核心、全党的核心地位，坚定维护以习近平同志为核心的党中央权威和集中统一领导，在思想上政治上行动上同党中央保持高度一致，团结引导广大职工坚定不移听党话、跟党走，同心共筑中国梦。工会干部要保持清正廉洁，牢记习近平总书记“当官发财两条道”的忠告，做讲正气的表率，带头严格执行中央八项规定精神，明是非、讲操守、重品行，尊法、学法、守法、用法，管好用好工会经费和资产，做到忠诚、干净、担当。

第二，突出的专业能力是高素质专业化工会干部队伍的关键和核心。工会干部要具备学习实践的本领。随着形势的发展，工会工作面对的群体更加多样，工作的内容更加繁琐，工作面临的形式更加复杂，工作要求也越来越高，要求工会干部不仅要具有较强的政策理论水平，还要具备与工会工作相适应的专业知识和专业能力。既要立足本职抓重点，也要开阔视野拓领域；既要向书本学习，也要向实践学习；既要向职工群众学习，也要向先进经验学习。工会干部要具备改革创新的本领。从2015年7月中央全面深化改革领导小组决定在全国总工会开展中央群团机关改革试点以来，全总有序、有力、有效推进改革试点工作，取得了重要阶段性成果。但改革不会一蹴而就、不会一劳永逸，越往后难度越大、越是难啃的硬骨头。工会干部要做改革创新的表率，把深化系统改革作为重要责任，亲力亲为抓改革、扑下身子抓落实，盯着抓、反复抓，直到抓出成效，既当改革的促进派，又当改革的实干家。工会干部要具备开展群众工作的本领。党的群众路线是工会工作的生命线和根本工作路线，工会干部要坚持做到“知职工、懂职工、爱职工”，不断提高代表职工、联系职工、服务职工的能力和水平，围绕创新群众工作体制机制和方式方法，把“职工之家”和“娘家人”的称号做得更加名副其实。

第三，强烈的专业精神是高素质专业化工会干部队伍的内在品质。工会干部要有强烈的责任担当精神，应从内心强化对工会工作的认同度、做工会工作的自豪感，把工作当成事业，做到一心一意谋发展、心无旁骛抓工作，把精力和心思用在分析研究解决基层和职工群众反映集中、反映强烈和事关全局、事关根本的重要问题和重点工作上。工会干部要有扎实的工作作风。作风扎实，体现在狠抓落实上。工会干部要坚持说实话、谋实事、出实招、求实效，切实把好事做好、把实事办实，把雷厉风行和久久为功结合起来，撸起袖子加油干。

三、准确把握建设高素质专业化工会干部队伍的主要途径

建设高素质专业化工会干部队伍，要以坚持党的领导、坚持问题导向、坚持精准施策、坚持系统推进、坚持改革创新为原则，更好激励广大工会干部新时代新担当新作为，为工会组织承担起团结动员广大职工听党话、跟党走的政治责任，开创新时代工会工作新局面提供坚强的思想政治保证、人才保证和智力支持。

（一）着力优化工会干部队伍结构。

一是切实选优配强各级工会领导班子。围绕高素质专业化的要求，在坚持好干部“二十字”标准的基础上，把专业能力作为工会干部选拔任用的一项重要内容，深入研究新时代对工会领导干部专业化的新要求，强化专业化选配。注重实践标准，突出人岗匹配度，开展领导干部专业化配备情况分析，探索把专业能力和专业精神纳入干部考核和选拔任用的重要指标，在开展领导班子分类考核中，把班子成员专业匹配度作为考核的一项重要指标。二是拓宽工会干部来源渠道。积极推进工会干部来源多元化，实行专兼挂结合。进一步健全完善工会领导班子中挂职兼职副主席选配工作，充分发挥挂职兼职副主席作用。在从劳动模范中选拔工会专兼职干部方面进行深度探索，采用灵活多样的形式，在更大范围、更多可能的人选中，把更愿做、更爱做、更擅做工会工作的干部选拔出来。加强各级总工会机关干部双向挂职交流，选派机关干部到基层挂职，同时接收地方、企事业单位、基层工会干部到工会机关挂职。注重从高校、研究机构、党政机关、社会组织、企业中吸纳专业人士和优秀志愿者到工会组织兼职，发挥兼职人员专业特长，提升工会工

作专业化水平。三是积极培养工会年轻干部。按照习近平总书记关于“要建设一支忠实贯彻新时代中国特色社会主义思想、符合新时期好干部标准、忠诚干净担当、数量充足、充满活力的高素质专业化年轻干部队伍”的要求，注重将岗位需求与年轻干部个人意向、专业素养有机结合起来，健全完善工会年轻干部的识别、选拔、培育、管理、使用环环相扣又统筹推进的全链条机制，确保年轻干部的才能得到充分发挥，激发年轻干部的干事激情，推动工会年轻干部队伍建设，源源不断地使一批又一批优秀年轻干部担当重任，为深化工会系统创新发展提供人才储备。

（二）着力健全工会干部队伍激励机制。

好干部是“选”出来的，更是“管”出来的。要严到位、管到份，也要真关心、真爱护。一是加强完善工会领导干部综合考评机制。对于各级工会领导班子，要加强监管考核，探索将干部协管工作与工会年度重点工作督查有机结合，建立符合工会特点的领导班子和领导干部综合考评机制，通过重点工作部署、督查、述职、考核，及时掌握领导班子运行情况，督促工会领导干部认真履职，强化工会系统的双重领导和干部协管意识。二是建立健全基层工会干部的激励与约束机制。健全基层工会主席和工会工作考核机制，把考核结果与基层工会干部任用、奖金分配、评先选优等挂钩，真考核硬兑现。强化对基层兼职工会干部的权益保护，解决好兼职工会干部履职的后顾之忧，建立兼职工会干部津贴补贴制度，在各级工会年度经费预算中对兼职工会干部参加会议、活动、调研和培训等予以保障。加强工会系统社会工作者队伍建设，健全完善工会社会工作者管理办法，在有关待遇、职级晋升、上升通道等方面给予政策支持，在各级工会系统公务员、事业编制招录等选拔环节中设置工会社会工作者专属职位。增强工会干部的荣誉感和归属感，在省级以上劳动模范、劳动奖章等先进模范人物评选表彰中适当增加基层一线工会干部的比例。

（三）着力提升工会干部队伍素质能力。

一是在具体能力上。要加强理论武装，提高政治能力，进一步明确党对工会领导的一系列根本原则、政治要求，切实以理论上的清醒保证政治上的坚定，增强“四个意识”，坚定“四个自信”，坚决维护习近平总书记党中央的核心、全党的核心地位，坚决维护党中央的权威和集中统一领导，在政治立场、政治方向、政治原则、政治道路上同党中央保持高度一致；要强化业务素养，提高专业能力，进一步弘扬专业精神，加快知识更新，丰富专业知识、锤炼专业作风，努力提高增强在改革实践中发现问题、研究问题、解决问题的实际能力，不断补齐能力短板、素质短板、方法短板，打牢履职尽责的业务基础，推动工会工作迈上新的台阶；要适应职工群众需求，提高群众工作能力，进一步更好适应新时代发展需要，拓宽眼界视野，懂得职工群众的语言和习惯，熟悉职工群众的愿望和心声，真正成为全心全意为人民服务宗旨的忠实践行者、党的群众路线的坚定执行者、党的群众工作的行家里手，努力把自己锤炼成为能够团结带领职工群众听党话、跟党走的职工群众信赖的“娘家人”，把工会组织建设成为广大职工群众信赖的“职工之家”。二是在教育培训上。要着眼于高素质专业化建设目标，根据工会事业发展要求、各级工会领导班子建设需要、地方和基层工会干部成长规律和工会干部自身专业点，摸清需求缺口，制定切实可行、务实管用的专业化工会干部队伍培养计划。充分利用工会干校培训资源，加强各级工会系统培训平台建设，大力引进优秀师资和课程，扩大工会干部队伍专业化培训规模，科学设置培训内容和形式，为工会干部提供具有前瞻性、实践性和岗位适配性的个性化专业能力培训。立足于干部队伍的实际情况，根据工作特点、岗位职责、个人情况，针对不同干部的知识空白、经验盲区、能力弱项，准备一些有差异的“自助餐”，开展精准化的理论、政策、科技、管理、法规培训，引导各级工会干部加快知识更新、优化知识结构、增强工作本领。定期开展新任工会主席、工会干部、社会化工会工作者等培训班，根据工作需要，推荐兼职工会干部参加各级工会组织的教育培训。三是在方法措施上。推进工会专职干部直接联系职工，加大选派工会机关干部到基层一线、艰苦地区和急难险重岗位锻炼的力度，建立基层联系点制度，增强做职工工作的能力水平。大兴调查研究之风，鼓励、安排工会干部开展基层调研，提高工会干部的调查研究能力，引导工会干部向实践学习、向基层学习、向职工群众学习，使工会干部既要会干事，也要会研究。充分利用劳动模范、大国工匠、技能大师、优秀基层工会干部等人才资源，选聘以上人员中的杰出代表担任兼职教师，结合自身事迹和工作实践，为工会干部授课，引导工会干部树立崇尚专业、追求卓越的工作精神。

坚持正确政治方向
收好管好用好工会经费

朱虎祥

中国工会十七大通过的工会章程修正案对工会经费的有关规定作了进一步充实完善，明确了工会经费的使用方向为主要用于为职工服务和开展工会活动，要求各级工会组织坚持正确使用方向，加强预算管理，优化支出结构，开展监督检查。同时，对依法设立独立经费账户作了更加明确的规定。当前和今后一段时期，各级工会财务管理部门和广大工会财务干部要以习近平新时代中国特色社会主义思想为指导，深入学习贯彻习近平总书记关于工人阶级和工会工作的重要论述，准确把握中国工会十七大对工会财务工作的新要求，坚持正确政治方向，找准定位，收好管好用好工会经费，持续推进工会财务改革创新，努力为工会全局工作提供服务和保障。

一、始终坚持工会财务工作正确政治方向

（一）提高政治站位，坚定正确政治方向。

党的十九大最重要的理论成果也是最重大的历史贡献，就是把习近平新时代中国特色社会主义思想确立为我们党必须长期坚持的指导思想写进党章，实现了马克思主义中国化的又一次历史性飞跃。十三届全国人大一次会议通过宪法修正案，把党的十九大确定的重大理论观点、重大方针政策特别是习近平

新时代中国特色社会主义思想载入宪法。各级工会财务管理部门要提高政治站位，牢固树立政治意识、大局意识、核心意识、看齐意识，自觉增强“四个自信”，坚决做到“四个服从”，在思想上政治上行动上同以习近平同志为核心的党中央保持高度一致，牢牢把握工会财务工作正确政治方向。

（二）坚持用习近平新时代中国特色社会主义思想武装头脑、指导实践。

各级工会财务管理部门要深入学习领会习近平新时代中国特色社会主义思想，坚持以人民为中心的发展思想，坚持全心全意依靠工人阶级的方针，从我国社会主要矛盾的变化来把握职工群众的新需求，从就业方式、生活方式的变化来分析职工群众的新需求，研究解决职工队伍多层次、多样化的需求与发展不平衡不充分的矛盾，为更好地解决不平衡不充分的发展给职工带来的实际问题提供保障与服务，为更好地满足职工对美好生活的需要提供服务保障。

（三）明确新时代工会财务工作的目标任务。

中国工会十七大要求，各级工会要立足新时代中国特色社会主义的新方位，在实现党的十九大描绘的宏伟蓝图中贡献力量；立足社会主要矛盾的新变化，在不断满足职工群众美好生活需要中担当作为；立足共建共治共享社会治理的新格局，在推动中国特色和谐劳动关系中履职尽责；立足全面深化改革的新阶段，在构建联系广泛、服务职工的工会工作体系中开拓创新。各级工会财务管理部门要深刻理解这些新要求，进一步明确工会财务工作的目标任务，研究建立工会财务工作服务职工的投入保障机制，帮助职工群众解决最关心、最直接、最现实的利益问题，努力构建工会财务工作新格局。

二、准确把握工会财务工作面临的新形势新任务

党的十九大指出，中国特色社会主义进入新时代，我国经济已由高速增长阶段转向高质量发展阶段，我国社会主要矛盾已经转化为人民日益增长的美好生活需要和不平衡不充分的发展之间的矛盾。我国社会主要矛盾的变化是关系全局的历史性变化，对党和国家工作提出了许多新要求。党的十九届三中全会通过的《深化党和国家机构改革方案》明确，组建国家监察委员会，实现对所有行使公权力的公职人员监察全覆盖；组建中央审计委员会，构建集中统一、全面覆盖、权威高效的审计监督体系；改革国税地税征管体制，将省级和省级以下国税地税机构合并。《深化党和国家机构改革方案》同时对深化包括工会在内的群团组织改革提出了明确要求，要求紧紧围绕保持和增强政治性、先进性、群众性这条主线，牢牢把握改革正确方向，落实以职工为中心的工作导向，自觉服从服务党和国家工作大局；聚焦突出问题，坚持眼睛向下、面向基层，将力量配备、服务资源向基层倾斜，更好适应基层和群众需要，把群团组织建设得更加充满活力、更加坚强有力；构建联系广泛、服务职工的工会工作体系。这些都对工会工作提出了新的要求，工会财务工作也面临许多机遇和挑战。

当前，工会财务工作还存在许多制约因素。一是一些单位领导对工会工作和工会财务工作还不够重视，认为工会工作不重要，工会财务工作也就无所谓，财务机构可有可无，工作好坏无关痛痒。有的单位领导甚至视财经纪律于不顾，干预工会财务活动，强行要求工会财务违反财经纪律和财务规定列支不应由工会经费开支的费用支出，或变相为少数人谋利。有的单位没有建立必要的内部控制制度，给工会财务工作带来潜在隐患。二是许多

工会组织特别是基层工会组织预算管理意识淡薄。有的没有把《预算法》当作必须严格遵守的法律，潜意识里认为《预算法》不是法律法规，至于作为规范工会预算管理的《工会预算管理办法》就更不在话下，年度开支没有预算，往往是想到哪里就干到哪里，干到哪里就支出到哪里，非常随意。有的虽然编制了年度收支预算，但预算编制并不科学、合理，没有全面覆盖，工作内容不细化，进度安排不具体，预算的约束力不强。三是绝大多数基层工会由于人员编制紧张没有配备专职财务人员，有的单位从事财务工作的人员不具备相关的专业任职资格，有的单位临时聘用财务人员且更换频繁，一定程度影响了工会财务管理基础工作，制约了基层工会财务工作的规范管理。

同时，工会财务工作本身也存在一些突出问题。一是工会经费尚未做到依法应收尽收。实行委托税务代收、财政划转工会经费以后，工会经费收入规模迅速增大，工会组织经济实力显著增强，一些单位就此出现了经费收缴意识淡化的问题，甚至有的工会认为，收缴工会经费成了税务机关、财政部门的事，一委托就了事，与自己无关，出现问题不是主动分析原因、解决问题，而是被动应付。二是工会财务管理制度的顶层设计还要不断完善与创新。一些现行工会财务管理制度规定制定的背景和依据发生了比较大的变化，有的制度规定实际执行的基础发生了变化，工会组织工作内容与活动方式进行了拓展，这些都要求对现行财务管理制度进行修订完善，近年来一些工会财务改革的实践还需要进一步总结推广并上升为制度规定。三是工会经费的使用效益需要进一步提高。《工会法》和《中国工会章程》规定，工会经费主要用于为职工群众服务和开展工会活动。当前，工会组织对工会经费的普惠化和个性化服务的研究还不够深入，直接服务职工群众和开展工会活动的经费使用效果的评价还缺乏系统的评价标准与科学的评价办法。有的工会组织累计结余的资金还比较大，资金大量闲置必然影响工会经费的使用绩效，与中共中央、国务院关于全面实施预算绩效管理的决策部署和工作要求还存在较大差距。

三、努力夯实服务职工群众的物质基础

（一）加强会员会费管理。

工会会员定期向所在工会组织缴纳会费，是《工会法》赋予工会会员的法定义务。工会会员要切实增强会员意识，履行法定义务，依据《工会法》的有关规定和《中华全国总工会关于收交工会会费的通知》要求，按每月工资收入的一定比例向工会组织交纳会费。各级工会要以工会会员实名制管理为基础，以为广大会员提供普惠化服务为抓手，加强会员会费管理，让会员会费更加直接为职工群众服务，团结组织动员广大会员听党话、跟党走，进一步增强工会组织的吸引力凝聚力。

（二）加强工会经费的收缴。

经费收缴是工会组织的一项基础性工作，经费收缴的多少直接关系工会组织的正常运转与工会重点工作的开展，各级工会要进一步加大经费收缴力度。一是坚持依法收缴工会经费。《工会法》规定：建立工会组织的企业、事业单位、机关按每月全部职工工资总额的2%向工会拨缴经费。这是国家以立法形式，把工会经费拨缴上升到了法律层面，以维护工会组织和职工的权益，既体现了党和政府对工会组织的关心，更充分说明依法治会的重要意义和工会经费拨缴的重要性。各级工会要广泛深入宣传《工会法》，不断增强行政机关和企事业单位依法缴纳工会经费的法律意识。二是加强与税务、财政、人民银行等政府部门的协调沟通，规范工会经费代收工作。要认真落实

中央全面深化改革领导小组批准的《全国总工会改革试点方案》确定的目标任务，进一步健全完善工会经费代收制度，引导各级工会规范工会经费委托税务代收和财政统一划拨工作，使其制度化、规范化。会同国家税务总局开展专题调研，研究建立税收征管体制改革后委托税务代收工会经费的工作机制；加强与财政部门的协调沟通，研究制定财政足额划拨工会经费的对策措施；加强与中国人民银行国库部门的协调沟通，探索建立适用工会经费分成体制的费、库、银管理方式；开发建设工会经费收缴管理信息系统，实现全国总工会与省级工会经费收缴信息实时互联互通；加强工会经费收入专用收据电子化管理，积极推进工会经费收入专用票据电子票据改革，实现工会经费收入专用票据电子开票、自动核销、全程跟踪、源头控制和信息共享。三是强化各级工会自主收缴工会经费的主体责任意识。各级工会要牢记工会经费收缴从始至终都是工会组织的责任，是《工会法》和《中国工会章程》赋予工会组织的基本职责。要积极主动地与缴费单位沟通，宣传工会法律法规与政策规定，宣传工会组织的基本职能，宣传工会的主要工作和服务项目，使缴费单位充分认识拨缴工会经费的意义。要结合基层工会组织建设，建立工会经费收缴信息系统，健全缴费单位基础信息库，加强工会经费收缴数据分析，摸清工会经费收缴底数，扩大经费收缴覆盖面。

（三）积极争取政府资金的支持。

一是加大与财政部门的协调沟通力度，争取财政部门对工会组织的困难职工帮扶、劳模疗休养以及工会服务职工能力建设等工会重点工作的经费支持，妥善解决县级以上工会在职职工养老保险的资金渠道。二是县级以上工会要积极作为，主动向当地党委、政府汇报，共同推进地方有关部门落实《公共文化服务保障法》相关要求，将工人文化宫等职工服务阵地建设纳入地方财政预算。

（四）加强工会资产经营收益管理。

各级工会要突出工会组织的主责主业，体现公益性服务性，坚持围绕职工文化教育体育事业、职工疗休养和职工互助保障事业三大领域，加强项目可行性研究论证，防范投资风险，将资产经营收益纳入预算管理，使其成为工会服务职工群众的有效补充。

（五）积极争取本单位行政经费支持。

各基层工会要根据《工会法》的规定，按照经费独立管理原则，实现独立开户、独立核算。要加强与单位行政的沟通，依法落实基层工会专职工作人员的工资、奖励、补贴、社会保障和其他福利待遇，积极争取单位行政为工会办公和开展活动提供必要的设施和活动场所等物质条件，并按时足额拨缴工会经费。

四、深化工会财务改革创新

（一）深入推进工会全面预算管理。

工会预算是各级工会经过一定程序核定的工会经费年度收支计划，是收好、管好、用好工会经费的重要手段，是工会财务管理的重要内容。各级工会要牢固树立全面预算管理意识，严格按照《预算法》《工会预算管理办法》的要求，大力推进工会全面预算管理，全部收支、各个层级、所有单位均应纳入预算管理。一是坚持预算层级全覆盖。按照“统一领导、分级管理”的管理体制，工会预算一般分为五级管理，即全国总工会、省级工会、市级工会、县级工会和基层工会，实行下管一级。也就是说，县级工会负责审批（或备案）县以下基层工会预算，并汇总、上报主管市级工会；市级工会负责审批（或备案）县级工会预算，并汇总、上报主管省级工会；全国总工会负责审批（或备案）全国工会系统的工会经费预算。坚持做到每个预算层级都纳入预算管理和审批（或备案）范围。二是坚持预算单位全覆盖。工会预算包括本级预算和单位预算。本级预算是指各级工会本级次范围内工会经费收支的总预算，单位预算则是指与本级预算有相关经费收支管理关系的工会机关、企事业单位的预算。也就是说，县级工会预算不仅包括县级工会本身的预算，还包括县直属企事业单位的预算和与县级工会有经费收支管理关系的基层工会经费预算。三是坚持预算收入全覆盖。坚持各级工会的预算收入分类管理。实现会费收入、拨缴经费收入、上级补助收入、政府补助收入、行政补助收入、事业收入、投资收益和其他收入各类收入的预算管理。四是要加强支出预算管理。各级工会的全部支出都要纳入预算管理，严禁无预算、超预算支出。要加强预算定额标准体系建设，参照财政预算基本支出定员定额管理的做法，积极推进工会经费基本支出预算定员定额管理；要研究制定劳动和技能竞赛等工会特色活动的经费开支范围与开支标准，细化工会经费项目支出预算。各级工会特别是基层工会，要根据相关政策规定和定额标准，合理测算年度职工教育、文体、宣传、慰问与维权服务的资金需求，统筹留成经费与行政补助、上级工会补助等资金使用，科学编制年度工会经费收支预算，严格预算审批程序，硬化预算约束，强化预算执行。预算一经批复，原则上不得调整，确因特殊原因需要调整的，必须依据预算批准程序履行审批手续。各级工会动用工会经费结余资金，作为一项重大事项，必须履行“三重一大”决策程序，同时纳入收支预算管理。五是要大力推进项目库建设。各级工会要大力推进工会系统项目库建设，坚持工会预算项目化改革方向，完善项目决策机制，规范项目立项程序，提高项目预算编制的科学性、准确性。要在项目精细化管理上下功夫，项目预算申报要清晰反映项目工作内容、具体活动和支出需求，最大限度发挥工会经费资金使用效益。六是加强预算定额标准体系建设，完善基本支出预算定额标准，把握工会项目支出管理的特点和规律，努力构建内容完整、结构优化、定额科学、程序规范、修订及时的工会预算定额标准体系，充分发挥定额标准在预算编制和管理中的基础支撑作用。

（二）深入推进工会财务管理体制改革。

坚持工会财务统一归口管理原则，全部经济活动、各类专项资金管理必须由财务管理部门全程参与、集中管理。研究解决工会组织体制与财务体制脱节的问题，理顺中央企业工会与地方工会的财务管理体制，妥善解决乡镇（街道）工会财务管理体制不顺的突出矛盾，研究解决上一级工会加强对基层工会的指导、监督与服务的有效途径。

（三）改革现行预算分配办法。

按照事权和财权统一的原则，厘清全国总工会和省级工会预算管理职责，合理划分支出责任，建立全面规范透明、标准科学、约束有力的预算制度。在摸清各级工会经费收缴情况与经费需求总量的前提下，研究工会经费收缴改革办法，积极构建权责清晰、财力协调、区域均衡的工会经费分成体制。

（四）建立工会经费普惠职工的保障机制。

各级工会要按照增“三性”、去“四化”、强基层、促创新的工会改革要求，牢牢把握工会经费服务职工群众、服务工会工作的正确方向，将更多的资源配置到基础薄弱的基层工会，把更多的工会经费用到职工群众身上，让工会经费更多的惠及职工群众。目前，全国工会经费全年收入的95%留在了地方和基层工会，由全国总工会集中管理的5%中又有70%以上通过项目补助方式，用到了包括乡镇（街道）、开发区（工业园区）工会和基层工会在内的地方各级工会。各省级和市县工会要参照全国总工会的做法，将自身留成的工会经费进一步向基层工会倾斜。一是要加强职工需求调研。研究建立个性化需求与普惠化服务的经费保障机制，统筹工会经费资金使用，盘活工会存量资金，将更多的工会经费用于直接服务职工群众的普惠化服务项目。二是根据《工会法》的规定，依法落实职工活动的设施和场所等物质条件，应当由同级政府和企业、事业单位、机关解决的有关规定，满足职工群众需求。同时，服务职工阵地建设要符合职工实际需要，量力而行，力戒追求“高大上”，反对奢侈浪费。三是贯彻落实中央打赢脱贫攻坚战决策部署，紧紧围绕国家脱贫攻坚大局，加大城市困难职工解困脱困的帮扶和保障力度，加大人力、物力、财力投入，集中优势力量做好困难职工解困脱困工作。加强与当地经济社会发展规划、保障和改善民生政策精准对接，争取财政加大支持力度。加大工会脱贫攻坚资金投入，全总回拨的工会经费要向困难职工解困脱困工作进一步倾斜，精准帮扶、精准脱贫，切实担负起工会组织的社会责任。

（五）大力推进工会预算绩效管理工作。

各级工会要根据《中共中央国务院关于全面实施预算绩效管理的意见》的部署和《工会预算支出绩效评价暂行办法》的要求，围绕预算管理的主要内容和环节，完善涵盖工会预算绩效目标管理、绩效运行监控、绩效评价管理、评价结果应用等环节的管理流程，研究制定工会预算绩效评价实施办法，科学设置绩效目标，健全评价指标体系，严格绩效目标监控，硬化预算绩效管理约束，努力构建“预算编制有目标、预算执行有监控、预算完成有评价、评价结果有反馈、反馈结果有应用”的预算绩效管理模式，不断提高工会预算绩效。

五、努力构建“制度＋科技”的工会财务工作新机制

（一）加强工会财务制度顶层设计。

建立健全管理体制、经费收缴、票据管理、预算管理、资金管理、资产管理、会计核算和财务监督等工会内部控制制度体系。一要加强与财政部的沟通协调，研究提出政府会计改革背景下《工会会计制度》改革的基本思路，配合财政部做好《工会会计制度》修订工作。二要根据《预算法》的规定，修订完善《工会预算管理办法》，规范工会预算编制、审批、执行与监督。三要聚焦基层工会预算管理薄弱的突出问题，研究制定《基层工会预算管理实施办法》，规范基层工会预算编制与执行，扭转基层工会无预算开支的局面。四要严格执行中央八项规定及其实施细则规定要求，严肃财政纪律，督促基层工会严格落实《基层工会经费收支管理办法》，防止利用工会经费违规发放津补贴、违规为少数人谋取私利。五要定期开展工会财务管理制度评估，适时做好工会财务制度的“立、改、废、释”工作，确保各项制度有效执行。六要研究建立工会决算（会计报告）制度，全面、真实、准确、完整地反映各级工会各类单位年度收支规模与资产负债状况。

（二）强化工会财务监督检查。

各级工会要强化工会财务监督工作，加强对工会经费收缴、管理、使用的全面监管。通过财务监督，坚决防止和查处工会系统内违反中央八项规定和厉行节约反对浪费相关要求的行为，整治工会经费管理中存在的问题，切实加强工会系统党风廉政

建设。一是研究制定《工会财务监督条例》和监督检查工作规范，明确财务监督检查的内容、重点和方式，明确工会财务违法违规行为及责任，促进财务监督经常化、常态化、制度化，维护工会系统财务管理秩序。二是建立财务监督与经费审查审计监督、职工群众监督相统一的监督检查工作机制，探索建立上一级工会对下一级工会实行财务监督检查的有效途径，逐步实现财务监督检查全覆盖。三是深入开展工会财务管理规范化建设，强化基层工会内部会计监督。四是积极推进工会财务信息公开，稳步推进工会经费收支预决算公开制度，自觉接受职工群众和社会各界监督。

（三）大力推进工会财务管理信息化建设。

全面分析工会财务管理业务需求，整合现有经费收缴、预算管理、会计核算等财务管理信息系统资源，构建工会财务管理一体化平台，统一工作规范与业务规范，实现数据集成管理，运用大数据、现代信息技术，构建“制度＋科技”的工会财务工作新机制。

六、加强工会财务干部队伍建设

（一）坚持高素质专业化标准。

工会财务干部既要政治过硬，又要本领高强。要始终坚持用习近平新时代中国特色社会主义思想为指导，加强政治学习，增强“四个意识”、坚定“四个自信”、做到“四个服从”。要全面增强执政本领，特别是改革创新本领、群众工作本领和狠抓落实本领；要以职业精神和专业素养，创造性推动工会财务改革，为服务职工群众办实事、出实招、求实效。

（二）加强工会财务系统党风廉政建设和反腐败工作。

要全面梳理工会财务管理全过程的廉政风险点，健全完善风险防控制度体系，加强警示教育，持之以恒正风肃纪，驰而不息纠正“四风”，构建工会财务系统预防腐败的长效机制。

（三）加大培训力度。

定期开展财经法律法规和财务业务培训，强化各级工会负责人严守财经纪律的自觉性，提高广大财务干部的业务素质。建立全国总工会与各省级工会财务部门定期沟通机制，互相通报近期重点工作，交流实际工作中的新情况新问题，研究解决方案与对策。

（四）加强工会财务资产管理理论研究。

总结各级工会财务、资产管理实践探索的典型经验，完善工会财务管理学科体系。充分发挥中国工会会计学会的作用，定期开展工会财务资产专题调研，开展工会财务会计理论研究和学术交流。

（五）下大力气解决基层工会财务基础工作薄弱问题。

县级以上工会要加强对基层工会财务工作的指导，加大对基层工会的经费支持力度，支持基层工会通过购买服务、聘用社会化工会工作者等途径加强财务基础工作，探索建立“上代下”的工会财务工作新模式，切实解决基层工会财务力量相对薄弱的现实问题。

坚持公益性、服务性
依法依规加强对工会资产的监督管理

李庆堂

中国工会十七大通过的工会章程修正案规定，工会兴办的企业、事业，坚持公益性、服务性，坚持为改革开放和发展社会生产力服务，为职工群众服务，为推进工运事业服务。工会资产是社会团体资产，中华全国总工会对各级工会的资产拥有终极所有权。实行“统一所有、分级监管、单位使用”的资产监管体制。各级工会依法依规加强对工会资产的监督、管理，保护工会资产不受损害，促进工会资产保值增值。认真学习领会《中国工会章程》关于工会资产的规定，对于做好新时代工会资产工作，充分发挥工会企事业的作用，具有重要意义。

一、坚持公益性、服务性，体现了党和国家对工会兴办企事业的根本要求

工会企事业是指工会组织兴办的、以社团集体所有制为主要经济形式的、以第三产业为主体的各类企事业。它既是社会主义市场经济的组成部分，又是工会工作的一项重要内容。新修订的《中国工会章程》强调，工会企业、事业，坚持公益性、服务性，充分体现了党和国家对工会组织兴办工会企事业的根本要求。

坚持工会企事业公益性、服务性，是由工会企事业形成的

历史决定的。依据《工会法》和《中国工会章程》的规定，我国工会企事业主要是由党和政府拨付、工会投资以及社会各界捐赠转让形成的。具体说来，主要有以下三种途径。一是党和政府以及机关企事业单位通过无偿划拨和拨款形成的工会企事业，包括工会企事业单位的房产、地产和其他固定资产。《工会法》明确规定，各级人民政府和企事业单位、机关应当为工会办公和开展活动，提供必要的设施和活动场所等物质条件。中华人民共和国成立以来，党和政府以及机关企事业单位无偿划拨了大量土地、房产，用于工会组织办公和开展职工活动的场所，奠定了工会企事业发展的基础，这是工会企事业形成的主要来源。各级工会最初举办的工人文化宫、工人疗休养院、工会院校等工会事业，基本上是党和政府提供给工会使用管理的，这充分体现了党和政府对工人阶级和工会工作的高度重视。二是工会依靠自身力量投资形成的工会企事业。各级工会为发展壮大工会阵地，投资建设办公场所，积极发展工会企事业，形成大量的工会资产。近年来，各级工会加大资金投入，对工人文化宫、工人疗休养院、工会院校等工会阵地进行大规模的改造，并兴办大量的职工服务中心、困难职工帮扶中心、职工互助保障组织。三是工会企事业单位通过自我积累、自我发展形成的工会资产。各工会企事业单位坚持把发展放在首位，在服务工会工作、服务职工群众、服务社会的过程中，取得良好的社会效益和经济效益，使工会企事业不断发展壮大。

坚持工会企事业公益性、服务性，是由工会企事业的性质决定的。第一，工会企事业是党和国家支持工会组织兴办的。《中国工会章程》第二十八条在工会基层委员会的基本任务中对基层工会兴办企事业作了明确规定，要办好工会文化、教育、体育事业，要管理好工会资产和工会的企事业。工会企事业的设立、合并、分立、撤销、改制，都必须得到工会组织的批准。第二，工会企事业的终极产权是统一的。《中国工会章程》规定，工会资产的终极产权属于中华全国总工会，且“不经批准，不得改变工会所属企业、事业单位的隶属关系和产权关系”。工会章程是工会组织内部的根本大法，这就从法律上确保了工会企事业的发展方向不会偏离。第三，工会企事业的运营发展要依靠工会组织的支持。工人文化宫、工人疗休养院等工会企事业开展公益服务所需的支出，一定程度上需要依靠工会经费弥补，工会企事业依托工会组织开展各类活动，充分发挥工会职能与联系服务职工的天然优势，最大限度地避免了逆向选择和道德风险的发生。第四，工会企事业由工会组织管理。从体制上看，工会企事业的组织、人才、财务、资产、审计、党建等工作都需要依法依规接受工会组织的管理。从方式上看，工会组织的管理主要是宏观管理，体现在顶层设计、宏观指导、制度制定、政策协调、规划发展等方面。工会企事业依照规定行使法人自主权，开展日常的具体管理。工会企事业的特殊属性，集中体现在工会企事业的“三服务”宗旨上。《中国工会章程》规定，工会企事业要为工运事业服务、为职工群众服务、为改革开放和发展社会生产力服务。其中，为职工群众服务是核心宗旨。“三服务”宗旨体现了工会企事业政治责任、经济责任和社会责任的统一，体现了工会兴办企事业的特色，是工会企事业工作的出发点和落脚点所在。

坚持工会企事业公益性、服务性，是由工会企事业的作用决定的。在工会工作体系中，工会企事业是其中的关键组成部分。工会组织通过工会企事业，搭建为职工服务的平台，并以此为依托开展各种形式的活动服务职工，让职工感受到工会的存在感。可以说，工会企事业既是工会组织的形象、标志，也是服务能力的集中体现。多年以来，工人文化宫、职工服务中心、职工学校、工人疗休养院等在组织、教育、引导和团结职工等方面发挥着不可替代的积极作用，更好地满足职工全面发展的客观需求，提高职工队伍的整体素质。工人文化宫（俱乐部）、体育场（馆）是职工文化体育活动阵地，开展各类健康有益的职工文体活动，极大地丰富了职工的业余生活；工会院校、职工学校等开展多层次的职工教育和职业培训活动，参与实施全国职工素质建设工程，提高了职工的工作技能和职业素质；工人报社、工人出版社等积极宣传党的路线方针政策及社会主义核心价值体系，有助于提升职工群众的思想政治文化素质；工人疗休养院为劳动模范、职工群众提供工伤康复、疗休养、旅游服务，对于预防和治疗职业病、保持职工身心健康多有助益；职工互助保障组织以中低收入职工群体为主要的服务对象，发动职工参与互助保障计划，有效缓解了职工在患病、工伤、养老等方面的经济负担，维护了职工的基本经济利益。工会企事业在多个方面努力为广大职工办实事、做好事、解难事，提升工会服务职工的能力，完善服务手段，拓展服务领域，在党和政府主导的维护职工权益机制中充实和丰富了工会的作用和优势，增强了工会吸引力、凝聚力和战斗力。以后，工会企事业也必将伴随着中国工运事业的发展而发展，推动工会工作进入我国经济和社会发展更广阔更深入的领域。要从提高工会组织履职能力、丰富发展维权机制、完善职工服务体系的角度，来认识坚持工会企事业公益性服务性的必要性。

二、坚持公益性、服务性，最根本的是要保持和增强工会企事业工作的政治性、先进性、群众性

各级工会举办的企事业是各级工会组织最紧密联系、最直

接服务职工群众的前沿阵地，直接体现各级工会的工作水平，必须自觉地体现政治性、先进性、群众性的根本要求。

要保持和增强工会企事业工作的政治性。把坚持党的领导、坚持走中国特色社会主义工会发展道路，作为工会企事业发展的根本保证，保证工会企事业的方向不偏、阵地不丢、功能不变，坚定不移地为党的事业做贡献。一是在思想上政治上行动上始终同以习近平同志为核心的党中央保持高度一致，坚决贯彻党的意志和主张，各方面工作都以贯彻落实党中央的决策部署为前提，推动党的路线方针政策落地生根，切实承担起引导职工群众听党话、跟党走的政治任务。二是紧紧围绕党和国家工作大局、工会工作全局开展工作，突出公益导向，聚焦主责主业，充分发挥服务职工、服务基层的阵地作用，成为工会工作手臂的延伸，不断巩固党的阶级基础和群众基础。三是全面落实从严治党要求，将党的领导和党的建设贯穿工会企事业经营管理全过程，从严从实加强党的思想、组织、作风、反腐倡廉和制度建设，进一步提高党建工作水平，切实做到“两手抓、两促进”。

要保持和增强工会企事业工作的先进性。工会企事业只有把保持和增强先进性作为重要着力点，才能担负起服务广大职工群众、增强工会组织吸引力、凝聚力、战斗力的使命。从工会企事业的性质来说，工人文化宫、职工学校、工会报刊等，本身就是弘扬社会主义先进文化的载体，是意识形态领域的主阵地。工人疗休养院、职工互助保障组织等工会企事业则把培育和践行社会主义核心价值观的责任内化在自身开展的服务职工活动中。保持和增强先进性，一是要大力弘扬工人阶级伟大品格和劳模精神、劳动精神、工匠精神，打造健康文明、昂扬向上的职工文化，把社会主义核心价值观内化为职工群众的价值，充分发挥工会“大学校”作用。二是要牢牢把握为实现中华民族伟大复兴的中国梦而奋斗的时代主题，大力发展职业学校教育和职业培训，促进职工技术技能的提高和素质结构的优化，为建设高素质的产业工人队伍贡献力量。三是要不断加强和规范管理，努力做优做强，提升发展质量效益，成为管理规范、经营稳健、绩效优良的代表，努力成为展示工会管理先进性的窗口，提升工会影响力的平台。四是工会企事业依法依规开展经营管理活动，自觉履行社会责任，做爱国敬业、守法经营、创业创新、回报社会的典范，在所在行业发挥示范作用。

要保持和增强工会企事业工作的群众性。为职工群众服务是工会企事业的核心宗旨所在。从兴办工会企事业的初衷看，为职工群众服务，满足职工群众不断增长的精神文化需求，是工会企事业的本分。工会企事业只有在服务职工群众的主责主业中才能实现自身持续健康发展。离开了群众性，工会企事业就丧失了存在的价值和意义。从特点和优势看，工会企事业处于联系、组织、服务职工的第一线，以广大职工群众为直接服务对象，通过主动地、创造性地开展形式多样的活动，努力把广大职工群众紧密团结在党的周围。联系和服务职工群众，既是工会企事业的生命线，也是衡量工会企事业工作成效的标尺。随着经济社会的不断发展，职工群众的需求也在不断发展变化，工会企事业要不断优化功能定位、强化公益属性、增强服务能力。坚持以职工群众为中心的工作导向，让职工群众当主角，构建符合职工需求的运行模式、服务内容、服务方式和工作评价体系，比如在工人文化宫（俱乐部）、职工学校等窗口单位推行错时上下班、周末值班制、职工预约制和上门服务制；坚持非营利性的定位，为广大职工群众提供技能提升、困难帮扶、疗养休养、职工文化、互助保障等普惠性服务；建立服务效能动态监测机制和服务绩效评价反馈机制，不断提升服务职工的效能，增强职工群众获得感。

三、坚持公益性、服务性，必须正确把握工会企事业非营利性的基本属性

工会企事业，既有政治属性，也有经济属性；既有工会属性、也有市场属性。这就决定了工会企事业既要公益化方向，又要适应社会主义市场经济的要求，用市场化的手段为职工群众提供服务。如何把两者结合起来，是工会企事业发展面临的主要问题。而牢牢把握工会企事业非营利性的基本属性，就是解决问题的钥匙。

工会企事业的非营利性，主要包括三个方面的内容：一是工会组织举办工会企事业并不以追求利润为根本目的；二是工会企事业的资产来源于全体工会会员，为了行使工会职能所用，最终归属于全体会员；三是工会企事业获得的经营收益主要用于弥补服务成本，为职工提供优惠服务项目，以及工会企事业的再发展，不会用于个人间搞二次分配，不存在利润分配机制。同时，根据《工会法》规定，工会企事业上缴的收益，构成工会经费的法定组成部分。通过壮大工会组织的物质基础，更好地为职工服务。非营利性并不等于没有营利，而是不能以营利为目的。

优质优惠是工会企事业非营利性的内在要求。在服务内容上，工会企事业坚持正确的政治导向，提供健康、正能量、高品质的服务。在服务价格上，工会企事业主要向职工群众提供优惠甚至免费服务。工会企事业提供的产品带有很大的社会福利性质，要求在保障服务质量前提下，实现成本最小化，以优惠的价格对职工群众提供服务。为了保证公益性功能的发挥，

工人文化宫、工人疗休养院等工会服务职工的阵地，主要依靠政府政策和资金的支持创立和发展，土地和设施基本上由政府无偿提供，运营经费在一定程度上由国家财政或工会经费拨款补助，为工会企事业提供优惠服务创造了条件。需要注意的是，实现免费或优惠服务的责任主体是政府和工会组织，而不是工会企事业。《工会法》第四十五条规定："各级人民政府和企业、事业单位、机关应当为工会办公和开展活动，提供必要的设施和活动场所等物质条件。"《劳动法》第七十六条规定："国家发展社会福利事业，兴建公共福利设施，为劳动者休息、休养和疗养提供条件。"要通过资金引导、考核评价等政策机制的设计，引导工会企事业实现公益性目标。新中国成立以来，各级工会组织举办的工会企事业充分发挥公益性功能，为广大职工群众提供了多种形式的优质优惠甚至免费的服务，成为社会主义建设时期，体现党和政府关怀工人阶级的重要阵地，维护职工群众文化、健康、保障等权益的重要载体。

主业限定是工会企事业非营利性的重要体现。根据有关法律法规对工会企事业单位特别是工会公益性事业单位功能定位，需要以提供公共服务为主业。如《公共服务保障法》规定，工人文化宫是公共文化设施的组成部分；《中共中央、国务院关于深化医药卫生体制改革意见》规定，鼓励工会等社会团体开展多种形式的医疗互助活动，等等。目前，工会企事业主要集中在三大服务领域：以工人文化宫（俱乐部）、国际海员俱乐部、工人体育场（馆）、职工学校、工会院校、工人报刊、工人出版社等为主体的职工文体教育事业；以职工和劳模疗休养院、职工旅行社、宾馆为主体的职工疗休养旅游事业；以职工互助保障组织为主体的职工互助合作保障事业。《中华全国总工会关于加强和规范工人文化宫管理的意见（试行）》《中华全国总工会关于加强和规范工人疗休养院管理的意见（试行）》规定，工人文化宫、工人疗休养院必须突出公益，聚焦文化服务和疗休养服务主业，自主经营。因此，工会企事业的功能定位和主业，首先必须是根据国家法律政策的规定、全总的要求和职工的需求，提供公共服务。不得开展与主业无关的经营活动，不得将设施和场所对外出租、承包或挪作他用，否则就会偏离自身的宗旨和定位，将承担相应的法律责任。与此同时，工会企事业可以根据职工群众的多元化需求，适当拓展个性化、多样化的服务项目。随着时代的发展变化，工会企事业主业的表现形式和内容可以不断丰富和完善，但是方向不能变、牌子不能丢。

服务大众是工会企事业非营利性的主要方式。在服务对象上，主要面向广大职工群众提供普惠性的服务。工会企事业在服务职工的同时，积极服务社会，服务场所和设施向社会公众开放，服务成果由全社会共享，具有强烈的公共性和共享性，并不是为特定少数的机构和个人提供服务。在服务方式上，工会企事业需要贴近基层、贴近职工，深入企业、厂矿与车间开展活动。在服务内容上，主要是满足广大职工群众的精神文化、健康、保障等需求。通过多年的实践和努力，工会企事业服务职工的网络已经基本建成，各级工会积极利用自身阵地和各种服务站点，深入基层和一线，开展文体活动、教育培训、困难帮扶、法律咨询、健康体检等普惠性服务职工工作，并根据外来务工人员、苦脏累险行业职工、女职工等群体的需求，提供有针对性的服务，努力确保发展成果惠及广大职工群众，扩大工会工作有效覆盖面，增强职工群众获得感，体现社会的公平正义。

工会企事业坚持非营利性，并不意味着不搞经营、不讲经济效益，不等于没有盈利、免费服务，更不等于亏损经营、失去发展活力。实践证明，导向鲜明、定位准确、管理优良的工会企事业，一定是实现社会效益和经济效益双赢的，否则就不能实现其非营利性的特点。工会企事业的公益性服务性是通过为职工提供优质高效的服务实现的，公益性服务性的水平是由市场和社会评价决定的。要不断提高管理质量和服务水平，以先进的管理、优质的服务和有效的供给，实现良好的社会效益和经济效益，赢得职工的认可和社会的认可。

四、依法依规加强对工会资产的监督管理

工会资产监督管理工作是工会工作的重要组成部分。依法依规加强对工会资产的监督管理，有利于壮大工会资产、增强工会物质基础和经济实力；有利于健全完善工会服务职工体系、提高工会服务职工的能力和水平；有利于加强工会组织政治性、先进性、群众性建设，进一步巩固和扩大党的阶级基础和群众基础。

工会资产监督管理是对工会资产的形成、占有、使用、运营、收益和处置进行监督管理。具体来讲，一是对工会资产进行科学配置、合理使用、有效运营、规范处置、全面监督；二是建设好、管理好、使用好工会资产阵地；三是抓好本级企事业资产监督管理，包括抓好发展规划、重大事项报告、经营业绩考核等方面的工作。工会资产监督管理工作的目标是维护工会资产合法权益，提高工会资产使用效率，维护工会资产安全完整，实现工会资产保值与增值，更好地履行工会资产的职能。

依法依规加强对工会资产的监督管理，必须认真落实工会资产终极所有权制度。根据《工会法》和《中国工会章程》的规定，各级工会的资产归工会统一所有，全国总工会对全国各级工会资产拥有终极所有权。中华全国总工会作为全国各级工

会资产的终极所有者，其权利主要体现在三个方面：一是全国总工会制定工会资产工作的方针政策和规章制度，指导和规范全国各级工会资产监督管理和工会企事业改革发展工作。二是地方和基层工会以及产业工会执行全国总工会制定的工会资产工作方针政策和规章制度，其资产工作接受全国总工会的领导和监督。三是全国总工会保留对全国各级工会资产的最终处置权。必要时有权对全国工会资产统一配置和处置。为保证终极所有权的实现，在组织机构建设方面，全国总工会成立资产监督管理部，负责全国工会资产监督管理和工会企事业改革发展工作。各地工会按照全国总工会要求，建立健全工会资产监督管理机构，为做好工会资产监督管理工作提供了可靠组织保证。在工作方面，全总书记处授权全总资产监督管理部对全国各级工会占有使用的行政性资产、事业性资产和企业资产实行统一监督管理。对各级工会举办的工人文化宫（俱乐部）、工人体育场（馆）、职工学校、工会干部学校、工人报刊、疗休养院、海员俱乐部、旅行社、宾馆、互助合作事业和各类经济实体等工会企事业的资产管理、经营管理和发展改革进行宏观管理和指导。在制度建设方面，制定和完善工会资产工作制度体系，明确了工会资产“统一所有、分级监管、单位使用”的监管原则，将全国总工会对各级工会的资产拥有终极所有权作了制度性安排；明确了工会资产工作的职责，即对工会资产负有监督管理职责，对本级工会企事业行使出资人职责，行使工会资产使用、经营处置事项审核审批权；明确了工会企事业改革发展的指导思想、目标任务、结构布局、基本思路和保障措施。《中国工会章程》明确全国总工会对各级工会的资产拥有终极所有权，更多的是从维护工会组织团结统一、保护工会资产不流失的角度考虑的，这并不意味着各级工会对所属工会资产不享有产权。实际上，工会资产的产权是由各所属工会管理的，工会资产的使用权、管理权和收益权是由所属工会执行的。因此，各级工会应当加强对工会资产的监督管理，依法保护工会资产不受损害，促进工会资产保值增值。要重视本级工会资产监督管理机构建设，充分发挥其作用。要加强对所属工会企事业单位资产监督管理工作，大力推动工会企事业改革发展，使工会资产不断发展壮大。

依法依规加强对工会资产监督管理，必须认真落实工会出资人制度。工会出资人制度是工会资产产权制度的核心内容。工会出资人制度是工会对所属工会资产进行监督管理的依据，其主要目标是实现会资分开、会事分开、会企分开，加强工会资产监督管理，促进工会资产优化配置，实现工会资产保值增值，切实维护所有者权益。工会出资人制度是工会为实现对所属工会资产有效监督管理、实现出资人权益而构建的制度，其包括出资人代表制度、治理制度、经营管理制度、激励约束制度、监管制度、收益分配制度和投资制度等。各级工会资产监督管理机构是工会出资人的代表机构，在授权范围内履行出资人职责，享有所有者权益。各级工会要认真落实工会出资人制度。一是强化工会资产财务监督。财务监督是工会资产监管工作的基础。财务监督工作是指出资人运用会计监管和审计监督等手段，对所属工会资产的经营管理状况进行综合评价，包括清产核资、预决算管理、财务动态监控、财务风险控制、经济责任审计等方面的工作。要以财务监督为核心，逐步建立健全预决算管理、财务动态监测、月报财务报表、定期审计监察等工作制度，以实现事前控制、事中约束、事后整改相结合的全过程监管。二是做好工会资产经营业绩考核工作。对工会企事业单位经营业绩进行考核是工会出资人维护所有者权益、落实工会资产保值增值的一项重要措施。由于工会资产由各单位占有使用，出资人与使用者之间的信息不对称，出资人不拥有完全的经营过程信息，必须坚持客观、公正和公平的原则，对使用者的经营业绩进行考核，为出资人决策提供较为真实、全面有效的信息。通过经营业绩考核，加强对资产占有使用者的监督和约束，激发和调动其工作积极性，达到管住管严管好工会资产的目的。三是做好重大事项报告管理工作。加强重大事项报告管理是落实工会出资人权益的重要工作，有利于出资人及时了解工会资产的日常经营管理状况，对重大决策进行科学的分析和判断。四是严格落实工会资产损失责任追究制度。做好工会资产损失责任追究工作，对于维护出资人权益、建立有效的约束机制具有重要意义，可以进一步强化工会资产经营管理者的责任意识、风险防范意识和制度意识，做到依法决策、依法管理和依法经营，有效防止和避免工会资产重大损失。

依法依规加强对工会资产监督管理，必须切实加强和改进工会资产监督管理工作。工会资产监督管理工作具有很强的政治性、经济性、文化性、社会性。做好这项工作，必须运用政治、经济、法律、行政等各种手段，确保工会资产工作各项任务完成。一是坚持组织到位与职责到位的统一。做好工会资产工作，首先要做到组织落实、人员落实、职责落实。各级工会要按照全国总工会的要求，加强工会资产监管机构建设，明确工会资产责任部门和监管职责，实现工会资产出资人到位。省级总工会和中心城市总工会应成立资产监督管理部门。工会资产监管机构的主要职责是对工会行政资产和企事业资产（包括工会企事业单位、社团组织及其所属的二级单位）进行统一归口管理，实现监管范围全覆盖；对工会资产配置、产权登记、资产使用、资产收益、资产处置等关键环节进行全过程监督；对工会企事业发展改革工作进行指导。二是坚持统一监管与分类监管的统一。做好工会资产工作，要坚持实事求是的原则，正确处理统一监管与分类监管的关系，采用科学的监管方式方法。统一监管是基础，没有统一监管，就谈不上分类监管。实现统一监管，包括监管范围（行政性资产与经营性资产）全覆盖、监管单位（事业、企业、社团、协会、学会、基金会）全覆盖、监管流程（资产配置、使用、收益、处置）全覆盖。分类监管是关键，没有分类监管，统一监管就会流于形式。对行政类资产、公益一类事业单位资产、公益二类事业单位资产、生产经营类事业单位和企业资产，要实行不同的监管制度和方式。特别要重视对经营类资产的监督管理，确保工会资产的保值增值。三是坚持制定制度与执行制度的统一。制度化、规范化、程序化是工会资产工作的根本保障。做好工会资产工作，要把制度建设放到突出位置，靠制度管人管事管资产。坚持有制度的按制度办，没有制度的先制定制度再办。适应工会资产工作的需要，全国总工会制定了一系列规章制度，基本形成了工会资产工作制度体系的基本框架。各地工会贯彻落实全国总工会制定的各项制度，从自身实际出发，制定了相应的工会资产监督管理制度，从而为工会资产工作的开展提供了基本遵循。制度的生命力在于执行。要牢固树立制度意识，健全学习宣传制度机制，完善制度执行程序，严格制度落实责任，切实把制订的各项制度落到实处。四是坚持监督检查与强化问责的统一。实践证明，抓监督检查，抓跟踪问效，抓工作问责，是做好工会资产工作的重要方法。一方面，要把监督检查工作经常化、制度化，定期开展工会资产监督检查工作，发现问题及时整改。各地工会要严格贯彻执行全国总工会关于工会资产工作的各项规章制度，不允许自行其是、各自为政。另一方面，对造成工会资产损失的单位和个人要依照有关制度追究相应责任。动员千遍不如问责一次。要加强问责工作，在工会资产系统释放出有权必有责、有责必担当、失责必追究的信号，层层传导责任压力，推动形成一级抓一级、层层抓落实的局面。

努力开创新时代工会经审工作新局面

李伟言

中国工会十七大通过的《中国工会章程（修正案）》，在“组织制度”一章中，增加了工会经费审查委员会“监督”的职责，并在“工会经费和资产”一章中，对经费审查监督体制进行了充实完善，增加了“下审一级”的规定。工会经审组织的主要职责是代表职工群众履行对工会经济活动的监督。工会经审工作是工会工作的重要组成部分，也是工会监督体系的重要组成部分。按照《中国工会章程》的规定要求，切实加强工会经审工作，对于促进各级工会组织牢固树立为职工当家理财的思想，依法收好、管好、用好工会经费，贯彻党和国家的财经法纪和工会财务制度，促进工会经济活动的规范运作，推动工会企事业健康发展，促进工会系统党风廉政建设都具有十分重要的意义。

一、深刻认识新时代经审工作在工会工作全局中的重要地位和作用

（一）加强工会经审工作是工会法和工会章程赋予工会的重要职责。

《中华人民共和国工会法》《中国工会章程》明确规定，工会应当根据经费独立原则，建立经费审查委员会并建立经费审查监督制度，各级工会经费收支情况应当由同级工会经费审查

委员会审查，并且定期向会员大会或者会员代表大会报告，接受监督，中国工会实行“统一领导、分级管理、分级负责、下审一级”的经费审查监督体制。尤其是《中国工会章程》明确规定，各级工会代表大会选举产生同级工会经费审查委员会，确立了经费审查委员会在工会组织体制中的重要地位。这些法律法规和相关规定充分表明，工会经审工作是工会全局工作不可分割的重要组成部分，是体现工会经费独立原则的客观要求，是确保工会经济活动安全完整的重要保障，具有不可替代性和不可缺失性。

（二）加强工会经审工作是发挥工会联系职工群众桥梁和纽带作用的重要途径。

工会经费和资产来自会员群众、用于会员群众，理应受会员群众的民主监督。各级工会经费审查委员会是由同级工会会员大会或者会员代表大会民主选举产生，代表会员群众对工会经费收支和资产管理情况在内的所有经济活动进行审查监督，工会经费收支和资产管理必须接受会员群众的监督，通过经审会的民主监督体现会员群众的主体地位。各级工会经费审查委员会也是工会联系职工群众的重要渠道。职工群众对工会经费管理和资产管理的意见要求，通过经审会委员反映到工会领导班子中，经审会代表会员群众审查监督工会经济活动，并将审查监督的情况向会员群众报告，体现了从群众中来，到群众中去的工作方法，有效增强了工会组织政治性、先进性、群众性，发挥了联系群众的桥梁和纽带作用。

（三）加强工会经审工作是落实工会重点工作的重要保障。

各级工会经审组织紧紧围绕工会重点工作开展审查审计监督，充分发挥了服务工会工作全局的作用。通过会议审查预算编制情况，监督工会经费的合理分配和投向，保证工会重点工作的完成；通过对会计资料以及所反映的经济活动的审核、检查，监督财经法纪、工会会计制度的贯彻执行和工会经费的合理使用；通过对项目资金专项跟踪审计，调查了解重大决策部署推进情况，促进工会重点工作的落实；通过对政策落实内控制度建设的审计调研，关注体制机制存在的问题，结合审查审计情况提出相关意见和建议，为工会领导机关提供决策依据、当好参谋助手。通过经费审查审计监督，有力地保障了工会重点工作的开展，提高了重点资金使用效益，有效促进了重要决策部署的落实力度。

（四）加强经审工作是全面从严治党和加强党风廉政建设的必然要求。

党中央高度重视审计工作，党的十九大以来为加强党对审计工作的领导，党中央组建中央审计委员会，进一步发挥审计在党和国家监督体系中的重要作用。全国总工会主要领导李建国同志、王东明同志和全国总工会党组、书记处也多次强调，要站在全面从严治党和党风廉政建设的高度做好工会经费审查审计监督工作，进一步扎紧制度的笼子，严防工会经费使用管理上出现“黑洞”“漏洞”，绝不能让工会经费和资产成为滋生腐败的土壤。工会经审监督专业性强、涉及面广、直接接触会员群众和财务账目，易于深入揭示重大经济决策落实、“三重一大”制度执行和职工群众反映强烈的突出问题，易于促进权力规范运行，也易于揭示群众身边的违纪违规问题，加强经审工作有利于更好地贯彻落实全面从严治党和党风廉政建设的要求。

二、近年来工会经审工作取得显著成绩

近年来，随着全面从严治党不断深入和工会改革创新的不

断深化，工会经审工作面临的环境发生了深刻的变化，这为工会经审工作创造了良好的条件和机遇，也对工会经费审查审计工作提出了新任务和新挑战。各级工会经审组织和经审干部认真贯彻落实历届执委会议精神，紧紧围绕工会工作全局，认真履行审查审计监督职责，着力构建常态化经审监督体系，扎实推进审计全覆盖，不断深化改革创新，大力加强干部队伍建设，有效地发挥了经审监督作用，取得了巨大成就，积累了宝贵经验。

（一）坚持服务大局与突出重点相结合，审查审计监督作用发挥愈加显现。

各级工会经审组织主动适应党中央对审计工作的新要求、新部署，围绕工会改革创新、城市困难职工解困脱困、落实中央八项规定精神等工会全局工作，聚焦审查审计重点，经审工作服务能力不断提升。全面服务工会改革创新，不断深化工会预算审查和预算执行情况审计，密切关注工会经费的存量和增量，重点审查工会经费使用方向和支出结构，促进工会经费使用进一步向基层倾斜，向服务职工倾斜。全面服务工会重点工作，参与中央财政帮扶资金专项检查，开展帮扶资金、劳模“三金”等专项资金的审计监督，有效促进了专项资金的专款专用，确保精准帮扶工作落到实处，加大对工会系统援疆援藏资金的审计力度，提升了对口帮扶针对性实效性。推进工会系统党风廉政建设，参与工会系统落实中央八项规定精神监督检查和对有关地方专项整治检查工作，强化对“三公”经费、会议费、培训费、津补贴发放、集中采购等方面资金的审计，促进厉行节约和规范管理。促进权力规范运行，接受组织部门委托对工会企事业单位主要负责人开展经济责任审计，督促领导干部更好地履职尽责。

（二）坚持顶层设计与实践探索相结合，常态化经审监督体系初步形成。

各级工会经审组织聚焦工会经审力量不足，审计权威性不高，审计质量有待提高等问题，积极整合内外部监督资源，鼓励探索创新，初步形成了以国家审计为指导、以工会经审组织为主体、以社会审计为补充、以职工会员监督为基础的常态化经审监督体系。积极配合国家审计监督，主动接受国家审计的指导，加强工作沟通协调，充分利用国家审计成果，推动工会经费资产使用管理制度化规范化。充分发挥经审组织主体作用，强化对本级及直属企事业单位经济活动的监督，全面开展对下级工会预算执行情况的审计，通过优化配置审计资源，严格审计项目管理，不断提高经审工作的质量和效果。加强经审力量配备，选派挂职、兼职干部、建立特邀审计员队伍等方式充实经审工作力量，为经审工作提供了有力的人员保障。积极引入社会中介机构参与工会审计工作。全总经审会制定了《关于聘请社会中介机构参与审计工作管理办法》，进一步规范了社会中介机构选聘和使用、工作要求、考核与责任等。不断创新职工会员监督的方式和途径，在督促各级工会推行工会经费预、决算公开的同时，一些基层工会经审会探索开展审查审计结果公开制度，有效发挥了职工会员的民主监督作用。

（三）坚持内部审计监督全覆盖与审计成果有效运用相结合，审查审计监督效能不断提升。

各级工会经审组织认真贯彻落实中共中央办公厅、国务院办公厅《关于完善审计制度若干重大问题的框架意见》及相关配套文件精神，扎实推进工会审计全覆盖。全总经审会每年对本级预决算和全国工会资产监督管理情况进行审查，对本级及直属企事业单位做到每年审计一次，对省级工会“五年审一次，一次审两年”，2016年起对与全总有经费拨缴关系的在京中央企业工会开展了财务收支审计，并且对全总机关及直属企事业单位使用工会经费进行的建设项目进行竣工结算审计、决算审计和招标控制价审核，对部分重大建设项目实施全过程跟踪审计，受全总组织部门的委托，对有关全总直属企事业单位主要负责人开展经济责任审计，实现审计全覆盖，并取得了良好成效。不少省市级工会实行了对下审计年度全覆盖、不留空白点。一些省级工会下移审计资源、下沉监督重点，充分发挥省级工会审计人员专业素质相对较高、权威性和独立性相对较强的优势，开展了对县级工会的延伸审计，覆盖面和监督力度进一步加大。在积极拓展审计监督广度和深度的同时，各级工会也不断加强审计成果的运用，充分利用审计专业性强，触角广泛的优势，加强经审组织在工会经济活动的源头参与作用，及时完善制度，堵塞漏洞，化解风险，建立健全了审计回访、审计整改督查、审计通报报告等制度，督促和帮助被审计单位落实整改意见，推进审计整改工作，及时解决工作中存在的问题，切实提高了审计结果运用的效果。

（四）坚持改革创新与继承发展相结合，破解重点难点问题的能力不断提高。

各级工会经审组织认真贯彻落实工会系统改革任务要求，立足自身实际，在继承发展现有经验和做法的基础上，积极探索、大胆实践，有效破解了制约经审工作创新发展的重点难点问题。着力创新审查审计工作制度，全总经审会推进以《中国工会审计条例》为基础的经审制度体系建设，修订下发了《工会预算审查监督办法》等多个制度文件，参与制定了《中华全国总工会关于加强工会财务管理、资产监督管理和经费审查审计监督的意见》，审查审计监督的针对性和规范性明显增强。着力创新审查审计工作模式，各级工会普遍加强了对下级工会经审工作的指导监督，健全完善了经审工作规范化建设考核机制，开展达标考核和优秀审计项目评选等活动，提高了审查审计质量和效果。部分省市县级工会积极推行基层工会经审工作手册、审计模板、工作台账制度，指导基层工会经审工作，有效提升基层工会经审工作的标准化和规范化水平。着力创新审查审计技术和方法，一些省市级工会加大信息化手段运用，建立经审工作网络平台，实现了经审规范化建设情况实时考核和监督，开发计算机辅助审计软件，实现远程审计、实时审计等联网审计，提高了审计工作的时效性。

（五）坚持业务建设与干部队伍建设相结合，经审组织的能力和活力不断提升。

各级工会经审组织适应新时代工会经审工作改革创新的需要，高度重视经审业务建设和干部队伍建设，经审组织的能力和活力不断提升。全总经审会围绕经审工作遇到的新情况新问题，特别是围绕常态化经审监督体系建设、规范化建设等课题开展了全国性的调查研究，形成了较为丰富的理论成果，为经审工作的创新发展提供了指导。注重典型引导，全总经审会组织召开经审工作经验交流会，通过选树典型，总结推广经验，引导广大经审干部进一步增强责任感和使命感，在工会经审系统形成了学习先进、赶超先进的良好氛围。切实加强经审人才培养和干部队伍建设，全总党组为加强经审工作，特批全总经审办增加处室和人员编制。有的省级工会充分把握改革机遇，积极争取同级党委支持，配齐配强各级工会经审会办事机构和工作人员，为经审工作有效开展提供了坚强的组织和人员保障。注重加强经审干部教育培训，全总经审会制定了《全国工会经审干部 2014—2018 年教育培训规划》，按照分级分类培训的要求，明确各级工会经审组织开展教育培训的目标任务。积极搭建平台安排干部交流挂职，选派干部参与上级工会或政府审计项目，经审干部综合素质和专业化水平不断提高。

三、认真学习贯彻中国工会十七大精神，以改革创新精神进一步做好工会经审工作

以习近平同志为核心的党中央高度重视审计工作，从推进国家治理体系和治理能力现代化、健全党和国家监督体系的高度，对加强审计工作做出了重大部署，尤其是党的十九大以后，组建了中央审计委员会，进一步明确要构建集中统一、全面覆盖、权威高效的审计监督体系，更好地发挥审计监督作用。习近平总书记在中央审计委员会第一次会议上的重要讲话，深刻阐述了审计工作的一系列根本性、方向性、全局性的问题，指明了新时代经审工作前进的方向，为新时代经审工作提供了根本遵循。

中国工会十七大经审工作报告指出，要切实加强党对经审工作的领导，深入推进常态化经审监督体系建设，不断提高审查审计效能，继续强化审计成果运用，切实加强经审干部队伍建设。这为今后五年经审工作做出了具体安排。各级工会经审组织和广大经审干部要把思想和行动统一到习近平总书记重要讲话精神上来，统一到中国工会十七大确定的目标任务上来，忠诚担当、履职尽责，努力开创新时代工会经审工作新局面。

（一）提高思想认识，进一步加强党对工会经审工作的领导。

各级工会应认真学习习近平总书记在中央审计委员会第一次会议上的讲话精神，充分认识新时代工会经审工作在工会监督体系中的重要作用，切实加强对经审工作的领导，把经审工

作纳入工会整体工作格局中同部署、同推进。要定期听取经审工作汇报，加强对经审工作规划、年度审查审计计划、审计质量控制、问题整改和队伍建设等重要事项的领导，为经审工作创新发展提供必要的人力财力物力保障。工会经审工作应当按照规定在本单位党组织、经审组织的直接领导下开展工作，向其负责并报告工作。各级工会经审组织要始终坚持党的领导，坚持正确政治方向，用习近平新时代中国特色社会主义思想武装头脑、指导实践，增强“四个意识”，坚定“四个自信”。要积极争取同级工会领导对经审工作的重视和指导，取得各部门和有关单位的支持和理解，推动经审工作不断取得实效。要认真落实党中央对审计工作的部署要求，紧密结合党和国家工作大局以及工会工作全局，科学谋划和开展经审工作。要严格执行请示报告制度，经审工作重要事项要及时向同级工会党组、领导请示报告。

（二）强化责任担当，进一步履行好新时代工会经审工作的职责和使命。

各级工会经审组织要进一步增强新时代做好经审工作的使命感、责任感和紧迫感，精准聚焦、靶向发力，切实担负起经审工作的职责和使命。要聚焦社会主要矛盾的变化，聚焦职工群众对美好生活的向往，聚焦新时代工会重点工作，不断深化预决算审查审计，加强支出预算和政策审查监督，密切关注工会经费的存量和增量资金，促进提高工会经费资产使用绩效。要充分发挥专项审计揭示问题深入的优势，统筹协调各层级审计资源联审互审，对困难职工帮扶、送温暖等资金开展集中专项审计，分析体制障碍、机制缺陷、制度漏洞，从提高资金配置效率、使用规范等角度提出有针对性和可操作性的建议，充分发挥审查审计的建设性作用。要坚持问题导向、突出审计重点，继续关注重大改革事项推进、重大经济决策落实、“三重一大”制度执行等方面的突出问题，促进工会系统党风廉政建设。继续推进内部审计监督全覆盖，要坚持质量第一、效益优先，在充分考虑审计资源、审计能力的情况下，实现有重点、有步骤、有深度、有成效的审计全覆盖。

（三）加强对下指导，进一步增强县级及以下工会经审工作活力。

县级及以下经费使用管理是工会经审工作的薄弱环节，做好职工群众身边的工会经费审查审计工作对提高职工群众的获得感、幸福感和安全感，增强工会吸引力和凝聚力具有重要意义。各级工会经审组织应该主动参与各级工会开展的“强基层、补短板、增活力”行动，加强基层工会经审工作，发挥基层经审作用。要创新工作机制和方法，通过互检互查、购买社会中介机构服务等方式，提高基层工会审查审计监督效率。加强基层工会经审制度建设，适应新时代基层工会经审工作发展新形势，完善相关制度，进一步规范基层工会经审组织建设、经费审查审计工作，促进基层工会经审工作制度化、规范化。各级工会应加强对县级以下工会经审工作的指导，促进县级及以下工会经审组织建设和人员配备，通过聘用社会化工作者等方式，充实县级及以下工会经审工作力量。要加大对县级及以下工会经审组织特别是经费比较困难的经审组织的资金支持力度，确保县级及以下工会经审工作有效开展。

（四）坚持依法审计，进一步完善工会经审制度整体构架。

以保障依法依规开展审查审计为目标，以构建工会经审制度整体框架为导向，不断完善审查制度体系和审计制度体系。积极构建以《中国工会审计条例》为核心的工会审计制度体系，修订整合《工会审计操作规程（试行）》《工会审计证据的规定（试行）》等规章制度，规范县以上工会审计行为和审计程序，切实提高审计的制度化规范化。根据基层工会组织形式和经费收支情况比较复杂的情况，制定简便易操作的基层工会工作审计操作规程，通过工会经审工作手册、审计模板、工作台账制度，提高对基层工会审计的效率。要对特定审计对象的审计内容和审计方法进行制度规范，加强对项目资金的审计监督力度。要结合中共中央办公厅《关于人大预算审查监督重点向支出预算和政策拓展的指导意见》，更好地贯彻《工会预算审查监督办法》，更加详细地规范审查的重点、审查的程序、审查的方法等有关内容，提高工会预算审查工作效果，更好服务工会整体工作。要适时制定工会资产审查监督办法，规范资产审查内容、范围及方式，更好发挥资产监督情况审查作用。

（五）统筹经审监督力量，进一步推进常态化经审监督体系建设。

各级工会要充分发挥经审组织主体作用，在努力扩展审计广度和深度的基础上，提高审查审计质量。构建工会审计质量控制体系，严把人员入口关，努力提升审计人员素质，加强审计项目的质量控制，严格把控审计风险。要构建工会审计质量监督体系，强化上级工会经审组织对下级经审组织的监督，继续开展优秀审计项目评选工作，创新优化评选方式，规范评分标准，更好地发挥优秀审计项目的典型示范作用，要加强经审会对本级审计质量的监督，进一步发挥经审会审计主体作用。要依法接受国家审计机关的监督和指导，积极引入社会中介机构、特邀审计员参与工会经审工作，进一步健全招标引入机制、质量评价机制和动态调整机制。要分类分步有序推进工会审计结果公开制度，基层工会应在推进财务公开的基础上，逐步推进审查审计结果向全体会员公开，保障职工会员民主监督权利，县级及以上工会要探索研究审查审计结果公开的内容、公开的程序和公开的标准等，依法依规逐步推动工会审计结果公开，倒逼工会审计质量提高。要加强经审组织与内部纪检监察、巡视巡察、组织人事等部门的协作配合，逐步形成全方位、宽领域、多维度、常态化的工会经审监督体系新格局。

（六）勇于开拓创新，进一步提高审查审计工作的质量和效果。

各级工会经审组织要坚持解放思想、与时俱进，不断推进经审工作理念创新和机制创新。要不断创新审查审计理念，全总和具备条件的地方、产业工会要积极引入嵌入式审计理念，加强事前事中监督，将经审监督贯穿于工会经济活动全过程。要创新经审工作管理机制，上级经审会要加强审计资源的统筹整合，对涉及全系统的重大审计项目，要统一调度各级工会经审资源，发挥监督合力。对经审工作比较薄弱、职能作用发挥较差的单位，上级经审组织要通过增加审计频次、加大审计力度等方式方法推动工作的正常开展。要建立健全审计发现问题整改机制，落实被审计单位是审计整改主体，被审计单位主要负责人是审计整改第一责任人，督促被审计单位认真整改落实审计发现的问题和提出的建议，促进健全相关管理制度和内控措施。要建立健全审计结果通报报告机制，将审查审计结果及整改情况作为考核、任免、奖惩干部和相关决策的重要依据，不断提高审查审计结果综合运用水平。

（七）坚持科技强审，进一步提高工会经审工作信息化科学化水平。

要适应信息化快速发展的需要，统筹推进工会经审信息化建设。要加强大数据技术运用，加快掌握以大数据为核心的审计比对分析技术，尤其要加强大数据比对分析技术在扶贫资金、困难职工帮扶资金、劳模“三金”等专项资金审计中的运用程度，提高审计监督的精准度和准确性。要加强与有关单位和部门的联系，推动建立有关部门定期报送电子数据的相关制度，扩宽数据来源渠道，提高大数据的完整性和可靠性。应加快推进全国工会经审工作平台建设，掌握了解各级工会审查审计工作开展情况和经审组织建设情况，将经审工作规范化建设考核内容纳入工作平台，变年度考核为实时考核，提高对下指导服务的针对性和及时性。开发符合工会审计特点的计算机辅助审计软件，加大信息技术与审计业务的深度融合，提高运用信息化技术核查问题、评价判断和宏观分析的能力。大力推动联网审计。

（八）强化队伍建设，进一步提高工会经审工作能力和水平。

各级工会要坚持按照《中国工会章程》《中国工会审计条例》有关规定，健全完善经审组织建设和工作机构设置，配齐配强经审干部，不断优化经审委员和经审干部专业结构，夯实经审专业力量。着力加强经审干部队伍建设，以审计精神立身，以创新规范立业，以自身建设立信，夯实经审事业长远发展根基。要强化政治建设，以政治建设为统领，教育引领经审干部筑牢理想信念的堤坝，树立正确的世界观、人生观、价值观，自觉在思想上政治上行动上同以习近平同志为核心的党中央保持高度一致，认真贯彻落实党中央各项决策部署，保持昂扬奋进的精神状态，把坚定理想信念、对党忠诚体现在做好本职工作上。要强化能力建设，积极引导经审干部提升专业能力和专业精神，按照建设高素质专业化干部队伍要求，强化能力培训和实践锻炼，以集中培训、以审代训、业务交流等方式分层分类开展教育培训，提高经审干部解决实际问题的能力。要强化作风建设，增强经审干部责任意识和担当精神，时刻保持谦虚谨慎的工作态度，认真负责、客观求实地开展审查审计工作。要强化廉政建设，加强岗位廉政教育和职业道德教育，严格落实中央八项规定及其实施细则精神，严格执行审计工作纪律和各项廉洁纪律，努力建设一支信念坚定、业务精通、作风务实、清正廉洁的高素质专业化经审干部队伍，为工会经审事业发展作出更大贡献。

以贯彻落实工会章程为契机
不断提高工会工作法治化水平

张瑞玲

《中国工会章程》是中国工会规章性文件和处理内部事务基本准则。在中国工会第十七次全国代表大会修改《中国工会章程》过程中，根据党的十九大通过的《中国共产党章程（修正案）》精神，依据十三届全国人大一次会议通过的《中华人民共和国宪法修正案》，按照《中华人民共和国工会法》的有关规定进行修改，保持了《中国工会章程》严肃性和权威性。《中华人民共和国工会法》是规定工会在国家政治、经济和社会生活中的地位，明确工会权利和义务的法律。《中华人民共和国工会法》明确规定："章程不得与宪法和法律相抵触。"工会章程是《中华人民共和国工会法》规定的工会的性质、地位、基本职责、入会条件、组织机构、财产经费等内容的具体细化，增强了贯彻落实《中华人民共和国工会法》的可操作性。各级工会要以学习宣传贯彻中国工会十七大通过的《中国工会章程（修正案）》为契机，强化法治思维，运用法治方式，在加强工会工作规范化的同时，不断提高工会工作法治化建设水平。

一、充分认识工会工作法治化建设的重大意义

党的十八届四中全会通过的《中共中央关于全面推进依法治国若干重大问题的决定》，在全面推进依法治国总目标中指

出，要坚持依法治国、依法执政、依法行政共同推进，坚持法治国家、法治政府、法治社会一体建设。工会工作法治化建设是法治社会建设的重要组成部分，没有工会工作的法治化，法治社会就不能称之为已经建成，法治国家的建成也就无从谈起。从这个意义上讲，工会工作法治化建设是全面推进依法治国的必然要求。

推进工会工作法治化建设，是中国工会自觉接受中国共产党领导、坚持走中国特色社会主义工会发展道路的内在要求；是工会在全面建成小康社会、全面深化改革、全面推进依法治国新形势下依法维护职工合法权益的客观需要；是贯彻落实《中共中央关于加强和改进党的群团工作的意见》，充分发挥工会群众化、民主化优势，发展和谐劳动关系的重要保障。全面依法治国新形势下，要肩负起党对群团工作的重托，必须充分运用法律赋予工会的职责和手段，依法组建工会，依法代表和维护他们的合法权利，依法积极为他们争取合理利益，通过依法维权，不断增强职工群众对党的信任、拥戴，带领他们坚定不移听党话跟党走，发挥好党联系职工群众的桥梁和纽带作用，巩固好党执政的阶级基础和群众基础。

当前工会面临法治意识薄弱、依法维权能力欠缺、法律专业人才匮乏等突出问题，这些都需要通过大力推进工会工作法治化建设解决。这是因为，法治化建设本身就包含强化法治思维法治方式、提高依法维权能力、建设专业法律人才队伍等要求。工会工作法治化建设的推进，将有效地解决这些问题；同时，解决这些问题本身，就是推进工会工作法治化建设的具体体现。

二、推进工会工作法治化建设必须把握的基本原则

（一）坚持党的领导。

坚持党的领导是党的十八届四中全会确定的全面推进依法治国必须坚持的首要原则，理所应当也必须是工会工作法治化建设应当坚持的首要原则。尤其是党的十九大审议通过了《中国共产党章程（修正案）》，“党政军民学，东西南北中，党是领导一切的”明确写入新党章后，这一原则更需要突出强调。党的领导是中国特色社会主义最本质的特征，是社会主义法治最根本的保证。依法治国是党领导人民治理国家的基本方略，依法执政是党治国理政的基本方式。工会作为党领导的工人阶级群众组织，推进工会工作法治化建设必须把党的领导作为毫不动摇的政治原则，始终坚定正确政治方向，坚决贯彻落实党的全心全意依靠工人阶级根本方针。

（二）坚持法治原则。

法治原则即以宪法法律为活动准则，增强法治意识，遵守宪法法律规定，提高依法维权能力，保证宪法法律实施，在法定权限范围内，依照法定程序开展维权工作。这是因为中国特色社会主义市场经济本质上是法治经济。发展社会主义市场经济，必须以完善的法治作保障。坚持依法治国首先是坚持依宪治国。我国宪法确立了工人阶级的领导地位，《工会法》《劳动法》等法律明确了劳动者和工会组织的权利义务。工会作为职工依据《宪法》《工会法》自愿结合的工人阶级群众组织，职工合法权益的代表者维护者，在推进工会工作法治化建设中，必须坚持法治原则。

（三）坚持职工为本。

坚持职工为本的原则源于党的十八届四中全会确定的全面

推进依法治国必须坚持人民主体地位原则。全面推进依法治国，人民是依法治国的主体和力量源泉。在工会工作法治化建设中，职工是工会工作的根基，维护职工合法权益是工会的基本职责。推进工会工作法治化建设，必须始终把代表和维护职工利益作为出发点和落脚点。必须坚持群众路线，深入基层、深入一线、深入职工，宣传党的主张和法治知识，通过民主方式汇集和表达职工意愿，推动完善法律体系，监督法律贯彻实施，在建设中国特色社会主义法治体系进程中切实维护和发展职工各项权益。

（四）坚持和谐发展。

坚持和谐发展原则是党的十八届四中全会确定的全面推进依法治国必须坚持的原则中，坚持依法治国和以德治国相结合原则在工会工作法治化建设中的要求。国家和社会治理需要法律和道德共同发挥作用。在推进工会工作法治化建设过程中，既要重视发挥法律的规范作用，依法切实维权，又要重视发挥道德的教化作用，大力弘扬社会主义核心价值观，引导职工爱岗敬业，勤奋工作，理性表达诉求，推动企业承担社会责任，促进劳动关系双方依法主张权利，理性解决矛盾，实现互利共赢、和谐发展。

三、积极参与和推动国家法治化建设

（一）加强源头参与，促进科学立法。

建设中国特色社会主义法治体系，必须坚持立法先行。《工会法》关于工会组织依法维护职工合法权益的规定，使工会源头参与工作的意义尤显重大。这是因为，职工利益只有在写入法律（此处指广义的法律，包括法律法规规章政策制度等）情况下才称得上是“合法权益”，工会才能运用法律武器理直气壮地维护职工的这些权益。有鉴于此，工会应注重在各个层面上加大源头参与力度。在国家立法层面，要加强与立法机关的沟通协调，组织和代表职工参与立法，促进涉及职工权益和工会活动的各项立法更加科学、更加民主。要通过立法建议、立法机关和社会公众沟通等机制，重点推动收入分配、集体协商、民主管理、社会保障等方面法律的制定，促进法律体系不断完善。在与政府和相关机构配合协作方面，要通过政府和工会联席会议制度、协调劳动关系三方机制等途径和渠道，积极参与改革过程中涉及职工利益的政策和方案的制定，保证各项决策公平公正。在工会基层工作层面，要推动完善以职工代表大会为基本形式的企事业单位民主管理制度，依法参与涉及职工切身利益的规章制度或者重大事项的制定和完善，推动企事业单位依法管理、民主管理、科学管理，促进劳动关系和谐。

（二）强化监督检查，促进严格执法。

法律的生命力在于实施，法律的权威也在于实施。“徒法不足以自行”，由良法实现善治，保障法的严格贯彻执行是关键。工会是群众组织，无权直接查处用人单位违法行为以维护职工合法权益。但工会拥有法定的劳动法律监督权，有权对用人单位遵守劳动法律法规的情况进行监督，这种有组织的群众监督，可以在两个层面上开展。一方面，可以组织和代表职工积极建议和配合人大执法检查、政府行政执法、政协委员视察，开展劳动法律法规和工会法的监督检查，推动严格执法，依法纠正和查处违法行为。另一方面，应当充分发挥工会劳动法律监督组织和监督员作用，自主开展工会劳动法律监督工作，加强对一线职工、农民工、劳务派遣工、困难职工等群体合法权益的维护，重点推动劳动合同、劳动报酬、劳动安全卫生、社会保险等法律法规的贯彻落实。同时，推动完善劳动违法失信行为惩戒机制，运用市场机制激发用人单位遵法守纪的行为自觉。

（三）化解劳动争议，促进公正司法。

劳动关系是最基本、最重要的社会关系之一。劳动关系是否和谐，事关广大职工和企业的切身利益，事关经济发展和社会和谐。工会是劳动关系矛盾的产物，预防和化解劳动纠纷，是工会义不容辞的职责。《中华人民共和国劳动争议调解仲裁法》规定了协商、调解、仲裁、诉讼等四种处理劳动争议的法定方式，中共中央、国务院《关于构建和谐劳动关系的意见》将“预防为主、基层为主、调解为主”确定为化解劳动纠纷的工作方针，据此，工会在开展参与调处劳动关系矛盾工作中，要将工作关口前移，完善劳动关系矛盾纠纷预防预警机制，更加致力于防患于未然。劳动争议发生后，工会应通过参与基层调解、仲裁调解、司法调解努力以柔性方式帮助尽快化解纠纷。为提高仲裁效率和公信力，工会应积极促进劳动争议仲裁制度的改革与发展。要建立健全职工法律服务体系，完善职工法律援助制度，为职工提供及时有效的法律服务和援助，努力让职工群众在每一个司法案件中感受到公平正义。

（四）加强法治宣传，促进全民守法。

法律的权威源自人民的内心拥护和真诚信仰。人民权益要靠法律保障，法律权威要靠人民维护。全民普法和守法是依法治国的一项长期性基础性工作，在工会工作者和职工群众中深入开展法治宣传教育，引导他们自觉守法、遇事找法、解决问题靠法，是工会工作法治化建设的重要任务。工会的法治宣传教育工作要从工会工作者自身抓起，从国家根本大法《宪法》和与工会工作密切相关的《工会法》《劳动法》《中国工会章程》学起。要弘扬社会主义法治精神，帮助和引导广大职工成为社会主义法治的忠实崇尚者、自觉遵守者、坚定捍卫者，使尊法、信法、守法、用法、护法成为劳动关系双方的共同追求。

要充分发挥工会的组织优势、阵地优势，加强普法宣讲团、志愿者队伍建设，送法下基层、进企业，运用多种方式特别是新媒体新技术深入开展法治宣传教育，提高普法实效。要把法治教育纳入职工教育培训和精神文明创建内容，开展职工群众法治文化活动，强化规则意识，倡导契约精神，弘扬公序良俗，引导广大职工和企事业单位自觉履行法定义务。

四、推进工会工作法治化建设

（一）依法推进工会组建。

依法组建工会是工会工作法治化的第一环节。依照《工会法》和《中国工会章程》相关规定，依法建会意味着，要深入基层，贴近职工，切实做好法治宣传教育和组织服务工作，增强职工参加和组建工会的内生动力。要依法完善工会组建制度，转变工会组建方式，引导和动员职工依法行使宪法、工会法赋予的结社权利，帮助和指导职工依照法定条件和法定程序参加和组建工会。要依法通过会员大会或会员代表大会民主选举产生各级工会委员会和工会经费审查委员会，依法建立女职工委员会。基层工会组织要依法取得社会团体法人资格。工会委员会换届及工会组织变更、合并、撤销应依法进行。要依法维护工会干部合法权益，保障工会干部依法履职。要坚决防范敌对势力的分裂、渗透、颠覆活动，依法保障工会组织的团结和统一。

（二）依法管理工会事务。

工会的建会、入会、会籍管理、活动开展、经费和财产管理等工会所有事务都应纳入法治化的轨道，从制定、健全配套完备的规章制度入手，打牢依法管会的制度基础。要依法收缴工会经费，加强工会经费审查审计监督，依法管理和使用工会经费和财产，夯实服务职工和开展工会活动的物质基础。要依法清理工会现有规章制度，工会规章制度和规范性文件出台前要进行合法性审查。要依法建立科学民主的决策机制，建立重大决策终身责任追究制度和责任倒查机制。工会是党的群体组织，还要严格遵守党内法规，依纪依法反对和克服形式主义、官僚主义、享乐主义和奢靡之风，形成严密的长效机制。

（三）依法履行工会职责。

中国工会具有维护、建设、参与、教育四项职责，《工会法》将这些职责细化为十几项，包括：组织和教育职工依照宪法和法律的规定行使民主权利，发挥国家主人翁的作用，通过各种途径和形式，参与管理国家事务、管理经济和文化事业、管理社会事务；通过平等协商和集体合同制度，协调劳动关系，维护企业职工劳动权益；通过职工代表大会或者其他形式，组织职工参与本单位的民主决策、民主管理和民主监督；听取和反映职工的意见和要求，关心职工的生活，帮助职工解决困难；动员和组织职工积极参加经济建设，努力完成生产任务和工作任务；教育职工不断提高思想道德、技术业务和科学文化素质，建设有理想、有道德、有文化、有纪律的职工队伍；帮助和指导职工签订劳动合同；依法对企事业单位处分职工提出意见，对侵犯职工合法权益问题进行调查，与企事业单位交涉，督促改正劳动违法行为；依法代表职工与发生停工、怠工事件的企事业单位进行协商，反映职工诉求，提出解决意见；依法参加职工因工伤亡事故和其他严重危害职工职业健康问题的调查处理，提出意见建议；依法开展劳动争议预防预警和调解工作，支持职工进行劳动争议仲裁、诉讼；依法做好劳动模范和先进生产（工作）者的培养、评选、表彰和管理服务工作，组织职工开展群众性的合理化建议、技术革新活动，进行业余文化技术学习和培训等。各级工会应认真落实，依法履职尽责。

（四）依法维护职工权益。

维护的权利包括劳动经济权利、民主政治权利、精神文化权利、公民社会权利等。工会维权工作的重点是依照劳动法律法规，维护职工平等就业和选择职业、取得劳动报酬、休息休假、获得劳动安全卫生保护、接受职业技能培训、享受社会保险和福利等各项经济权益。同时，依照《宪法》《工会法》维护职工参加和组织工会的权利，保障会员的选举权、被选举权、表决权，以及对工会工作进行监督和提出意见建议等权利。通过完善工会文化宣传教育体系，加强人文关怀和心理疏导，活跃和丰富职工群众文化生活，依法维护职工的精神文化权利，促进职工舒心工作、体面劳动。

五、营造工会法治化工作良好环境

（一）牢固树立法治观念。

首先是树立宪法法律意识，坚定宪法法律信仰，尊重宪法法律权威，遵守宪法法律规定，在宪法法律范围内开展活动。其次要增强法治观念，自觉以法治思维看待问题，用法治方式解决问题，养成遇事找法、办事依法、解决问题靠法的法治思维习惯，作决策、办事情都要有法律依据、讲法律程序，牢记法律红线不可逾越，法律底线不可触碰。各级工会领导干部要带头学法、模范守法，牢记有权必有责、用权受监督、违法必追究。

（二）努力掌握法治知识。

懂法是守法的前提。要造就一支遵法守纪的工会干部队伍和职工队伍，学习法律知识是一项必须下大力气做好的工作。本着先自身学好再教育职工群众的原则，要加大工会干部培训力度，完善工会干部学法用法制度，把宪法和与职工切身利益及工会活动密切相关的法律列入党委（党组）中心组学习内容，列为工会各级各类培训班及各工会院校必修课程。要按照中国特色社会主义法治体系的基本要求，掌握法治基本知识，熟悉和理解法律基本概念、法律体系构成、法律调整方式、法律适用规则。要熟练掌握涉及职工切身利益和工会活动的法律知识，切实提高依法开展工作的能力。要善于运用法律手段，解决改革发展中的各种劳动关系矛盾和问题，把法律原则和法律规范熟练运用于维护职工权益的法治实践。

（三）壮大法律人才队伍。

法律人才短缺是全社会面临的普遍问题，工会同样如此。解决这一问题，可以从盘活存量、用好增量、引进社会人才等多方面出主意想办法。盘活存量指的是合理调配工会内部现有法律人才，使其学有所用，并为法律人才发挥专长创造条件，做到人尽其才。要有计划地培养法律专业人才，鼓励工会干部获得法律文凭和法律职业资格。要加快工会公职律师队伍建设，明确公职律师职责，充分发挥公职律师作用。要鼓励、帮助工会干部取得劳动关系协调员、协调师等资格，发展工会劳动法律监督员、劳动保护监督检查员、劳动争议调解员、兼职劳动争议仲裁员、法律援助工作者等工会专门人才队伍。用好增量方面，指的是积极引进法律专业人才，在同等条件下优先录用具有法律专业背景人员。引进社会资源方面，指的是建立工会法律顾问制度，聘请法律顾问，组织法律服务志愿者，搭建社会化职工法律服务平台，借助社会资源为工会维权事业服务。

（四）加强法治理论研究。

理论来自实践又对实践产生指导作用。工会法治理论研究的滞后是制约工会工作法治化建设的重要因素之一，强化工会法治理论研究，为推进工会工作法治化建设提供法理依据和支撑，是顺利推进工会工作法治化建设的必要条件。各级工会要坚持从中国实际出发，围绕“五位一体”总体布局和“四个全面”战略布局，针对劳动关系领域和工运事业发展的新情况新问题和工会工作法治化建设新任务新要求，与时俱进地研究法治理论，指导工作实践。要加强工会院校、理论研究机构建设，借助法学院校和研究机构力量，为工会工作法治化建设提供智力支持。要研究国际工运现状和发展趋势，善于借鉴国际工运研究新成果，拓宽工会依法维权工作视野。要将法治理论研究与法治实践紧密结合，用先进的法治理论指导实践，在鲜活的法治实践中发展理论。要勇于探索法治实践新形式，丰富法治实践新内容，不断提升工会工作法治化水平。

加强调查研究　坚持问题导向
深入推进章程贯彻落实

闫宇平

中国工会第十七次全国代表大会对《中国工会章程》进行了修改，工会章程修正案具有很强的政治性、原则性、实践性和权威性。深入推进工会章程贯彻落实，需要在学习宣传、加深理解的基础上，通过深入细致的调查研究，着眼形势任务的发展变化，结合工会工作实际，在坚持问题导向、实践导向中，把工会章程修正案中的各项规定要求落实到工会工作的全过程、各方面，更好地推动工会工作创新发展。

一、加强调查研究对推进工会章程贯彻落实具有重要意义

调查研究是谋事之基、成事之道，是中国共产党在革命、建设、改革各个时期做好领导工作的重要传家宝。党的十八大以来，习近平总书记高度重视调查研究工作，身体力行地进行了大量调查研究，为我们作出了表率和示范。在2017年10月25日党的十九届一中全会上，习近平总书记强调，要在全党大兴调查研究之风。2017年12月15日，习近平总书记在《弘扬脱贫攻坚精神推动农村物质文明和精神文明协调发展——寻乌扶贫调研报告》上，就全党大兴调查研究之风作出重要批示。在2017年12月25日至26日召开的中共中央政治局民主生活会

上，习近平总书记指出，要在全党大兴调查研究之风，推动党中央大政方针和决策部署在基层落地生根。2018 年 1 月 5 日，在学习贯彻党的十九大精神研讨班上，习近平总书记再次强调，要广泛开展调查研究，真正把功夫下到察实情、出实招、办实事、求实效上。习近平总书记关于加强和改进调查研究的重要讲话和指示，具有鲜明的时代特色，蕴含浓厚的问题意识，内涵丰富、思想深刻。

调研工作是工会一项重要的基础性工作。改革开放 40 年来，工运事业在党的领导下取得重大进展，这与工会调研工作的作用密不可分。这次章程的修订，也是建立在深入调查研究的基础上。加强调查研究，对下一步推进章程贯彻落实，同样具有重要的现实意义。

只有加强调查研究，才能提高贯彻落实工会章程起点层次。在深入推进章程贯彻落实的过程中，加强调查研究，有助于全面准确理解把握工会章程修正案的科学体系和精神内涵，理解把握工会章程修正案对推进新时代工运事业和工会工作创新发展的重要性，从而增强贯彻落实的坚定性、自觉性。加强调查研究，有助于运用科学理论指导实践、化解难题，创造性地解决工会改革发展遇到的新情况、新问题、新挑战，真正焕发出工会章程修正案的强大指导力、生命力。

只有加强调查研究，才能提高工会章程贯彻落实质量水平。当前新一轮科技革命和产业变革不断深入，数字经济、共享经济等新业态蓬勃兴起，劳动关系的确立与运行面临不少新问题；我国职工队伍在规模不断壮大、结构深刻变化、素质逐步提升的同时，出现了在追求物质利益基础上向追求精神权益和民主权利转变的趋向，对做好工会工作提出新要求。工会章程修正案是指导我们推进新时代工会工作的指南和依据。通过开展调查研究，把事情真相和全貌调查清楚，把问题的本质和规律把握准确，把解决问题的思路和对策研究透彻。以领导带头、上下联动的方式，边调研边思考，从政治上和全局上分析问题，从对策上和操作上思考问题，找准工作遇到的重点和难点，研究推动工作的思路和举措，强化对地方和基层的指导和服务，提高决策的执行力和影响力，总结出新时代工会工作特点，形成规律性认识，为深化工会改革、使改革成果更好落地见效奠定坚实基础。

二、把调研成果运用到推动工会章程贯彻落实的重点工作中

（一）把调研成果运用到更好地学习贯彻习近平总书记关于工人阶级和工会工作的重要论述上。

工会章程修正案将习近平新时代中国特色社会主义思想与马克思列宁主义、毛泽东思想、邓小平理论、“三个代表”重要思想、科学发展观一道，确立为中国工会的指导思想，在会员的义务和工会干部的基本任务中，增写了学习贯彻习近平新时代中国特色社会主义思想的内容。同时，增写工人阶级是中国共产党最坚实最可靠的阶级基础，弘扬劳模精神、劳动精神、工匠精神等内容。坚持用习近平新时代中国特色社会主义思想武装头脑，是当前和今后一个时期工会工作的首要政治任务。习近平总书记关于工人阶级和工会工作的重要论述，是习近平新时代中国特色社会主义思想的重要组成部分，是工会工作的行动指南，也是工会章程修正案的灵魂。要通过调研督查，在增强持续性上下功夫，深入持久地开展各种学习活动，不能停留在表态上、口号上，不能一阵风、走形式、做样子，推动习近平新时代中国特色社会主义思想特别是关于工人阶级和工

会工作重要论述，进社区、进企业、进车间，进学校、进课堂、进教材，做到入脑入心入行。在拓展丰富性上下功夫，探索不同的学习方式，发挥工会院校、工人文化宫、职工书屋、电子书屋的作用。注重运用互联网、手机等新媒体，微博、微信、客户端等传播平台，进行立体化、互动式的理论宣讲，分类分级抓好基层工会干部和职工群众的理论武装。在提高针对性上下功夫，适应对象化、差异化、分众化的特点，针对不同对象有针对性地开展不同层面的理论宣讲，引导工会干部和广大职工增强“四个意识”，坚定“四个自信”，坚决维护习近平总书记党中央的核心、全党的核心地位，坚决维护党中央权威和集中统一领导，在政治立场、政治方向、政治原则、政治道路上同以习近平同志为核心的党中央保持高度一致。

（二）把调研成果运用到牢牢把握工运时代主题上。

工会章程修正案进一步明确了我国工人运动的时代主题，是为实现中华民族伟大复兴的中国梦而奋斗。围绕这一时代主题，明确了按照中国特色社会主义事业“五位一体”总体布局和“四个全面”战略布局，贯彻创新、协调、绿色、开放、共享的发展理念，推进产业工人队伍建设改革等内容。把握这一时代主题，是工人阶级发挥主力军作用、展现主人翁风采的重要体现，是工会组织围绕中心服务大局、体现价值彰显作为的重要途径。把握这一主题，不是一时一事，也不是做盆景，而是需要各级工会持久去做的一项重要工作，也是一项很具体实在的工作。要通过哪些具体方法去推动，怎样能够广泛深入持久地开展下去，如何把蕴藏在亿万职工群众中的聪明才智激发出来，围绕“一带一路”建设、京津冀协同发展、长江经济带发展等国家发展战略，围绕打好防范化解重大风险、精准脱贫、污染防治三大攻坚战，在各自岗位上建功立业，这是深入贯彻落实工会章程的一个重大课题，也是新时代工会工作的一个重大课题，要及时将调查研究的成果转化具体举措，为践行工运时代主题的增加强大动力。

（三）把调研成果运用到履行工会基本职责上。

工会章程修正案明确中国工会的基本职责是维护职工合法权益、竭诚服务职工群众。着眼新时代新任务新需求，把中国工会的基本职责修改为维护职工合法权益、竭诚服务职工群众，是深入学习贯彻落实习近平新时代中国特色社会主义思想的重大举措，是贯彻落实党中央以人民为中心的发展思想的时代需要，是推进新时代工会工作创新发展的题中应有之义。作这样的修改，有利于各级工会组织进一步树立以职工为中心的鲜明工作导向，顺应职工对美好生活的新期待，增强担当作为，把工作重心放在广大职工身上，构建联系广泛、服务职工的工作体系，拓宽服务职工领域，通过扎实的维权帮扶和保障服务，真心实意为职工办实事、做好事、解难事；有利于各级工会组织积极主动研究解决职工群众在劳动经济、精神文化、民主法治、公平公正、安全健康卫生等方面的多样化需求，更好地促进职工体面劳动、舒心工作、全面发展，获得感、幸福感、安全感明显提升，从而更加广泛地把广大职工紧密团结在党的周围，坚定不移听党话、矢志不渝跟党走。要在总结经验基础上深化工会的维权和服务工作，深入研究我国社会主要矛盾变化背景下职工群众的新需求新期待，不平衡不充分发展在职工队伍、劳动关系和工会工作中的新特征，创新维权和服务机制，形成特色、打造品牌，提升质量、求得实效，提高职工群众获得感、幸福感、安全感。

（四）把调研成果运用到推进工会改革和产业工人队伍建设改革上。

工会章程修正案对深化工会改革、推进产业工人队伍建设改革成果进行了充分吸纳，增写保持和增强政治性、先进性、群众性，构建联系广泛、服务职工的工作体系，增强团结教育、维护权益、服务职工的功能，着力扩大覆盖面、增强代表性，着力强化服务意识、提高维权能力，着力加强队伍建设、提升保障水平等内容，明确坚持服务职工群众的工作生命线，鲜明提出增强基层工会的吸引力凝聚力战斗力，把工会组织建设得更加充满活力、更加坚强有力，强调提高技术技能素质，推进产业工人队伍建设改革。深化工会改革，推进产业工人队伍建设改革，是以习近平同志为核心的党中央立足全局和战略高度作出的重要决策部署，体现了对工人阶级和工会工作的高度重视和巨大关怀，事关党的工运事业和工会工作的长远发展，事关产业工人的切身利益和根本利益，事关党执政的阶级基础和群众基础的巩固。要深化和拓展工会改革，加强工会基层基础，树立落实到基层、落实靠基层的理念，将资源力量向基层倾斜，尊重基层首创精神，不断增强工会组织团结教育、维护权益、服务职工功能，把工会组织建设得更加充满活力、更加坚强有力。要扎实推进产业工人队伍建设改革，加强调查研究、专题研讨、宣传引导，总结推广典型经验，营造良好的社会氛围。

三、在加强调查研究中深入推进工会章程的贯彻落实

调查研究既是修改工会章程的前提，也是推动工会章程修正案深入贯彻落实的基础。面对新时代新任务，要以创新的思维、科学的方法和务实的精神探索建立调研工作高质量发展的保障机制，切实提高贯彻落实章程的质量和水平。

（一）*在加强理论研究中推进工会章程贯彻落实。*

要充分利用自身优势，整合资源，形成调研工作合力。要

建立“人才库”，切实加强同中国工运研究所、中国劳动关系学院、全总工会理论研究会（中国特色社会主义工会发展道路研究会）等高校、科研机构的内外协作，邀请具有专长的相关专家学者加入调研队伍，优化调研队伍专业结构，组成研究能力互补的调研团队。要发动“生力军”，切实加强同党政部门的横向配合，发挥党政部门了解政策、熟悉情况的优势，经常就热点难点问题邀请有关部门介绍工作进展情况，主动与党政部门联手开展调研。坚持和完善工会领导机关、领导干部的调研工作制度，把深入基层开展调查研究和加强工会理论研究列入各级工会领导机关的重要议事日程，切实加强组织领导。坚持和完善重要决策调研论证制度，把调查研究贯穿于决策的全过程，真正成为决策的必经程序，凡事关工会发展的全局性问题，事关职工群众切身利益的重大问题，以及影响较大的热点、难点问题，坚持做到不调研不决策、先调研后决策。健全完善机关干部联系点制度。改进和完善工会统计调查制度。在提升调研能力上，下功夫、强基础，抓关键、重保障，促合力、树典范，以调查研究能力的全面提升推动工会章程修正案的深入贯彻落实。

（二）在破解难题中推进章程贯彻落实。

开展调查研究，一个重要目的就是在总结和推广工会工作经验的同时，检查和发现工会章程落实中存在的薄弱环节，查找差距、分析原因，有效加以改进。通过深入基层，解剖具体问题，就可以及时了解到工会章程贯彻落实面临的一些困难，如上级工会对基层贯彻落工会实章程的指导服务还不够到位；工会章程贯彻的载体还不够丰富，一些工作方式特别是运用互联网宣传贯彻工会章程还有些滞后；落实工会章程的工作力度还需进一步加大等。这些可能的困难和问题，有的是共性的、带有一定普遍性，有的是个性的、带有某个时期某个地方的特殊性，都需要我们高度重视、深刻分析，研究制定切实可行的对策，努力加以解决。只有坚持问题导向，经常开展调查研究，把问题分析得更透彻一些，把对策建议提得更精准一些，才能避免坐而论道，更好地推动工会章程深入贯彻落实，不断提高工会决策科学化民主化水平。

（三）在提高工会干部调查研究能力素质中推进工会章程的贯彻落实。

支持鼓励广大工会干部立足专业岗位，加强学习培训、实践探索和理论研究，不断提高自身的专业水准和学术水平。把调研工作纳入工会干部教育培训的重要内容，定期开展学习交流，逐步掌握调查研究的基本概念知识、系统理论结构、科学方式方法，逐步培养并不断提高工会干部的调查研究能力，培养造就一批热爱党的工会事业，具有扎实理论素养、丰富业务知识、过硬调研能力的高素质专业化工会干部。

中国工会章程的历史沿革

朱艳丽

从1925年中华全国总工会的成立到中国工会十七大，在90多年的发展历程中，中国工会先后制定、修正过13部章程。从1925年第一部工会章程《中华全国总工会总章》的诞生，到中国工会十七大工会章程修正案的通过，工会章程记录了中国工会的发展历程，反映了工会工作和工会改革取得的理论创新、实践创新和制度创新成果，在加强工会组织建设、履行工会职责中发挥规范性、指导性作用。

一、第二次全国劳动大会与第一部工会章程的诞生

1922年5月1日，第一次全国劳动大会在广州召开。尽管当时中华全国总工会尚未成立，工会的章程也未制定，但大会通过的《全国总工会组织原则案》确立了组织工会应当以产业组合为原则；决定在全国总工会未成立以前，中国劳动组合书记部为全国各总工会的总通讯机关。

1925年5月，在中国共产党领导下，第二次全国劳动大会在广州召开。第二次全国劳动大会的召开，宣告了中华全国总工会的成立。第二次全国劳动大会还有一个重要的成果，就是通过了《中华全国总工会总章》，标志着第一部中国工会章程的诞生。

《中华全国总工会总章》共5章25条，在第一章“总纲”中，提出“本会以团结全国工人，图谋工人福利为宗旨”，并规定了工会的“职任”共10条。会员的组织原则为“组合”制。在第二章“组织”中，规定了各机构设置及职能。第三章“公约”中，规定了各级组织行动的原则。第四章“经费”明确规定各分会应按月向总工会交纳常费。

第二次全国劳动大会制定和通过的《中华全国总工会总章》，不仅有力地指导和促进了工人运动的快速发展，而且在组织上加强了全国工人运动的团结与统一，保证了其奋斗方向与行动的一致。

1926年5月1日至12日，第三次全国劳动大会在广州召开。第三次全国劳动大会全面、深刻地分析了当时的革命形势，总结了五卅运动以来全国工人运动的基本经验，进一步明确了中国工人阶级在革命中的领导地位和发展工人运动的总策略，为全国工人运动指明了方向。大会没有对《中华全国总工会总章》作出修改，通过了《组织问题与其运用之方法决议案》等9个决议案和9项工作报告决议，制定了新的工人运动方针和政策。

1927年6月19日至28日召开的第四次全国劳动大会，迫于当时工人运动的实际，没有对《中华全国总工会总章》作出修改，而是通过组织决议案的方式对工会组织工作进行指导。四次劳大通过的《组织问题决议案》，根据革命形势，对工会组织工作提出了10项原则。

1929年11月7日至11日在上海秘密召开的第五次全国劳动大会，没有对《中华全国总工会总章》作出修改，通过了《工会组织问题决议案》等12个决议。五次劳大通过的《工会组织问题决议案》，最显著的特色便是强调赤色工会组织是工人阶级自己的斗争工会，强调了完善中国工会组织对全国工人运动的重要意义。

二、第六次全国劳动大会与《中华全国总工会章程》的制定

1948 年 8 月 1 日至 11 日，第六次全国劳动大会在哈尔滨召开。六次劳大召开之时，是解放战争即将取得全国胜利的历史转折时期。大会恢复重建了中华全国总工会，实现了工会组织的团结统一。同时，针对当时全国工人运动的状况、全国工人所处环境、全国工人组织的状况与以前发生了很大变化的情况，对《中华全国总工会总章》进行了全面、系统的修订，并更名为《中华全国总工会章程》。这次修订后的《中华全国总工会章程》有 5 章 22 条。主要修改和规范的内容有：

第一章“总纲”修改的主要内容。一是恢复了“中华全国总工会”名称。在这之前，曾经用“中国劳动大会”。二是重新确立了工会的宗旨。从原来的“团结全国工人，图谋工人福利”，发展到“团结全国职工、保护职工利益，争取中国工人阶级的解放，联合全国一切被压迫人民争取中国人民的解放，联合全世界工人为保卫世界和平与民主而奋斗”。

第二章“会员”主要修改和明确了以下问题：一是实行“以团体会员为基础”的体制。原因是全国有两种地区（解放区和国民党统治区），情况各不相同；工会的情况也很复杂，从名称上分，有劳动协会、解放区工会、还有一些民主工会等；从组织上看，有产业工会，也有职业工会和地方工会。二是关于工会的成立范围，明确规定不仅企业，机关学校也可以组织工会，因为其从业者也是劳动者。三是关于会员的条件，规定：“凡在各种企业及机关学校中工作以劳动收入为主要生活来源并

依法取得职工成分之体力劳动者与脑力劳动者，不分民族、性别、宗教信仰，赞成本会章程自愿入会者，均得加入本会所属之各种工会为会员。”四是明确了会员入会、退会均依自愿原则。五是第一次明确规定了会员的权利和义务。

第三章“组织”主要明确的问题：一是第一次明确规定了工会的“组织原则为民主集中制”。二是明确规定了全国职工代表大会为工会的最高权力机关，并明确了其选举办法、职权和召集方法。三是规定了工会代表大会闭会期间执委会为工会的最高权力机关。四是规定了由正副主席和执行委员会选举常务委员会，驻会办理一切会务。五是对工会内部机构的设置、职责做了明确规定。六是指出工会有四大任务：搞好生产、保护工人日常利益、文化教育工作、组织工作。

第四章“经费”明确的问题：一是规定了“所属各工会应按其所收会费的百分之三十，缴纳本会为经常费，每三个月缴纳一次”。二是规定了各工会之会员须按月缴纳所得工资百分之一的会费。

三、中国工会七大与《中华人民共和国工会章程》的制定

1953 年 5 月 2 日至 12 日，中国工会第七次全国代表大会在北京举行。中国工会七大是新中国成立后召开的第一次工会全国代表大会。在这次代表大会上，将《中华全国总工会章程》更名为《中华人民共和国工会章程》，并进行了系统的修订。中国工会七大通过的《中华人民共和国工会章程》，由 5 章 22 条修改为 7 章 39 条。“总纲”部分单列，不再作为一章，“组织”一章拆分为“组织机构”“工会的全国领导机关”“工会的地方组织”“工会的基层组织”四章。

第一，在“总纲”中明确了人民民主专政下工会的性质、任务与作用，明确了中国工会的性质是“工人阶级的群众组织”，中国工会的任务是“加强工人阶级的团结，巩固工农联盟，教育工人群众自觉地遵守国家法令和劳动纪律，努力发展生产，不断提高劳动生产率，为完成与超额完成国家生产计划，加速国家工业化和逐步过渡到社会主义社会而斗争”。提出了“中国工会把广大工人群众团结在中国共产党的周围，成为党与群众联系的引带。在人民民主专政的政权建立以后，中国工会在党的领导下成为工人群众学习管理的学校，学习主持经济的学校，学习共产主义的学校”，“中国工会应代表工人群众积极参加制定有关生产、劳动及工人物质、文化生活等等法令，并坚决地支持和执行人民政府的一切政策法令，使自己成为人民民主政权的坚强的社会支柱”。

第二，关于工会会员问题。一是取消了对劳动者必须“依法取得职工成分”的限制。二是由“以劳动收入为主要生活来源”改变为“以工资收入为自己生活资料之全部或主要来源”。三是增加了“须本人自己申请，工会小组会通过，工会基层委员会或车间委员会批准”的程序。四是在会员权利上，把原来的第一条细化为两条，会员的义务也被具体细化为四条。五是增加了对违纪会员处分的规定。

第三，关于工会的组织原则和组织机构问题。一是明确了工会的组织原则是“中国工会是按照产业原则在民主集中制的基础上建立起来的”。二是对民主集中制进行了具体细化。三是明确了工会全国领导机关的职权、选举办法、任期等。四是规定工会各级组织设立经费审查委员会。五是地方工会组织的名称改为地方工会联合会，省、市工会联合会可在专区和大城市的区设立办事处。六是允许各产业工会根据产业的特点制订自己的章程。各产业工会的最高权力机关为全国代表大会，每三年举行一次。

第四，关于工会基层组织问题。一是工会基层组织是由同一企业或机关中的工会会员组成的。二是规定了人数与基层组织的形式：有会员二十五以上者，建立企业或机关委员会；不足二十五人者，成立工会小组，并选举组织员一人；不足三人的，参加附近相近的产业或行业工会基层组织，或成立联合小组。三是明确了工会基层组织的任务。四是对手工业工会联合会的组织办法另行制订。五是明确了工会基层组织的最高权力机关是工会会员全体大会或代表大会，每半年或一年召开一次。

第五，经费问题。明确了工会经费的来源，共四个方面，其中包括行政方面或资方按工会法之规定所缴纳的经费。

四、中国工会八大与《中国工会章程》的制定

1957 年 12 月 2 日至 12 日召开的中国工会第八次全国代表大会，重新修订了工会章程，并将章程的名称更改为《中国工会章程》，并沿用至今。这次工会章程主要从四个方面进行了修改。修改后，仍分为总纲和 7 章 39 条。

第一，关于会员问题，没有重大修改。首先，在会员权利方面，补充了两款：一是有向工会一切领导机关提出询问和申诉的权利；二是在企业、机关和学校发生违反国家的政策、法令而损害会员的物质利益和民主权利的时候，有要求工会在法律上予以维护和支持的权利。其次，在会员义务条文中，补充了部分内容。再次，关于工会的纪律问题，一是取消了“劝告、警告、当众警告”；二是规定了“应该开除会籍”“可以开除会籍”的情况；三是把连续无故不缴纳会费的时间由三个月，延长到六个月以上；四是明确规定了开除会员会籍的程序。最后，

增加了会员保留会籍的规定。

第二，关于工会的组织原则和组织机构问题，根据全国工会组织的实际情况，作了一些补充。首先，对民主集中制原则在工会工作中的具体体现，此次修改在工会章程第八条做了四条具体化的补充规定；新增了第十二条，以保证候选人真正代表和符合选举人意愿。其次，对工会的组织原则做了比较重大的调整。一是将“按照产业原则组织起来”修改为“按照产业和地区相结合的原则组织起来”；二是第九条第三款中明确了“产业和地区相结合的原则，就是省、自治区、直辖市、自治州、省辖市、县（镇）工会联合会是当地工会组织和各产业工会组织的地方联合领导机关；中华全国总工会是各地区工会组织和各产业工会全国组织的全国联合领导机关”。三是将“将国民经济同一工业部门中的工会会员组织在一个全国性的产业工会组织中”修改为“同一国民经济系统中、或者性质相近的几个国民经济系统中的会员，可以组织在全国性或者地方性的产业工会组织中”。最后，经费审查委员会的选举由全国代表大会选举产生修改为由“工会的各级委员会选举各级经费审查委员会”，并且规定“经费审查委员会在本级工会委员会的领导下，负责审查本级工会组织的经费收支和财产管理情况。”

第三，关于工会各级领导机关，作了一些新的补充。一是规定了中华全国总工会执行委员会的五项基本任务。二是中国工会全国代表大会由每四年改为五年举行一次。三是规定了执行委员会每年举行两次会议，由主席团召集。四是规定了主席团全体会议每年举行四次。五是规定了产业工会的全国代表大会每三年或四年举行一次。六是对应组织原则的调整，在第二十二条中再次强调了“省、自治区、直辖市、自治州、县（镇）工会联合会是当地工会组织和各产业工会组织的联合领导机关”。七是为了加强地方工会联合会对产业工会的领导，在第二十三条中明确规定了“产业工会的地方组织，由地方工会联合会参照产业工会的组织决议，根据当地具体情况确定建立。”八是规定了工会的地方联合会和产业工会地方组织的职权。九是规定了省、自治区、直辖市工会联合会的代表大会和产业工会的省代表大会每三年举行一次。自治州、省辖市工会联合会的代表大会每二年举行一次，产业工会的市和地方组织的代表大会一年或二年举行一次。

第四，关于工会的基层组织，有一些比较重要的修改和补充。一是在同一企业、机关、学校单位中建立基层委员会的人数由 25 人变为 10 人；10 人以下的参加性质相近的工会基层组织，或者成立联合基层组织。改变了中国工会七大章程关于 25 人以上建立委员会的规定。二是基层委员会的基本任务由四条细化增加到六条，任期为一年。三是全体会员大会或者代表大会由工会基层委员会定期召开。四是明确了“厂矿企业中的职工代表大会（小企业是全体职工大会），是职工群众参加企业管理、监督企业行政和加强自我教育的组织。它的职权按照党的政策和国家法令的规定执行。”五是规定了凡有女职工的工会基层组织，在必要的时候可以召开女工代表会议，讨论和解决有关女职工的特殊问题。六是规定基层委员会和基层以上的各级组织都可以有自己的图章和印鉴。

中国工会八大通过的《中国工会章程》，将工会的组织领导原则调整为“按照产业和地区相结合的原则组织起来”，符合我国的国情和工人阶级的状况，与党和国家的领导体制相一致，体现了我国政治体制和工人运动的特点，是我国工会组织原则的一项重要变化。

五、中国工会九大对工会章程修改的主要内容

1978年10月11日至21日，中国工会第九次全国代表大会在北京举行。从中国工会八大到中国工会九大，其间时隔21年，这期间我国的政治经济形势发生了深刻变化，工会组织重新恢复。当时刚刚粉碎“四人帮”，五届人大五次会议通过新宪法，党的十一大规定了新时期的总任务，拨乱反正，百废待兴，工会章程基本上保留了原来工会章程的内容，同时结构上作了一些调整。

本次修改中，对工会章程作了较大的合并，将原二、三、四章合并为“组织制度”和“工会的全国组织和地方组织”两章，条文也作了较大的删减。修改后的工会章程有总纲和五章，共20条。主要修改的地方有：

第一，提出了中国工会新时期的基本方针，强调了在中国共产党领导下，围绕党的中心任务开展工作的要求。

第二，关于组织制度和组织机构进行修改。一是为了使产业工会建立符合实际工作需要、并有一定灵活性，对产业工会的建立，规定“同一国民经济部门或性质相近的几个国民经济部门，根据需要建立地方和全国性的产业工会或工作委员会”。二是为了更好地贯彻产业与地方相结合的原则，将工会章程中规定的各级地方“工会联合会”改为各级地方“总工会”。三是关于中华全国总工会的执行机构，用“常务委员会”代替了“主席团”。四是规定中华全国总工会执行委员会选举产生常务委员会。常务委员会决定书记、候补书记人选，组成书记处。五是地方总工会委员会选举产生常务委员会和主席、副主席，地方总工会委员会每年至少举行二次。

第三，关于工会基层组织和会员。一是对工会章程中会员

10 人可以建立基层工会委员会的规定作了修改，凡企业、事业、机关中有会员 25 人以上的，可以建立基层委员会；25 人以下的，参加附近性质相近的工会基层组织，或者成立联合基层组织。二是没有明确会员多长时间无故不缴纳会费应当被开除会籍。三是个人缴纳会费比例降至本人工资 0.5%。四是经费来源增加了各级政府和企业、事业单位行政的补助一项。

六、中国工会十大对工会章程修改的主要内容

1983 年 10 月 18 日至 29 日，中国工会第十次全国代表大会在北京召开。大会对《中国工会章程》进行了修订。新修订的章程与工会九大修订的章程比较，有较大的修改。在章程结构上，由五章二十条增加到八章三十六条。重新起草了总则，专设了“工会干部和工会积极分子”一章，增加了“附则”一章，“工会的全国组织和地方组织”分设为“全国组织”“地方组织”两章。首次明确把工会办成“职工之家”。对照工会九大章程，修改的部分主要有：

第一，“总则”部分。一是对中国工会组织的定性由“中国工会是中国共产党领导的工人阶级自愿结合的群众组织”修改为“中国工会是中国共产党领导的职工自愿结合的工人阶级群众组织”。二是在工会工作方针中，提出了“以四化建设为中心，为职工说话、办事，维护职工的合法权益，加强对职工的思想政治教育和文化技术教育，建设一支有理想、有道德、有文化、守纪律的职工队伍，充分发挥工人阶级在社会主义物质文明和精神文明建设中的主力军作用。”

第二，“会员”部分。一是将入会条件中的“劳动者”明确为“职工”。二是对“没有正当理由连续 6 个月不交纳会费、不参加工会组织生活，经教育拒不改正，应视为自动退会”，而

不再给以“开除会籍”。三是保留会籍以是否“离开职业岗位，长期不能参加工会组织生活”为条件。

第三，组织制度。一是规定了各级代表大会的代表和委员会候选人产生方式，“选举采用无记名投票方式”。二是产业工会的建立，“同一国民经济部门，或性质相近的几个国民经济部门，根据需要建立全国的和地方的产业工会组织”。三是规定了“各级工会代表大会选举产生同级经费审查委员会。”四是规定了“县和县以上各级工会设立法律顾问组织，为保障会员和工会组织的合法权益服务”。五是规定了成立和撤销工会组织的必经程序。

第四，全国组织。一是中国工会全国代表大会选举中华全国总工会执行委员会；执行委员会选举主席、副主席、主席团成员，组成主席团；主席团下设书记处，并推选第一书记、书记、候补书记，主持中华全国总工会日常工作。二是产业工会全国代表大会每五年举行一次。三是产业工会全国组织，根据各产业的不同情况分别建立全国委员会或工作委员会，由中华全国总工会确定。四是产业工会工作委员会的组成由中华全国总工会确定，产业工会工作委员会对相应的地方产业工会的工作实行指导。

第五，地方组织。一是规定了“省、自治区、直辖市、设区的市、县治州的工会代表大会每五年举行一次。不设区的市、县（旗）的工会代表大会，每三年举行一次”。二是规定了“根据工作需要，省、自治区总工会可在地区设派出机关，直辖市和设区的市总工会可在区设派出机关或建立区一级工会组织”。三是规定了“直辖市和大中城市总工会主要通过同级产业工会组织，加强对基层工会的领导，也可以直接领导一部分大型基层工会组织”。

第六，基层组织。一是建立工会基层委员会的人数要求更改为“有会员二十五人以上的，可以建立工会基层委员会；会员不足二十五人的，选举组织员一人，邻近的或性质相近的若干单位的组织员可以联合组成工会基层委员会”。二是工会基层组织的会员大会或会员代表大会，一般每两年召开一次。三是工会基层委员会、常务委员会和主席、副主席的选举结果，报上一级工会委员会批准。四是工会基层委员会的基本任务增加到九条。

第七，新增了“工会干部和工会积极分子”一章。对工会干部提出了四条要求，同时规定“对各级工会主要领导干部的调动，必须经同级工会委员会讨论并征得上一级工会委员会同意。”

第八，经费的修改。一是会员会费的比例，没有明确规定，只是规定“按照中华全国总工会的规定交纳”。二是工会经费来源中，原“工会举办的各种文化、体育事业的收入”改为“工会举办的事业的收入”。

七、中国工会十一大对工会章程修改的主要内容

1988 年 10 月 22 日至 28 日，中国工会第十一次全国代表大会在北京召开。中国工会十一大以其改革主题被载入中国工会运动的史册，大会对《中国工会章程》进行了部分修改。

第一，对“总则”部分进行了两处大的修改。根据党的十三大对群众团体的要求，为使工会性质的表述更加科学、完整，将“总则”第一段修改为“中国工会是中国共产党领导的职工自愿结合的工人阶级群众组织，是重要的社会政治团体。工会坚持以经济建设为中心，在维护全国人民总体利益的同时，更好地表达和维护职工群众的具体利益，为职工说话、办事，建

设一支有理想、有道德、有文化、有纪律的职工队伍，充分发挥工人阶级在社会主义物质文明和精神文明建设中的主力军作用。”将“总则”最后一段修改为“中国工会坚持群众化、民主化，坚持群众路线，依靠会员群众办工会，根据会员群众的意愿和要求开展活动，用民主的方法，吸引诱导的方法进行工作，全心全意为职工群众服务，把工会建设成‘职工之家’。”

第二，在工会章程第九条增写了“可以直接采用候选人数多于应选人数的差额选举办法进行正式选举，也可以先采用差额选举办法进行预选产生候选人名单，然后进行正式选举。”同时，将第二十五条中“工会基层委员会选举主席、副主席”改为“工会委员会的主席、副主席，可以由会员大会和会员代表大会直接选举产生，也可以由基层工会委员会选举产生。主席、副主席和工会委员会委员的人选，应由会员自下而上提名，并在充分酝酿协商的基础上确定正式候选人”。

第三，关于全总领导机构的设置，将第十八条中“主席团下设书记处，由主席团推选第一书记一人，书记、候补书记若干人组成”改为“主席团下设书记处，由主席团推选第一书记一人，书记若干人组成”，取消了“候补书记”的设置。

第四，为密切工会同妇女联合会的合作，理顺工会女职工委员会同妇女联合会的关系，加强工会女职工工作，在第十三条增写一段“县和县以上各级工会设女职工委员会。表达和维护女职工的特殊利益”。同时，在第二十七条第二段后面增写一段“基层工会设女职工委员会。厂矿企业工会女职工委员会可成为妇女联合会的团体会员”。

第五，将第二十四条中“工会基层组织的会员大会或会员代表大会，一般每二年召开一次”改为“工会基层组织的会员大会或会员代表大会，一般每年召开一次。会员代表大会的代表实行常任制，任期三至五年”。同时将第二十条中“不设区的市、县（旗）的工会代表大会，每三年举行一次”改为“不设区的市、县（旗）的工会代表大会，三至五年举行一次”。

八、中国工会十二大对工会章程修改的主要内容

1993年10月24日至30日，中国工会第十二次全国代表大会在北京召开。中国工会十二大是在1992年《中华人民共和国工会法》修订后召开的一次重要的大会。大会对《中国工会章程》进行了部分修订。

第一，“总则”部分。一是对工会的性质以及工会作为会员和职工利益代表的身份做了进一步明确。在第一自然段规定，“中国工会是中国共产党领导的职工自愿结合的工人阶级群众组织，是党联系职工群众的桥梁和纽带，是国家政权的重要社会支柱，是会员和职工利益的代表”。二是明确规定了工会的活动准则，“工会以宪法为根本的活动准则，依照《中华人民共和国工会法》和《中国工会章程》独立自主地开展工作，依法行使权利和履行义务”。三是增写了中国工人阶级的地位和作用，提出中国工会工作的指导思想和基本任务。四是阐述了工会的社会职能。工会章程阐述了中国工会在社会主义初级阶段的四项社会职能，即“维护职工的合法利益和民主权利；动员和组织职工积极参加建设和改革，完成经济和社会发展任务；代表和组织职工参与国家和社会事务管理，参与企业、事业和机关的民主管理；教育职工不断提高思想道德素质和科学文化素质，建设有理想、有道德、有文化、有纪律的职工队伍”。五是增写了在社会主义市场经济条件下，工会在参与协调劳动关系，调节社会矛盾，促进社会政治长期稳定和经济发展方面应当发挥重要作用的内容。六是补充和增写了工会与政府、工会与企事

业行政关系的内容。“支持行政依法行使管理权力，组织职工参加民主管理和民主监督，与行政方面建立协商制度，保障职工的合法权益，调动职工的积极性，促进企业、事业的发展。”七是对工会建设的内容作了补充。“中国工会坚持群众化、民主化，保持同会员群众的密切联系，依靠会员群众开展工会工作。各级工会领导机关坚持把工作重点放到基层，全心全意为基层、为职工服务，增强基层工会的活力，把工会建设成为‘职工之家’。”八是增写了工会兴办企事业的内容。“工会兴办的企业、事业，坚持为改革开放和发展社会生产力服务，为职工群众服务，为推进工运事业服务。”

第二，适当调整了职工加入工会的条件，进一步明确了会员的权利与义务。规定职工加入工会的地域范围是在中国境内的企业、事业单位和机关。把以工资收入为主要生活来源的“职工”，改为以工资收入为主要生活来源的“体力劳动者和脑力劳动者”。同时，还增加了不分“种族”“教育程度”的规定。在第三条会员的权利中，增写了会员对工会工作进行监督等内容，补充了工会组织要关心离休、退休和待业会员的生活，积极向有关方面反映他们的愿望和要求的内容。

第三，进一步健全了工会的组织制度。增写了“会员大会和会员代表大会有权撤换或者罢免其所选举的代表和工会委员会组成人员”的规定。根据工会十一大以来试行联合制、代表制的经验，增写了“全国产业工会、各级地方产业工会、乡镇工会和城市街道工会的委员会，可以按照联合制、代表制原则，由下一级工会组织民主选举的主要负责人和适当比例的有关方面的代表组成”。为及时健全工会组织的领导机构，体现领导机构的代表性，更好地贯彻民主集中制原则，增写了中华全国总工会执行委员会和中华全国总工会经费审查委员会委员替补制的规定。鉴于在深化改革中，一些地方不断出现非法撤销、合并工会组织和机构的现象，增写了撤销工会组织的有关规定。按中共中央办公厅的意见，明确了工会女职工委员会与妇联的关系。

第四，在工会的组织领导体制方面，进一步明确了产业工会与地方工会的关系。修订后的工会章程第十条规定："除少数行政管理体制实行垂直管理的产业，其产业工会实行产业工会和地方工会双重领导，以产业工会领导为主外，其他产业工会均实行以地方工会领导为主，同时接受上级产业工会领导的体制。各产业工会的领导体制，由中华全国总工会确定。"

第五，对工会的全国组织和地方组织的设置、任期等内容作了适当调整，并且增写了建立乡镇和城市街道工会的内容。从实际出发，在第十九条中将主席团会议"至少每季度召开一次"改为"一般每季度举行一次"。在第二十一条中将不设区的市、县（旗）的工会代表大会，由三至五年举行一次改为每五年举行一次。为了适应形势发展和工会工作的要求，加强对乡镇和街道企事业单位工会的领导，第二十一条增写了"县和城市的区可在乡镇和街道建立乡镇工会和街道工会组织"。

第六，进一步明确了工会基层组织的任务，并对会员不足二十五人的单位工会组织的建立作了补充规定。将第二十四条的有关规定改为"会员人数不足二十五人的可以选举组织员一人，也可以选举工会主席、副主席，主持基层工会工作"。

第七，对工会干部提出了新的更高的要求。在第三十一条中要求工会干部努力做到"认真学习马克思列宁主义、毛泽东思想，认真学习建设有中国特色社会主义的理论，学习经济、法律和工会业务知识"。"执行党的基本路线和各项方针政策，遵守国家法律、法规，在改革开放和社会主义现代化建设中勇于开拓创新。”

第八，充实了工会经费和财产管理的内容，扩大了工会经费审查委员会的职权。将第七章“经费”改为“工会经费和财产”。在第三十六条中规定，“工会根据经费独立原则，建立预算、决算和经费审查监督制度”。明确了工会的财务管理体制是“统一领导、分级管理”。为保障工会的财产所有权不受侵犯，与《工会法》相衔接，规定了工会经费和财产处置原则。随着工会企事业的发展、工会经费和财产的增加，为进一步加强对工会经费的审查监督工作，扩大了经费审查委员会的职权。

第九，增写了会徽一章，对中国工会会徽的造型、寓意和使用范围作了规定。

九、中国工会十三大对工会章程修改的主要内容

1998年10月19日至24日，中国工会第十三次全国代表大会在北京举行。中国工会十三大通过的《中国工会章程（修正案）》，把邓小平理论作为工会工作的指导思想明确写入了《中国工会章程》，系统地概括了邓小平关于工人阶级和工会工作的理论，表达了改革开放和社会主义现代化建设对工会的要求，具有十分重要的意义。

党的十五大提出的党章修正案把邓小平建设有中国特色社会主义理论修改为邓小平理论，其他都没有改动。根据党章修改精神，中国工会十三大对《中国工会章程》改动了三处，即把“中国特色社会主义理论”的两处统一改为“马克思列宁主义、毛泽东思想、邓小平理论”；在第二章中，按照《工会法》规定，增加了“全国建立统一的中华全国总工会”，其他未作修改。

十、中国工会十四大对工会章程修改的主要内容

2003年9月22日至26日，中国工会第十四次全国代表大会在北京召开。中国工会十四大把“三个代表”重要思想写进工会章程，确立为工会工作的指导思想之一，明确中国工会的基本职责是维护职工合法权益，具有十分重要的意义。中国工会十四大对工会章程进行了修改。

第一，“总则”部分。一是把“三个代表”重要思想写入工会工作的指导思想。同时，把“推动党的全心全意依靠工人阶级的根本指导方针的贯彻落实”也写入工会工作指导思想。二是根据2001年我国修改颁布的《工会法》关于“维护职工合法权益是工会的基本职责”的规定，明确了“中国工会的基本职责是维护职工的合法权益”。

第二，为适应劳动关系变化、职工流动频繁和进一步加强会员会籍管理的需要，增写了第五条，“会员组织关系随劳动（工作）关系变动，凭会员证接转”。

第三，为坚持和健全民主集中制，进一步完善全总执委会主席团的集体领导制度和民主决策机制，明确职责，提高工作效率，规范全总主席会议的职权，在工会章程第二十条中增写了一款，“主席团闭会期间，由主席、副主席组成的主席会议行使主席团的职权，主席会议由中华全国总工会主席召集并主持”。

第四，为了有利于进一步推进工会组织建设，更好地发挥基层工会委员会的作用，根据《工会法》的有关规定，将第二十五条修改为“各种所有制企业、事业和机关等基层单位，应依法建立工会组织，有会员二十五人以上的，应当成立工会基层委员会；不足二十五人的，可以单独建立工会基层委员会，也可以选举组织员或工会主席一人，主持基层工会工作。职工

二百人以上的企业、事业单位的工会，可以设专职工会主席。工会专职工作人员的人数由工会与企业、事业单位协商确定。”并在《修正案》第二十六条规定，“工会基层委员会和经费审查委员会每届任期三年或者五年，具体任期由会员大会或者会员代表大会决定”。

第五，为了建立健全工会经费审查监督体制，加强对工会经费和财产的管理与监督，在第三十七条中增写了建立“统一领导、分级负责的经费审查监督体制”和制定“工会经费审查监督制度”的内容。

此外，本次修改还对工会会徽的制作标准作了规定。

十一、中国工会十五大对工会章程修改的主要内容

2008年10月17日至21日，中国工会第十五次全国代表大会在北京举行。中国工会十五大通过了《中国工会章程（修正案）》，对工会章程进行了修改。

第一，“总则”部分。一是按照党的十七大精神，把“高举中国特色社会主义伟大旗帜”，“深入贯彻落实科学发展观”等写入工会工作的指导思想。二是在“总则”第六段增写了“坚持走中国特色社会主义工会发展道路，坚持组织起来、切实维权的工作方针，坚持以职工为本，主动依法科学维权的维权观”的内容。三是在“总则”第六段中增写了“构建和谐劳动关系”的内容。四是在“总则”第八段增写了“按照促进企事业发展、维护职工权益的原则”。

第二，对第一章“会员”部分作了必要的修改。一是对建立工会组织的范围作了修改，在第一条“凡是中国境内的企业、事业单位、机关”之后增写了“其他社会组织”。同时对入会条件在坚持“以工资为主要生活来源”的同时，增写了“或者

与用人单位建立劳动关系”的内容。二是为简化入会程序，方便职工加入工会组织，在第二条删除了职工申请入会经“工会小组讨论通过”的规定。三是参照《中国共产党章程》关于党员权利的规定，将第三条“会员享有以下权利”中第二款改写为“对工会工作进行监督，提出意见和建议，要求撤换或者罢免不称职的工会工作人员”；第三款增写了“对本单位工作”提出批评建议的权利；第五款增写了享受工会举办的“生活救助、法律服务、就业服务”等优惠待遇的内容。

第三，进一步完善了第二章“组织制度”的有关内容。一是总结各地在非公有制企业组建工会、发展会员的经验，按照《工会法》的规定，在第十二条增写了“上级工会可以派员帮助和指导用人单位的职工组建工会”的内容。二是为加强工会经费审查监督工作，发挥上级经费审查委员会对下级工会及其直属企业、事业单位的经费收支和资产管理情况进行审查监督的作用，第十三条第二款中删除了“上级经费审查委员会认为必要或在下一级经费审查委员会提出要求时”的内容，同时明确了“上级经费审查委员会应当对下一级工会及其直属企业、事业单位的经费收支和资产管理情况进行审查”的职责。三是第十四条增写了“企业工会女职工委员会是县或者县以上妇联的团体会员，通过县以上地方工会接受妇联的业务指导”的内容。根据工作需要，增写了工会女职工委员会在充分协商的基础上组成“或者选举产生，女职工委员会与工会委员会同时建立”的内容。

第四，第五章“基层组织”修改的主要内容。一是第二十五条增写了“社区和行政村可以建立工会组织”；为有利于工会主席作为职工代表协调劳动关系，维护职工合法权益，增写了“基层工会具备法人条件，依法取得社团法人资格，工会主席为法定代表人”。二是为保证会员的民主权利，在第二十六条中根据《工会法》的有关规定，将工会基层组织的会员大会或者会员代表大会“一般每年召开一次”修改为“每年至少召开一次”。增写了“经基层工会委员会或者三分之一以上的工会会员提议，可以临时召开会员大会或者会员代表大会。工会会员在一百人以下的基层工会应当召开会员大会”。为了进一步发挥会员大会或者会员代表大会的作用，增加了“撤销或者罢免其所选举的代表或者工会委员会组成人员”“讨论决定工会工作的重大问题”两项职权。增写了工会基层委员会和经费审查委员会“任期届满，应当如期召开会议，进行换届选举。在特殊情况下，经上一级工会批准，可以提前或者延期举行”。三是考虑到随着我国经济体制改革的深化，外商投资企业、私营企业已与国有企业享有同等国民待遇，工会工作任务基本相同，没有必要再对外商投资企业、私营企业工会单独作出规定。因此，删除了原工会章程第二十九条的有关内容。

第五，第六章“工会干部”修改的主要内容。为适应基层工会工作需要，保障工会干部依法履行职责，在第三十五条增写了“县和县以上工会设立工会干部权益保障金”“县和县以上工会可以为基层工会选派、聘用工作人员”。

第六，第七章“工会经费和资产”修改的主要内容。一是根据全国总工会、财政部联合下发的《关于财政拨款的行政事业单位计拨工会经费有关问题的通知》的规定，并征求了财政部和国家税务总局的意见，增写了第三十七条，“县和县以上各级工会应当与税务、财政等有关部门合作，依照规定做好工会经费收缴和应当由财政负担的工会经费拨缴工作。未成立工会的企业、事业单位、机关和其他社会组织，按工资总额的百分之二向上级工会拨缴工会建会筹备金”。同时，把“建会筹备金”列入工会经费的来源。二是根据《物权法》有关规定，第三十八条增写了“工会资产是社会团体资产，中华全国总工会对各级工会的资产拥有终极所有权”。强调建立资产监管制度，“实行统一所有、分级监管、单位使用的资产监管体制”。为加强工会经费和资产的监督管理，增写了国家及企业、事业单位等拨给工会的不动产和“拨付资金形成的资产”受法律保护的内容。

十二、中国工会十六大对工会章程修改的主要内容

2013 年 10 月 18 日至 22 日，中国工会第十六次全国代表大会在北京举行。中国工会十六大对工会章程进行了修改。

第一，“总则”部分修改的主要内容。一是按照党的十八大精神，把以“科学发展观”为指导、“坚持和发展中国特色社会主义”、“全面建成小康社会”的目标要求，建设中国特色社会主义“五位一体”的总布局和“实现中华民族伟大复兴的中国梦”，写入了工会工作的指导思想。二是体现了中国特色社会主义工会发展道路的主要内容。在总则部分增加和完善了中国工会“坚定不移地走中国特色社会主义工会发展道路”“不断发展工人阶级先进性”“促进完善社会主义劳动法律”“推动形成公正合理、民主和谐的国际工运新秩序”“坚持以改革创新精神加强自身建设”和“把工会建设成为深受职工群众信赖的学习型、服务型、创新型‘职工之家’”等内容。

第二，第一章“会员”修改的主要内容。一是将第三条“在工会会议和工会报刊上”修改为“在工会会议和工会媒体上”。二是在第四条会员义务中增加了“践行社会主义核心价值观”的内容。三是第五条中“凭会员证接转”修改为“凭会员证明接转”。

第三，第二章“组织制度”修改的主要内容。将第十五条“可以建立法律服务机构”修改为“应当建立法律服务机构”。同时，根据《劳动法》以及其他有关法律中相关规定，增加一款“各级工会组织应当组织和代表职工开展劳动法律监督”。

第四，第四章“地方组织”修改的主要内容。在第二十二条第四款“县和城市的区可在乡镇和街道建立乡镇工会和街道工会组织”后增写了“具备条件的，建立总工会”的内容。

第五，第五章“基层组织”修改的主要内容。一是根据《工会法》第十条中有关女职工委员会的规定，为加强基层工会女职工工作，在总结实际工作经验基础上，第二十五条中增写了“工会基层委员会有女会员十人以上的建立女职工委员会，不足十人的设女职工委员”。二是在第二十八条“工会基层委员会的基本任务”中增写了部分内容：将第三项中“签订劳动合同”修改为“签订和履行劳动合同”，第五项增写了“推进企业文化职工文化建设”的内容，第六项增写了“对困难职工开展帮扶”的内容，第八项增写了“加强职工之家建设”的内容。

第六，第六章“工会干部”修改的主要内容。在第三十三条“各级工会组织根据有关规定管理工会干部，重视培养和选拔青年干部、妇女干部、少数民族干部”之后，增写了“成为培养干部的重要基地”的内容。

第七，第七章“工会经费和资产”修改的主要内容。一是在第三十七条中增写了“具备社团法人资格的工会可以设立独立经费账户”的内容。二是在第三十八条中增写了“各级工会应当加强对工会资产的监督、管理，保护工会资产不受损害，促进工会资产保值增值”的内容。三是在第四十条第一款“不经批准，不得改变工会所属企业、事业单位的隶属关系”后，增写了“和产权关系”的内容。

十三、中国工会十七大对工会章程修改的主要内容

2018年10月22日至26日，中国工会第十七次全国代表大会在北京举行。中国工会十七大对工会章程进行了修改。

第一，“总则”部分修改的主要内容。根据党的十九大精神和党章、宪法修改精神，把“习近平新时代中国特色社会主义思想”写入中国工会的指导思想；根据习近平新时代中国特色社会主义思想，习近平总书记关于工人阶级和工会工作的重要论述，增写工人阶级“是中国共产党最坚实最可靠的阶级基础”，“坚持自觉接受中国共产党的领导”和“承担团结引导职工群众听党话、跟党走”的政治责任，将中国工会的基本职责增写“竭诚服务职工群众”的内容，明确中国工会落实新时代党的建设总要求的具体内容，增写“把握为实现中华民族伟大复兴的中国梦而奋斗的工人运动时代主题”“弘扬劳模精神、劳动精神、工匠精神”等内容；根据中央党的群团工作会议精神，充分体现群团改革特别是工会系统改革取得的理论创新、实践创新和制度创新成果，增写中国工会“以忠诚党的事业、竭诚服务职工为己任”“推进产业工人队伍建设改革”“构建联系广泛、服务职工的工作体系，增强团结教育、维护权益、服务职工的功能”“坚持服务职工群众的工作生命线”“构建智慧工会”，以及工会兴办的企业、事业“坚持公益性、服务性”等表述。

第二，第一章“会员”修改的主要内容。在第三条会员权利中增加“互助保障”的内容；在第四条会员义务中增加“认真学习贯彻习近平新时代中国特色社会主义思想”“立足本职岗位建功立业”“弘扬中华民族传统美德”等内容。

第三，第二章“组织制度”修改的主要内容。第九条增加

工会各级领导机关“加强对下级组织的领导和服务”的表述，同时，对下级组织增加了“应及时”向上级组织请示报告工作；为规范工会审查监督工作，根据工作需要，在第十三条增加经费审查委员会“监督”的职责。

第四，第四章“地方组织”修改的主要内容。鉴于全国市辖区已普遍建立了总工会的实际情况，将第二十二条第三款“直辖市和设区的市总工会可在区建立区一级工会组织或者设派出代表机关”修改为“直辖市和设区的市总工会在区一级建立总工会”。

第五，第五章“基层组织”修改的主要内容。为进一步增强基层工会的吸引力凝聚力战斗力，在第二十五条增写“从实际出发，建立区域性、行业性工会联合会，推进新经济组织、新社会组织工会组织建设”的内容，第二十八条工会基层委员会的基本任务中充实完善“在公司制企业落实职工董事、职工监事制度”“技能培训”“培育工匠人才”“加强对职工的政治引领和思想教育，开展法治宣传教育，重视人文关怀和心理疏导”“推动落实职工福利待遇”“职业病防治”等内容。

第六，第六章“工会干部”修改的主要内容。为提高工会干部适应新时代发展需要的能力素质，在第三十二条增加“习近平新时代中国特色社会主义思想”“政治、历史、文化、科技”“提高政治能力，增强群众工作本领”“信念坚定”“敢于担当”“增强群众意识和群众感情”等内容。

第七，第七章“工会经费和资产修改”的主要内容。为严格规范各级工会经费使用管理，在第三十六条后专门增加一条，明确“工会经费主要用于为职工服务和开展工会活动。各级工会组织应坚持正确使用方向，加强预算管理，优化支出结构，开展监督检查”；将原第三十七条“具备社团法人资格的工会可以设立独立经费账户”中“可以”修改为“应当依法”；为严格工会资产监督管理，保证工会资产完整安全，把原第三十八条“各级工会应当加强对工会资产的监督、管理”修改为“各级工会依法依规加强对工会资产的监督、管理”；在原第三十八条“统一领导、分级管理、分级负责”的经费审查监督体制中增加“下审一级”的规定。

后　记

中国工会第十七次全国代表大会通过了《中国工会章程（修正案）》。为便于各级工会干部和广大职工学习，全总《中国工会章程》修改小组编写了《中国工会十七大工会章程修正案学习读本》一书。

全国总工会党组、书记处对本书编写高度重视，全总党组书记、副主席、书记处第一书记李玉赋担任本书主编。全总书记处书记、党组成员、组织部部长、全总《中国工会章程》修改小组组长张茂华同志审定书稿。

本书“学习问答”部分，“总则”由苏宁、李士恒同志执笔；“会员”和“组织制度”由朱艳丽同志执笔；“全国组织”和“地方组织”由关祥坤同志执笔；“基层组织”由汤洪伟、钱鑫同志执笔；“工会干部”由王沛雨同志执笔；“工会经费和资产”由高瑶瑶同志执笔；“会徽”由郭晋同志执笔。专题解读部分，由全总《中国工会章程》修改小组办公室、各成员以及全总组织部课题组撰写，钱鑫、李士恒、汝倩、王沛雨同志参与部分文稿的调整完善。全书由王利中同志负责统筹和审稿。

由于编写水平有限，加之时间紧张，书中难免有不妥之处，敬请广大读者批评指正。

2018 年 10 月

图书在版编目（CIP）数据

中国工会十七大工会章程修正案学习读本 / 李玉赋主编.
—北京：中国工人出版社，2018.10
ISBN 978-7-5008-7075-3

Ⅰ.①中… Ⅱ.①李… Ⅲ.①工会章程—中国—学习
参考资料 Ⅳ.①D412.1

中国版本图书馆CIP数据核字（2018）第237090号

中国工会十七大工会章程修正案学习读本

出 版 人	王娇萍
责任编辑	罗荣波
责任校对	孙迺伟
责任印制	栾征宇
出版发行	中国工人出版社
地　　址	北京市东城区鼓楼外大街45号　邮编：100120
网　　址	http://www.wp-china.com
电　　话	（010）62005043（总编室）（010）62005039（出版物流部） （010）82075935（工会与劳动关系分社）
发行热线	（010）62004002　62033018　62046264　（010）82081553（传真）
经　　销	各地书店
印　　刷	北京建宏印刷有限公司
开　　本	660毫米×960毫米　1/16
印　　张	25.5
字　　数	300千字
版　　次	2018年11月第1版　2018年11月第1次印刷
定　　价	38.00元